高等学校物联网专业精品教材

物联网与铁路运输管理

沈孟如 王喜富 乐逸祥 周 正 主编

清华大学出版社
北京交通大学出版社
·北京·

内 容 简 介

本书通过对现有铁路复杂业务的梳理，构建了由核心业务、辅助业务、增值业务构成的铁路业务体系。在分析物联网技术对铁路业务流程及体系影响的基础上，提出了铁路物联网应用技术架构；在对运输组织、调度指挥、运力资源管理、货运管理、客运管理、安全管理等业务进行分析的基础上，提出了物联网技术在铁路运输领域的综合应用方案，并对铁路物联网的建设及运营进行了研究。

本书不仅可以作为高等学校物联网相关专业的教学参考书，也适合作为铁路系统及物流企业技术人员与管理者的参考书。

本书封面贴有清华大学出版社防伪标签，无标签者不得销售。
版权所有，侵权必究。侵权举报电话：010-62782989　13501256678　13801310933

图书在版编目（CIP）数据

物联网与铁路运输管理 / 沈孟如等主编. —北京：北京交通大学出版社 ：清华大学出版社，2022.11

ISBN 978-7-5121-4810-9

Ⅰ. ① 物… Ⅱ. ① 沈… Ⅲ. ① 物联网–应用–铁路运输管理–研究　Ⅳ. ① F532.1-39

中国版本图书馆 CIP 数据核字（2022）第 186938 号

物联网与铁路运输管理
WULIANWANG YU TIELU YUNSHU GUANLI

责任编辑：	郭东青				
出版发行：	清华大学出版社	邮编：100084	电话：010-62776969	http://www.tup.com.cn	
	北京交通大学出版社	邮编：100044	电话：010-51686414	http://www.bjtup.com.cn	
印　刷　者：	北京虎彩文化传播有限公司				
经　　销：	全国新华书店				
开　　本：	185 mm×260 mm　印张：12　字数：306 千字				
版 印 次：	2022 年 11 月第 1 版　2022 年 11 月第 1 次印刷				
印　　数：	1～500 册　定价：49.00 元				

本书如有质量问题，请向北京交通大学出版社质监组反映。对您的意见和批评，我们表示欢迎和感谢。
投诉电话：010-51686043，51686008；传真：010-62225406；E-mail：press@bjtu.edu.cn。

前　言

进入 21 世纪，人类社会正迎来一场以物联网为核心的新技术革命。物联网提供了全面感知物质世界的能力，同时为技术创新与产业发展创造了前所未有的机遇。2010 年 3 月，我国政府工作报告将物联网确立为战略性新兴产业之一，明确提出要"加快物联网的研发应用"，为物联网的发展提供强大的推动力。

铁路物联网是物联网技术最具现实意义的应用领域之一，积极探索物联网在铁路运输领域的应用技术及相关应用十分必要。随着我国经济、社会的高速发展，铁路运输行业对信息化、智能化水平的要求越来越高，传统的铁路信息服务已经不能满足市场需求，物联网在铁路运输领域的应用势在必行。本书在总结目前铁路信息资源整合与共享问题的基础上，根据业务需求，明确信息资源整合与共享内容，构建了基于物联网的铁路信息资源整合与共享模式，并建立了基于物联网的铁路网络与共享平台。针对铁路信息共享目标，研究了物联网环境下铁路信息共享机制。结合铁路信息系统的分类和对铁路信息系统演变动力的详细分析，运用相图理论对铁路信息系统演化途径进行研究，构建了基于物联网的铁路信息技术体系，设计了基于物联网技术的铁路信息平台体系架构，实现了物联网技术与现代铁路信息技术的融合。

物联网技术是一项综合性的技术，它在铁路运输领域的应用具有规模性、广泛性等特征，实现框架可分为感知层、传输层、应用层 3 个层次：通过感知层获取铁路运输货物的各项属性与物流信息，通过传输层将信息传输到网络中并进行信息整合与处理，最终实现信息的泛在化智能应用。随着物联网技术在我国铁路运输领域的应用与发展、物联网技术与铁路运输技术的深度融合，将会带来物联网环境下铁路运输及铁路物流的业务模式与技术体系的创新。

作为物联网在物流领域及铁路运输领域应用最早的研究者和倡导者之一，编者从 2003 年起针对铁路运输及现代物流领域信息资源分割独立、信息孤岛大量存在、资源获取与可用性差、信息交换及共享十分困难的技术现状，对铁路运输综合信息平台及集成技术等相关课题展开了深入研究。在有关项目研究的基础上，结合物联网技术在铁路运输领域的综合应用，研究了铁路运输信息资源的分类、收集、组织、描述、管理、维护、分析、显示、服务、标准等关键技术，构建了面向基于物联网的铁路运输信息平台系统，从而提高了铁路运输基础信息资源管理的社会性、集约性、协同性和有效性，支持了铁路运输业务的高效管理与运营优化。

本书介绍了铁路运输领域分散、海量的信息获取、处理、传输和综合应用等问题及解决方案，对提升铁路信息资源利用效率，提高铁路运输服务水平具有重要意义，为我国铁路物联网推广奠定了理论和应用基础。本书的主要内容包括以下 8 个方面。

（1）物联网基础理论与关键技术。

（2）基于物联网的铁路业务系统设计研究。

（3）物联网技术在铁路运输领域应用研究。

（4）物联网环境下铁路信息资源整合与共享模式。

（5）基于物联网的铁路信息共享机制与实现研究。

（6）基于物联网的铁路信息技术体系研究。

（7）基于物联网的铁路信息平台架构设计。

（8）铁路物联网应用与展望。

本书由沈孟如、王喜富、乐逸祥、周正共同编写，具体分工如下：第 1 章和第 2 章由周正编写，第 3 章由王喜富和沈孟如编写，第 4 章由乐逸祥和王喜富编写，第 5 章由沈孟如和王喜富编写，第 6 章和第 7 章由沈孟如和王喜富编写，第 8 章由乐逸祥、王喜富和沈孟如编写。

在本书的写作过程中，编者紧密结合实际，多次到相关铁路运输企业进行业务调研，同时听取了众多行业技术人员和该领域专家的意见，在此向相关企业领导和专家致以衷心的感谢，感谢他们的热情帮助和对编者研究提出的宝贵意见。

由于编者水平及时间有限，加上物联网产业发展迅速，相关技术和管理理念不断翻新，书中难免有疏漏和不足之处，敬请专家和读者批评指正。

编 者

2022 年 1 月于北京

目　　录

第1章　绪论 1

1.1 物联网理论及研究现状 1
 1.1.1 物联网概念与定义 1
 1.1.2 物联网技术特征及体系架构 2
 1.1.3 国外研究现状 4
 1.1.4 我国研究现状 8

1.2 物联网技术构成 10
 1.2.1 物联网基础技术 10
 1.2.2 物联网核心技术 11
 1.2.3 物联网支撑技术 13
 1.2.4 物联网应用技术 15
 1.2.5 物联网安全技术 16

1.3 国内外铁路信息化现状与发展趋势 17
 1.3.1 国外铁路信息化现状 17
 1.3.2 我国铁路信息化现状 20
 1.3.3 我国铁路信息化发展趋势 24

1.4 物联网与铁路信息化 25
 1.4.1 物联网在铁路运输领域的应用 25
 1.4.2 物联网促进铁路信息化 26

本章小结 27
本章习题 27

第2章　基于物联网的铁路业务系统设计研究 28

2.1 铁路业务概述 28
 2.1.1 铁路业务系统性 28
 2.1.2 铁路业务复杂性 29
 2.1.3 铁路业务基础性和服务性 29

2.2 铁路业务现状分析 29
 2.2.1 铁路业务构成现状 29
 2.2.2 铁路业务系统分析及划分方法 32
 2.2.3 铁路核心业务 38

- 2.3 铁路业务体系及流程设计 ·· 47
  - 2.3.1 铁路业务体系建立 ··· 47
  - 2.3.2 铁路业务流程设计 ··· 49
- 2.4 物联网对铁路业务体系及流程的影响 ·· 51
  - 2.4.1 物联网对铁路业务体系的影响 ··· 51
  - 2.4.2 物联网对铁路业务流程的影响 ··· 52
- 2.5 基于物联网的铁路运输业务体系构建 ·· 53
  - 2.5.1 物联网环境 ·· 54
  - 2.5.2 核心业务层 ·· 54
  - 2.5.3 辅助业务层 ·· 54
  - 2.5.4 增值业务层 ·· 54
  - 2.5.5 技术支持层 ·· 55
  - 2.5.6 应用层 ·· 55
  - 2.5.7 支撑环境 ··· 55
- 本章小结 ·· 56
- 本章习题 ·· 56

第3章 物联网技术在铁路运输领域应用研究 ·· 57

- 3.1 铁路物联网概述 ··· 57
- 3.2 铁路物联网需求分析 ·· 58
  - 3.2.1 运输组织需求 ·· 58
  - 3.2.2 调度指挥需求 ·· 59
  - 3.2.3 客运管理需求 ·· 59
  - 3.2.4 货运管理需求 ·· 60
  - 3.2.5 运力资源管理需求 ·· 60
  - 3.2.6 运输安全管理需求 ·· 60
  - 3.2.7 信息控制需求 ·· 60
- 3.3 铁路物联网技术构成 ·· 61
  - 3.3.1 感知与标识技术 ··· 62
  - 3.3.2 网络与通信技术 ··· 62
  - 3.3.3 计算与服务技术 ··· 63
  - 3.3.4 管理与支撑技术 ··· 64
  - 3.3.5 智能应用层 ·· 64
- 3.4 铁路物联网技术应用 ·· 64
  - 3.4.1 运输组织自动化 ··· 65
  - 3.4.2 调度指挥智能化 ··· 66
  - 3.4.3 运力资源协同化 ··· 66
  - 3.4.4 客运管理数字化 ··· 67

          3.4.5 货运管理物联化 ··· 68
          3.4.6 安全管理一体化 ··· 69
          3.4.7 信息控制全域化 ··· 69
     本章小结 ··· 70
     本章习题 ··· 71

第 4 章 物联网环境下铁路信息资源整合与共享模式 ·· 72
     4.1 铁路信息资源概述 ··· 72
          4.1.1 铁路信息资源特点 ··· 72
          4.1.2 铁路信息资源层次划分 ·· 73
     4.2 铁路信息资源整合与共享需求分析 ··· 74
          4.2.1 路内信息资源整合与共享需求分析 ·· 75
          4.2.2 路外信息资源整合与共享需求分析 ·· 75
     4.3 铁路信息资源整合与共享影响因素分析 ··· 76
          4.3.1 铁路组织机构设置影响 ·· 76
          4.3.2 技术标准分析 ·· 77
          4.3.3 规划建设分析 ·· 78
     4.4 铁路信息资源整合与共享方案设计 ··· 78
          4.4.1 纵向铁路信息资源的整合与共享方案设计 ···································· 78
          4.4.2 横向铁路信息资源的整合与共享方案设计 ···································· 80
          4.4.3 路外信息资源整合与共享方案设计 ·· 81
     4.5 物联网环境下铁路信息资源整合与共享模式研究 ·································· 82
          4.5.1 原则 ··· 82
          4.5.2 模式构建 ·· 83
     本章小结 ··· 86
     本章习题 ··· 86

第 5 章 基于物联网的铁路信息共享机制与实现研究 ·· 87
     5.1 铁路信息共享现状与问题 ·· 87
          5.1.1 共享现状 ·· 87
          5.1.2 共享问题分析 ·· 88
     5.2 基于物联网的铁路信息共享本质与内涵 ··· 89
          5.2.1 基于物联网的铁路信息共享的本质 ·· 89
          5.2.2 基于物联网的铁路信息共享的内涵 ·· 89
     5.3 基于物联网的铁路信息共享机制分析 ·· 90
          5.3.1 铁路信息共享原则 ··· 90
          5.3.2 铁路信息共享目标 ··· 91
          5.3.3 铁路信息共享机制构成 ·· 92

5.4 基于物联网的铁路信息共享实现···96
  5.4.1 铁路信息系统综合集成过程分析···96
  5.4.2 铁路信息整合与共享技术及方法研究···································97
  5.4.3 基于物联网的铁路信息共享方案设计···································99
本章小结··100
本章习题··100

第6章 基于物联网的铁路信息技术体系研究·······································102

6.1 铁路信息技术···102
  6.1.1 铁路信息技术概述···102
  6.1.2 铁路信息技术构成···104
  6.1.3 铁路信息技术发展趋势··105
6.2 铁路信息系统演化分析···107
  6.2.1 铁路信息系统分类···107
  6.2.2 铁路信息系统演化动力··108
  6.2.3 基于相图的铁路信息系统演化途径····································110
  6.2.4 基于组织管理的铁路信息系统发展阶段······························112
6.3 物联网环境下铁路信息系统建设与规划研究·························113
  6.3.1 铁路信息系统建设与规划现状··113
  6.3.2 物联网环境下铁路信息系统建设与规划方案······················115
6.4 基于物联网的铁路信息技术体系框架···································116
  6.4.1 信息感知层···117
  6.4.2 业务管理层···117
  6.4.3 物联网应用层··117
  6.4.4 决策支持平台层···118
  6.4.5 行业服务应用层···118
本章小结··118
本章习题··119

第7章 基于物联网的铁路信息平台架构设计·······································120

7.1 基于物联网的铁路信息平台概述··120
7.2 基于物联网的铁路信息平台体系架构技术·····························121
  7.2.1 SOA 技术··121
  7.2.2 Web Service 技术··122
  7.2.3 EAI 技术···123
  7.2.4 中间件技术···123
  7.2.5 数据技术··125
  7.2.6 物联网技术···127

7.3 铁路信息平台需求分析··127
 7.3.1 路内信息平台需求分析··128
 7.3.2 路外信息平台需求分析··129
7.4 基于物联网的铁路信息平台体系架构······································130
 7.4.1 基础环境层···131
 7.4.2 物联网集成技术层··131
 7.4.3 应用技术支撑层··132
 7.4.4 铁路运输应用层··132
7.5 铁路信息平台应用标准与规范···133
 7.5.1 铁路信息分类与编码标准···133
 7.5.2 铁路运输信息采集技术标准··133
 7.5.3 平台数据交换技术标准··133
 7.5.4 安全标准与规范··134
7.6 基于物联网的铁路信息平台安全技术······································134
 7.6.1 感知安全技术···134
 7.6.2 网络安全技术···134
 7.6.3 应用安全技术···135
本章小结··135
本章习题··135

第8章 铁路物联网应用与展望··136

8.1 物联网在铁路运输领域的应用初探···136
 8.1.1 基于物联网的铁路运输组织···137
 8.1.2 基于物联网的调度指挥··141
 8.1.3 基于物联网的铁路运力资源配置······································154
 8.1.4 基于物联网的铁路客货运系统···160
 8.1.5 基于物联网的铁路安全管理···165
8.2 物联网在铁路运输领域的应用展望···171
 8.2.1 物联网在铁路领域的发展方向···171
 8.2.2 物联网在铁路领域的发展阶段···173
 8.2.3 物联网在铁路运输领域的发展趋势····································174
8.3 铁路物联网综合管理信息系统···175
本章小结··177
本章习题··177

参考文献··179

第 1 章

绪 论

信息技术的应用对人类社会生活的各个方面产生了巨大的冲击,对我国铁路运输领域亦然。尤其是近年来,随着物联网技术的悄然兴起,越来越多的领域开始关注其对自身带来的影响,随着铁路信息化的建设,物联网技术为铁路运输领域带来了新的挑战和发展机遇。

1.1 物联网理论及研究现状

物联网是继计算机、互联网与移动通信网之后的信息产业新方向,其价值在于通过感知技术实现人与物、物与物之间的沟通。从狭义的角度看,只要是物品之间通过传感介质连接而成的网络,不论是否接入互联网,都应算是物联网的范畴。而从广义的角度看,物联网并不局限于物与物之间的信息传递,必将和现有的电信网实现无缝的融合,最终形成物与物的信息交互。

1.1.1 物联网概念与定义

物联网被看作信息领域一次重大的发展和变革机遇,目前无论国内还是国外,物联网的研究和开发都还处于起步阶段,对物联网的定义尚未形成统一认识。

美国麻省理工学院的研究人员最早提出了物联网的概念,将物联网定义为通过信息传感设备,如射频识别(RFID)、红外感应器、全球定位系统、激光扫描器等,按约定的协议,把任何物品与互联网连接起来,实现信息交换和通信,以达到智能化识别、定位、跟踪、监控和管理目的的一种网络。

欧盟将物联网定义为一个动态的全球网络基础设施,它具有基于标准和互操作通信协议的自组织能力，其中物理的和虚拟的"物"具有身份标识、物理属性、虚拟的特性和智能的接口，并与信息网络无缝整合。物联网将与媒体互联网、服务互联网和内联网一道，构成未来的互联网。

我国相关研究指出：物联网是通过信息传感设备，按照约定的协议，把任何物品与互联网连接起来，进行信息交换和通信，以实现智能化识别、定位、跟踪、监控和管理的一种网络，是在互联网基础上延伸和扩展的网络。物联网强调物与物的互联，被看作一种通过各种信息传感设备使现实世界中各种物件互为连通形成的网络，使得所有物品都有数字化、网络化标识，方便识别、管理与共享。

综上所述，物联网是利用感知手段将物的属性转化为信息，在相关标准规范的约束下通过传输介质进行物与物之间的信息交互，进而实现物与物之间的控制与管理的一种网络。

1.1.2　物联网技术特征及体系架构

1. 物联网技术特征

物联网作为新时代下的信息产物，在其漫长的演化与发展过程中不断对自身进行完善，在现有网络概念的基础上，将其用户端延伸和扩展到在任何物品之间进行信息交换和通信，从而更好地进行物与物之间信息的直接交互。物联网的特点主要有以下几个方面。

1）全面感知

物联网可利用 RFID、二维码、全球定位系统（GPS）、摄像头、传感器、网络等感知、捕获、测量手段随时随地对物体进行信息采集和获取。

2）可靠传递

物联网技术通过各种有线和无线网络与互联网融合，将物体接入信息网络，随时随地进行可靠的信息交互和共享。在物联网上，传感器定时采集的信息需要通过网络传输，由于其数量极其庞大，形成了海量信息，所以在传输过程中，为了保障数据的正确性和及时性，必须适应各种异构网络和协议。

3）智能处理

物联网不仅仅提供了传感器的连接，其本身也具有智能处理的能力，能够对物体实施智能控制。物联网利用云计算、模糊识别等各种智能计算技术，对海量的跨地域、跨行业、跨部门的数据和信息进行分析处理，以适应不同用户的不同需求，发现新的应用领域和应用模式，提升对物理世界、经济社会各种活动和变化的洞察力，实现智能化的决策和控制。

2. 物联网体系架构

物联网的体系架构包括：感知识别节点（采集控制层）、接入层（末梢网络）、承载网络层、应用控制层、用户层，其中由计算机网络和通信网络构成的承载网络为业务的基础网络。物联网的体系架构如图1-1所示。

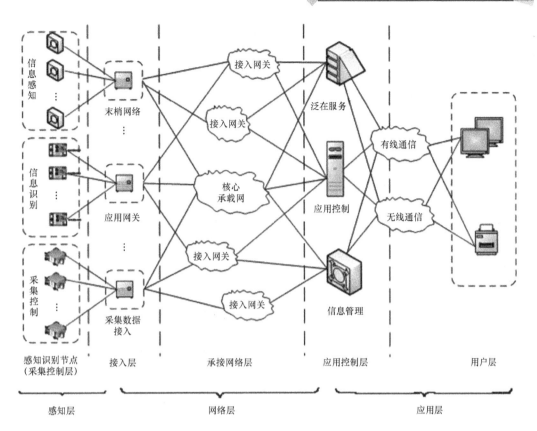

图 1-1 物联网的体系架构

1）感知识别节点

感知识别节点通过对物质世界的物理实体的感知布局，实现对物理实体属性的感知、采集与捕获，使之成为可传输和识读的信息。感知识别节点由各种类型的采集和控制模块组成，如 RFID（radio frequency identification，射频识别技术）阅读器、二维码识读器、摄像头、GPS、传感器以及 M2M（machine to machine）终端等，完成物联网应用的数据采集和设备控制功能。在物联网的发展和完善过程中，感知识别节点要突破的方向是具备更敏感、更全面的感知能力（如通过嵌入式技术和纳米技术），降低功耗、小型化，降低成本。

2）接入层

接入层由采集数据接入、应用网关、末梢网络等模块构成，完成应用感知识别各节点信息的组网控制和信息汇集，向感知识别节点转发信息。感知识别节点之间完成组网后，如果感知识别节点需要上传数据，则将数据发送给基站节点，基站节点收到数据后，通过接入网关完成与承载网络的连接，而应用控制层需要下发控制数据时，接入网关接收到承载网络的数据后，由基站节点将数据发送给感知识别节点，从而完成感知识别节点与承载网络之间的信息转发和交互。

感知识别节点与接入层共同实现了物联网的信息采集和控制，其按照接入网络的复杂性可分为简单接入方式和多跳接入方式。简单接入方式就是在采集设备获取信息后直接通过有线或无线方式将信息发送至承载网络，如目前 RFID 读写设备主要采用简单接入方式，简单接入方式可用于终端设备分散、数据量的业务应用。而多跳接入方式是利用无线传感器（WSN）技术，将具有无线通信与计算能力的微小传感器节点通过自组织方式，使各节点能根据环境的变化，自主地完成网络自适应组织和信息的传递。典型的无线传感器设备有Wi-Fi、蜂舞协议（ZigBee）、蓝牙、超宽带（UWB）等。多跳接入方式适用于终端设备分别集中、终端与网络间传递数据量较小的应用。通过采用多跳接入方式可以降低感知识别节点、接入层和承载网络的建设投资和应用成本，方便建设实施工作，提升接入网络的健壮性。

3）承载网络层

承载网络层是物联网提供普遍服务的基础设施，其各功能要素的实现水平，决定了整个物联网体系的工作效率和服务质量。承载网络是指现行的通信网络，可以是互联网（Internet）、移动通信网络、企业网络等，用于实现物联网接入层与应用控制层之间的信息通信功能。

4）应用控制层

应用控制层由各种应用服务器组成（包括数据库服务器），主要功能包括对采集数据的汇集、转换、分析，以及与应用层的适配和事件的触发等，实现泛在服务、应用控制和信息管理，由于从感知识别节点获取大量的原始数据只有经过转换、筛选、分析处理后才有实际价值，这些有实际价值的内容应用服务器将根据用户的呈现设备不同完成信息呈现的适配，并根据用户的设置触发相关的通知信息，应用控制层就承担了该项工作。在需要完成对感知识别节点控制时，应用控制层将完成控制指令的生成和指令下发控制功能。针对不同的应用将设置不同的应用服务器。

5）用户层

用户层将物联网所提供的物的信息引入相关领域，与其现有技术相结合，形成广泛智能化的解决方案。用户层为用户提供物联网应用用户界面（UI）接口，包括用户设备［如个人计算机（PC）、手机］、客户端等。

用户层是物联网实现其社会价值的部分，也是物联网拓宽产业需求、带来经济效益的关键，还是推动物联网产业发展的原动力。目前物联网的用户层通过应用服务器、手机、PC等终端可在物流、医疗、销售、家庭等产业实现应用。

1.1.3　国外研究现状

1. 美国物联网研究现状

1999年美国麻省理工学院（MIT）提出了物联网概念，又于2009年提出了"智慧地球"的发展理念，并很快被提升为美国国家物联网的发展战略。美国非常重视物联网的战略地位，并且在物联网的发展方面再次取得优势地位，其全球产品电子代码管理中心（EPCglobal）标准已经在国际上取得主动地位，许多国家采纳了这一标准架构。自20世纪90年代初以来，美国国防部就将无线传感网络（wireless sensor network，WSN）作为重要的研究领域，开展了一系列研究。进入21世纪，美国先后颁布了扶持产业发展的政策，积极有效地推动了物联网信息产业的发展。因此，美国在物联网技术研究开发和应用方面一直居世界领先地位，美国物联网优势领域如图1-2所示。

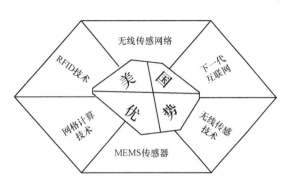

图 1-2 美国物联网优势领域

RFID 技术最早在美国军方使用，无线传感网络也首先用在作战时的单兵联络。网格计算技术等也首先在美国开展研究，新近开发的各种无线传感技术标准主要由美国企业所掌控。在智能微机电系统（MEMS）传感器开发方面，美国也领先一步。在国家层面上，美国更大范围地进行信息化战略部署，推进信息技术领域的企业重组，巩固信息技术领域的垄断地位。从 1996 年起，美国开始了下一代互联网研究与建设，以美国政府的下一代互联网研究计划（next generation internet，NGI）和美国先进因特网开发大学联盟（UCAID）从事的 Internet 2 研究计划为代表。在争取继续完全控制下一代互联网（IPv6）的根服务器的同时，在全球推行 EPC（electronic product code，产品电子代码）标准体系，力图主导全球物联网的发展，确保美国在国际上的信息控制地位。在美国国家情报委员会发布的《2025 年对美国利益潜在影响的关键技术报告》中，把物联网列为 6 种关键技术之一。

物联网涉及的范围很广，在美国除 M2M 外，目前最受关注的物联网领域是智能电网和远程医疗。智能电网是一个完整的信息架构和基础设施体系，实现了对电力客户、电力资产、电力运营的持续监督，利用"随需应变"的信息提高了电网公司的管理水平、工作效率、电网可靠性和服务水平。远程医疗通过在衣服、家具和家用电器等中安放芯片和传感器，可以帮助老年人和残障人士自主进行家庭生活，检视身体状况，提醒家人和医疗中心随时关注家人的健康。

2. 欧盟物联网研究现状

欧盟物联网发展历程如图 1-3 所示，1994 年欧盟委员会提出了《欧洲之路计划》，旨在加速开放电信业。此后为了推进未来信息社会的发展，1999 年欧盟在里斯本推出了"e-Europe（电子欧洲）"全民信息社会计划，此后欧盟又推出了为期 5 年的 e-Europe 2005 计划作为后续。作为世界范围内第一个系统提出物联网发展和管理计划的机构，欧盟于 2005 年 4 月公布了未来 50 年欧盟信息通信政策框架"I2010 政策"，计划整合不同通信网络、内容服务、终端设备，发展面向未来型、更具市场导向及弹性的技术。欧洲物联网项目组（CERP-IoT）成立于 2007 年，研究重点为 RFID 技术；2008 年由欧洲委员会资助成立了 GRIFS 全球标准互用性论坛，目标是提高协作，使全球 RFID 标准互用性最大化。GRIFS 项目发起的论坛，在项目结束后通过全球在 RFID 领域主要活动的标准组织之间的谅解备忘录继续建设性的工作。此外，欧洲电信标准协会（ETST）一直致力于物联网的标准化工作，将物联网定义为

ETST委员会战略政策题目，目前正在制定M2M的标准架构。

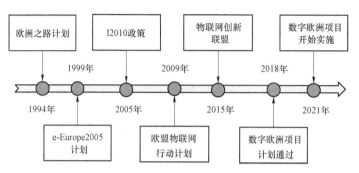

图1-3 欧盟物联网发展历程

2009年6月18日，《欧盟物联网行动计划》出炉，意在引领世界物联网发展。在物联网及相关技术发展方面，欧盟进行了大量研究应用，通过FP6、FP7框架下的RFID和物联网专项研究进行技术研发，通过竞争和创新框架项目下的ICT（information and communication technology，信息通信技术）政策支持项目推动并开展应用试点。同年9月欧盟委员会发布《欧盟物联网战略研究路线图》，提出欧盟到2010年、2015年、2020年三个阶段物联网研发路线图，同时总结出包括识别技术、物联网架构技术、通信技术、网络技术、软件等在内的12项需要突破的关键技术以及航空航天、汽车、医药、能源等在内的18个物联网重点应用领域。同年11月欧盟委员会发布《未来物联网战略》，计划让欧洲在基于互联网的智能基础设施发展上引领全球。2010年，在欧盟第七框架（FP7）发布的"2011年工作计划"中，确立了2011—2012年ICT领域需要优先发展的项目，并指出对未来互联网的研究将加强云计算、服务型互联网、先进软件工程等相关协调与支持活动。

欧盟在2015年3月成立了"物联网创新联盟"，以便汇集欧盟各成员国的物联网技术与资源。2015年5月，欧盟通过"单一数字市场策略"，强调要避免分裂和促进共通性的技术和标准来发展物联网。从2014年至2017年，欧盟共投资了1.92亿欧元用于物联网的研究和创新。欧盟2018年设立了"数字欧洲"项目，计划向该项目拨款92亿欧元，旨在通过投资物联网、人工智能、网络安全等领域，确保欧洲拥有应对各种数字挑战所需的技能和基础设施，提升欧盟的国际竞争力。"数字欧洲"项目从2021年开始实施，预计到2027年完成。

3. 日本物联网研究现状

日本是世界上第一个提出"泛在"（ubiquitous）概念的国家，自20世纪90年代中期以来，日本政府相继制定了e-Japan、u-Japan等多项国家信息技术发展战略。其中，e-Japan即电子日本，这是日本于2001年3月29日宣布实施的新IT（互联网技术）战略，其重点提出了从2001年起的5年内，在信息通信网络、教育、电子商务、行政工作信息化以及安全等5个领域必须抓紧集中实施的课题。u-Japan即物联网战略，目标是到2010年通过物联网的实施把日本建成一个新的信息社会，如图1-4所示。

2009年7月，日本IT战略本部颁布了日本新一代的信息化战略——"i-Japan"战略。战略名称"i-Japan"中的i一方面代表应用信息技术（information technology），另一方面也代表创新(innovation)。将战略目标聚焦在三大公共事业：电子化政府治理、医疗健康信息服务、教育与人才培育，提出到2015年，通过数字技术达到"新的行政改革"，使行政流程简洁化、效率化、标准化、透明化，同时推动电子病历、远程医疗、远程教育等应用的发展。

在此基础上，日本政府于2015年10月成立了物联网IoT推进联盟，该机构主要职能为技术开发、技术应用和解决政策问题。为保护知识产权，日本专利厅也于2016年11月14日设立了物联网相关技术的专利分类。2020年，日本政府设立"数字厅"，统合数字经济领域行政管理，实现数字经济领域的集中统一领导以提高日本的数字化水平。2020年12月，日本政府公布《数字管理实行计划》，为2021—2026年间的日本数字化发展制定了详细的路线图，推进物联网、人工智能、大数据等新兴产业技术在日本企业及产业链、供应链中的应用。

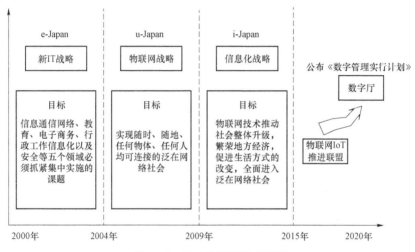

图1-4 日本物联网发展历程

4. 韩国物联网研究现状

韩国是目前全球宽带普及率最高的国家，同时它的移动通信、信息家电、数字内容等也居世界前列。面对全球信息产业的物联网趋势，韩国制定了为期十年的U-Korea（无所不在的韩国社会）战略，目标是"在全球最优的泛在基础设施上，将韩国建设成全球第一个泛在社会"。

U-Korea主要分为发展期与成熟期两个执行阶段。

（1）发展期（2006—2010年），该阶段的重点任务是基础环境的建设、技术的应用以及U社会的建立。

（2）成熟期（2010—2015年），该阶段的重点任务是推广U化服务。

自1997年起，韩国的RFID发展已经从先导计划应用转向全面推进计划，而泛在传感器网络（ubiquitous sensor network，USN）也进入实验性应用阶段。图1-5为韩国RFID/USN测试计划概况。

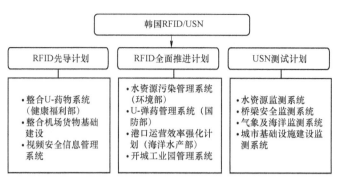

图 1-5 韩国 RFID/USN 测试计划概况

2009年10月，韩国通信委员会出台了《物联网基础设施构建基本规划》，将物联网市场确定为新增长动力。该规划提出，到2012年实现"构建世界最先进的物联网基础设施，打造未来广播通信融合领域超一流信息通信技术强国"的目标，并确定了构建物联网基础设施、发展物联网服务、研发物联网技术、营造物联网扩散环境等四大领域。

1.1.4 我国研究现状

1. 我国物联网的研究内容

我国对物联网的发展也给予高度重视，物联网相关的技术研究发展到现在，技术和标准与国际基本同步。无论从标准制定方面、技术方面还是应用发展方面都取得了一些成绩。

1）物联网标准

我国物联网领域相关标准研究主要分为五个方面，包括总体标准、感知层标准、网络层标准、应用层标准和共性标准。2007年，在 ISO / IEC 国际传感网标准化大会第2次会议上，我国提出了传感网体系架构、标准体系、演进路线、协同架构等代表传感网发展方向的顶层设计，并于2009年9月11日成立"传感器网络标准工作组"。2010年6月8日，为了推进物联网技术的研究和标准的制定，中国物联网标准联合工作组在北京成立。现在我国已成为国际传感网标准化的四大主导国（中国、美国、韩国、德国）之一，在制定国际标准中享有重要话语权。

2）物联网技术

目前，我国物联网技术的研发水平已位于世界前列，在一些关键技术上实现了突破，处于国际领先地位。2009年中国第一块物联网芯片——唐芯一号的推出为我国物联网关键技术发展奠定了坚实的基础；2011年新大陆科技集团发布了全球首块具有完全自主知识产权的二维码解码芯片。自1999年起，中国科学院相关研究所、高校和部分企业就在物联网软硬件方面开展了大量研究，硬件方面包括无线传感网络节点、无线多媒体传感器网络节点、GAINS 系列节点等技术的研发；软件方面包括基于移动代理的无线传感器网络中间件平台、无线传感器网络中间件软件以及无线传感器网络分析与管理平台等，此外一些高校还对无线传感器网络协议、算法、体系结构等方面，提出了许多具有创新性的想法和理论。

3）物联网应用发展

我国物联网应用处于初级阶段。《物联网"十二五"发展规划》中指出，物联网是国家战略性新兴产业的重要组成部分,对加快转变我国经济发展方式具有重要推动作用。而伴随着《"十四五"数字经济发展规划》的发布,被列为"中国七大大数字经济重点产业"之一的物联网也得到进一步发展,将逐渐成为数字经济时代的重要基础设施。

我国在物联网应用,特别是行业应用方面有一定的积累,目前已开展了一系列试点和示范,在智能电网、智能交通、智能物流、智能家居等领域取得了初步进展。2021年9月,工业和信息化部等八部门联合印发《物联网新型基础设施建设三年行动计划(2021—2023年)》,提出到2023年年底,在国内主要城市初步建成物联网新型基础设施,推动10家物联网企业成长为产值过百亿元的龙头企业,物联网连接数突破20亿户。据统计,2021年我国物联网产业规模已突破1.7万亿元。

2. 我国区域物联网研究发展现状

在国内物联网研究内容的基础上,在全国各省(自治区、直辖市),物联网技术和产业发展也成为振兴地方经济、把握未来经济发展命脉的助推器。

1)北京:打造中国物联网产业发展中心

北京市高度重视物联网产业发展,着手打造国内物联网产业发展中心。一是率先成立产学研用相结合的行业组织,例如,建立中关村物联网产业联盟,通过加强企业间的协作、创新与联动,推动产业发展壮大;二是着手制定北京市物联网产业规划,统筹协调产业发展与示范应用,不断完善物联网产业发展体系,确保其在国内的中心地位;三是加强与智囊机构的战略合作,北京市先后与中科院高技术局、北京邮电大学签署战略合作协议,充分发挥"外脑"多学科、跨部门、跨行业的综合优势,为北京物联网发展提供战略咨询服务。

2)上海:顶层规划、示范先行

上海市把握全球数字化发展新机遇,注重物联网等新技术与产业相结合,加快培育新技术、新业态、新模式。一是加强政府顶层规划,上海市政府已发布《上海市数字经济发展"十四五"规划》,以推动数字技术与实体经济深度融合为主线,促进物联网等数字化技术应用,协同推动数字产业化和产业数字化;二是大力推进物联网等数字化技术应用示范工程建设,包括新型网络基础设施能级提升工程、智能制造模式创新示范应用工程、智能出行设施提升改造工程等,打造世界级数字产业集群,为上海全面推进城市数字化转型提供重要支撑。

3)广东:构筑物联网产业发展高地

广东注重通过应用引导、市场驱动、政府扶持以及标准体系建设,培育和发展物联网技术研发、设备制造、软件和信息等相关产业,打造物联网产业发展高地。一是成立RFID标准化技术委员会,推进标准化体系建设,提升在全国的话语权;二是推进智慧城市试点,与国际商业机器公司(IBM)合作推进传感器在智能交通、桥梁建筑、水资源利用、电力设施、环境监测、公共安全等领域的应用;三是建设珠江三角洲无线城市群,打造"随时随地随需"的珠江三角洲信息网络。此外,广东省还积极推进南方物流公共信息平台建设以及通过粤港澳合作开展物联网技术应用。

4)江苏:政府推动、聚焦无锡

江苏省注重发挥政府推手作用,积极采取措施,努力将无锡建设成为"感知中国"中心。一是加强规划引领,编制《江苏省传感网产业发展规划纲要》,确定以无锡为核心区、苏州和南京为支撑区的产业布局；二是注重以用促产，率先推出传感网产业十大示范工程，创造需求，牵引产业发展；三是营造良好技术环境，支撑产业发展。先后与中科院、中国电子科技集团公司进行战略合作，在无锡联合共建中国物联网研究发展中心、中国传感网创新研发中心，并成功推动中国移动、中国联通和中国电信到江苏无锡设立物联网技术研究机构。

此外，山东、浙江、福建、四川、重庆、黑龙江等省市也在积极推进物联网技术及产业发展的相关工作。

1.2 物联网技术构成

按物联网技术范围划分，物联网技术分为物联网基础技术、核心技术、支撑技术、应用技术以及安全技术五大部分。

1.2.1 物联网基础技术

1. 传感器网络技术

传感器是一种检测装置，能感受到被测量的信息，并能将感受到的信息，按一定规律变换成为电信号或其他所需形式的信息输出，以满足信息的传输、处理、存储、显示、记录和控制等要求。它是传感器网络的一个组成部分，是被测信号输入的第一道关口。无线传感器网络所具有的众多类型的传感器，可探测包括地震、电磁、温度、湿度、噪声、发光强度、压力、土壤成分、移动物体的大小、速度和方向等周边环境中多种多样的现象。传感器节点由传感器和可选的、能够检测数据处理及联网的执行元件组成。它的基本组成结构为传感器、模数转换器、处理器和存储器、收发单元及电源单元。另外，还可加入定位系统单元和移动器等其他功能单元。图1-6所示为传感器节点结构。

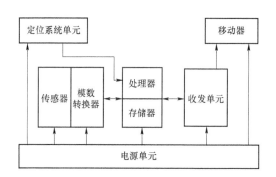

图1-6 传感器节点结构

传感器网由部署在监测区域内大量的传感器节点组成，通过无线通信方式形成一个多跳的自组织的网络系统。节点部署即通过适当的策略布置传感器节点以满足某种特定的需求。传感器网络涉及许多关键技术：网络拓扑控制、网络协议、网络安全、时间同步、定位技术、数据融合、数据管理、无线通信技术及网络能耗管理技术等。传感器网络采用的协议与传统互联网不同，通常传感器网络链路层采用的是 IEEE 802.15.4，网络层采用的是 UDP/ICMP，应用层采用的是低能耗、低功率、高可靠的无线网络标准。

2. 嵌入式智能技术

嵌入式智能技术是计算机技术的一种应用，该技术主要针对具体的应用特点设计专用的嵌入式系统。嵌入式系统是以应用为中心，以计算机技术为基础，适用于对功能、可靠性、成本、体积、功耗有严格要求的专用计算机系统。嵌入式系统通常嵌入在大型设备当中而不被人们所察觉，如手机、空调、微波炉、冰箱中的控制部件都属于嵌入式系统。嵌入式技术和通用计算机技术有所不同，通用计算机大多数情况下用来和人进行交互并根据人发出的指令进行工作；而嵌入式系统大多数情况下可以根据自己"感知"到的事件自行处理。例如，设计一个温湿度的嵌入式监测系统，随着温度和湿度的提高，当它们达到一个临界值时，置于系统内的装置就会启动，用于控制和平衡温度以及湿度不超过其临界值，从而使温度和湿度保持在一个稳定的水平。因此嵌入式系统对时间性、可靠性要求更高。

在物联网中，嵌入式技术已经逐步为人们所熟知，嵌入式系统及其相关技术应用已经在生产制造、机电一体化控制、工业的智能监控以及智能家居等领域有所应用。物联网技术中所采用的各类高灵敏度识别、专用的信号代码处理等装置的研发，将会更进一步推动嵌入式智能技术在物联网中的应用。嵌入式智能技术的应用，使得原本功能单一的设备，变得更加多样化与人性化。

3. 纳米技术与纳米传感器

纳米技术在物联网中的应用主要体现在 RFID 设备、感应器设备的微小化设计、加工材料和微纳米加工技术上。纳米技术的发展，不仅为传感器提供了优良的敏感材料，如纳米粒子、纳米管、纳米线等，为传感器制作提供了许多新型的方法，如纳米技术中的关键技术 STM（scanning tunnelling microscope，扫描隧道显微镜），研究对象向纳米尺度过渡的 MEMS（micro-electro-mechanical system，微机电系统）技术等。与传统的传感器相比，纳米传感器尺寸减小、精度提高。目前，纳米传感器已在生物、化学、机械、航空、军事等领域得到广泛的应用。

1.2.2 物联网核心技术

1. RFID 技术

RFID 技术是一种非接触式的自动识别技术，通过射频信号识别目标对象，并获取相关数据，识别无须人工干预，可工作于任何恶劣环境，主要部件包括阅读器和电子标签。通常而言，阅读器一般主要包括发送器和接收器，用于信号的发送和接收，而为了实现与计算机网络系统的通信，一些阅读器往往还附带有 RS-232 或 RS-485 接口。电子标签是射频识别系统中最重要的数据载体，一般由耦合元器件及芯片组成，其中耦合元器件主要包括对射频信号的收发和处理的电路，而标签中的芯片则带有天线。电子标签往往贮存与待识别物体有关的数据信息，如物体的编号、分类、品名等。电子标签工作时所需的能量，主要是通过接收阅读器发出的射频脉冲而获得，此过程主要依赖于耦合元件并且以非接触的方式获得。RFID 系统模型如图 1-7 所示。

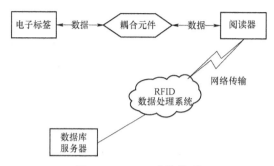

图 1-7 RFID 系统模型

RFID 系统的工作原理是：阅读器通过天线发出射频信号，当标签进入其信号范围内就能够产生感应电流从而获得能量，将存储的信息发送到 RFID 阅读器，通过内部的处理芯片和电路对所接收到的载波信号进行解调或解码，然后通过网络传输到 RFID 数据处理系统，再将信息传输到数据库服务器。

RFID 作为物联网的核心技术，已经在不同的行业领域中得到了广泛的应用，在物流领域里可用于物流过程中货物的追踪、信息的自动采集、仓储管理以及快递等业务；在交通领域里可用于高速公路的不停车收费系统、铁路车号自动识别系统以及在公交车枢纽管理等。不仅如此，RFID 技术还运用于零售行业、制造业、服装业、食品以及军事等其他行业。

2. EPC 编码技术

EPC（electronic product code，产品电子代码）编码技术是利用 EPC 编码体系对物品的编码进行信息采集。EPC 编码采用一组编号来代表制造商及其产品，不同的是 EPC 还用另外一组数字来唯一地标识单品。EPC 是唯一存储在 RFID 标签微型芯片中的信息，使数据库中无数的动态数据能够与 EPC 标签相连接。

EPC 编码体系是与目前广泛应用的国际物品编码协会编码标准兼容的，有 EPC-64、EPC-96、EPC-256 三种标准。目前使用最多的是 EPC-64 标准，而新一代的 EPC（RFID）标签将采用 EPC-96 标准，其并不会在短时间内完全取代现有的编码标准，而是将实现与其他主流编码的兼容。EPC-96 标准通过 96 位字符串，分别表示标题、产品制造商、产品类型、系列号。其中标题 8 位字符，用于识别不同版本的编码；产品制造商 28 位字符，用于识别附有电子编码的产品制造商，如可口可乐；产品类型 24 位字符，用于识别产品的类型，如健怡可乐；系列号 36 位字符，用于唯一地识别单个产品，如哪一瓶可乐。

3. 资源寻址技术

由于物联网存在着跨域通信的问题，因此物联网同样需要像互联网一样的网络资源寻址技术，去实现资源名称到相关资源地址的寻址解析，而其中物品编码是物联网中特有的资源名称，而物联网资源寻址技术的核心正是完成由物品编码到相关资源地址的寻址过程，但是由于物联网编码结构与互联网结构存在差异，物联网资源寻址技术与互联网不尽相同，因此物联网需要一套自身的资源寻址技术来促进物联网的互联互通。

如图 1-8 所示，物联网资源寻址技术是实现全球物品信息定位和跨域信息流转的中心枢纽，它不仅可以支持物品名称到与其对应的特定信息资源地址的寻址解析，即直接资源地址；还支持物品名称到与其相关的诸多信息资源地址的寻址与定位，即间接资源地址。

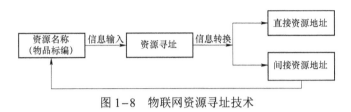

图 1-8　物联网资源寻址技术

1.2.3　物联网支撑技术

1. 物联网系统中间件技术

中间件是位于平台（硬件和操作系统）和应用之间的通用服务，这些服务具有标准的程序接口和协议。物联网中间件（IoT middleware，IoT-MW）负责实现与 RFID 硬件和配套设备的信息交互和管理，同时作为一个软/硬件集成的桥梁，完成与上层复杂应用的信息交换。它是 RFID 应用框架中相当重要的一环，总体来说，物联网中间件起到一个中介的作用，它能够屏蔽前端硬件的复杂性，并把采集的数据发送到后端的 IT 系统，IoT 中间件在系统中的作用和位置如图 1-9 所示。

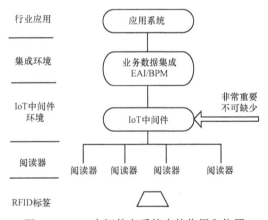

图 1-9　IoT 中间件在系统中的作用和位置

物联网中间件在应用中的主要作用包括两个方面：其一，控制 RFID 读写设备按照预定的方式工作，保证不同读写设备之间能很好地配合协调；其二，按照一定的规则筛选过滤数据，筛选绝大部分冗余数据，将真正有效的数据传送给后台的信息系统。从应用程序端使用中间件所提供的一组通用的应用程序接口（API），能连到 RFID 阅读器（reader），读取 RFID 标签数据。

目前，物联网基于 EPC 系统架构所采用的中间件是 Savant 中间件，如图 1-10 所示，它用来处理从一个或多个阅读器发出的标签流或传感器数据。

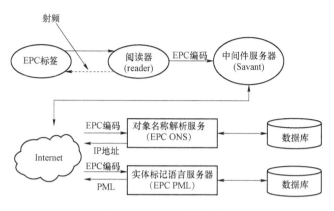

图1-10 EPC系统架构

Savant系统是EPC系统网络的神经中枢,它主要负责传送和管理阅读器识读的信息流,是连接阅读器和企业信息系统的纽带,负责阅读器的资料读取,并按照规定的程序处理各个事件,并且进行分析和调用。同时中间件实现了即时读取事件所应诱发的提醒功能,管理读取资料,并与EPC信息服务器及企业信息系统进行信息交换,再将数据进行过滤、总计和计数,压缩数据容量。Savant系统主要任务是在将数据送往企业应用程序之前进行标签数据的校对、阅读器的协调、数据的传送、数据存储和任务管理。

2. 对象名称解析技术

对象名称解析服务(object name service,ONS)是负责将标签ID解析成其对应的网络资源地址的服务。ONS服务类似于互联网中的DNS(domain name service,域名解析服务),并且ONS服务的设计与框架是以域名服务为基础的。它是联系物联网中间件和信息服务的网络枢纽。作为物联网技术组成的重要一环,ONS的作用就是通过电子产品代码,获取EPC数据访问通道信息。图1-11所示为典型的ONS查询框架,它可以将给定的EPC编码转化为一个或多个含有物品信息主机的统一资源定位地址(URL)地址。

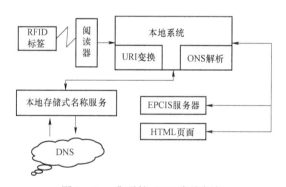

图1-11 典型的ONS查询框架

阅读器将标签信息(EPC编码)发送到本地系统,本地系统将这一串数转化为抽象的统一资源标识(universal resource identifier,URI),本地服务器把这个URI数据提交到本地ONS服务器上。

3. 产品电子代码信息服务技术

产品电子代码信息服务技术（electronic product code information service，EPCIS）是以实体标记语言（physical markup language，PML）作为系统信息的描述语言，对网络的监控信息、阅读器读取的信息进行处理和发布的信息服务系统，主要包括客户端模块、数据存储模块和数据查询模块三个部分。其中客户端模块实现 RFID 标签信息向指定的 EPCIS 服务器传输；数据存储模块将通用数据存储于数据库中，在产品信息初始化的过程中调用数据生成针对每一个产品的 EPC 信息，并将其存储于 PML 文档中；数据查询模块根据客户端的查询要求和权限，访问相应的 PML 文档，生成 HTML 文档，再返回到客户端。

EPCIS 在物联网系统中的主要作用就是提供一个接口用于存储并管理捕获的信息。而 EPCIS 建立的关键就是用 PML 来组建 EPCIS 服务器，完成 EPCIS 的工作。PML 由 PML Core 和 PML Extension 两部分组成，PML Core 主要用于阅读器、传感器、EPC 中间件和 EPC 信息服务器之间的信息交换；PML Extension 主要用于整合非自动识别的信息和其他来源的信息。

1.2.4 物联网应用技术

1. 云计算

云计算是指通过网上的数据中心，实现 PC 上各种应用与服务，从服务模式角度来看，云计算是一种全新的网络服务模式。云计算的基本原理是通过将计算分布在大量的分布式计算机上，这使得企业能够将资源切换到需要的应用上，根据需求访问计算机和存储系统。

云计算所涉及的关键技术主要有数据存储技术、数据管理技术和服务改善技术等，其基础架构是通过硬件资源的虚拟化，屏蔽软件对硬件的相关性，增强系统的可维护性和快速部署能力；在降低物联网支撑平台服务压力的同时，可以大幅度提高业务系统的弹性和灵活性对物联网通信系统的要求。云计算平台旨在通过物联网应用实现对物联网海量数据的存储以及计算，最终实现企业与网络的连接，使客户通过服务交互的方式获取所需的信息，"云"系统结构如图 1-12 所示。

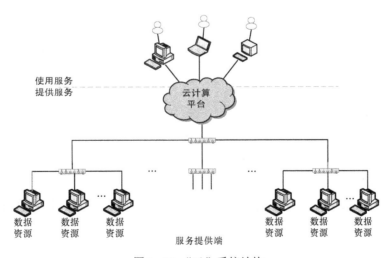

图 1-12 "云"系统结构

由于云计算在物联网发展中尚处在起步阶段，因此目前有人提出在企业内部先建立统一运营的"行业云"和第三方的运营中心，以实现企业内部的资源优化和信息的共享，再由"行业云"逐步发展为"云互联"，最终在全球范围内形成一个完整的物联网云计算平台。物联网与云计算结合已经得到了人们的极大关注，云计算技术的快速发展将能够实现物联网实时感应、大批量信息的传输与处理需求，使物联网真正运用到各个企业领域中。

2. 面向服务的体系架构

面向服务的体系架构（SOA）的整体设计是面向服务的，作为服务支撑平台的体系架构，SOA 在物联网与企业连接的过程中，为企业的应用提供了一种服务驱动、分布式协同工作的新模式。SOA 是一个基于标准的软件开发、组织和设计方法，它利用一系列标准化的网络共享服务，使 IT 技术和应用能够更加紧密地服务于企业的业务流程，适应企业业务流程的动态变化，并通过标准化的方式来屏蔽技术的异构性与复杂性。

近年来，已有很多行业推出了自己的面向服务的应用平台，提出将服务支撑平台运用到企业物联网中，SOA 的应用能动态获取与实时传输数据信息，实现"无处不在"的数据服务平台，使企业业务流程更加自动化与智能化，管理过程更加透明化，使物联网技术在企业中的运用更加智能化。

1.2.5 物联网安全技术

安全技术是物联网技术发展中一项重要的技术，是物联网信息安全的保障。目前，物联网中涉及的安全问题包括识别技术安全性、相关信息传输的安全性、信息保密及隐私性、物联网业务安全性。

1. 加密技术

加密技术主要用在信息采集过程中，它把传感器节点之间的信息以及 RFID 系统中所识别的信息转换成密文，形成加密密钥，而这些密文只有知道加密密钥的人才能识别。加密技术主要由明文、密文、算法和密钥四个要素组成，其核心技术就是算法和密钥，密码的算法通常是一些公式法则，密钥作为算法过程中的可变参数，通过加密过程将明文变成密文，从而实现加密。

在 RFID 系统的应用中，信息的保密性、完整性以及信息的可获取性等都涉及加密技术。对传输信息进行保护是加密技术中的重要应用，加密技术在 RFID 系统数据传输过程中保护接口设备和射频 RFID 标签之间传输的命令与数据，信息的认证以及信息的授权与访问控制主要是强调 RFID 标签的相关应用。

2. 信息安全防范技术

物联网信息安全防范技术主要是指在物联网环境中对传播的病毒、黑客、恶意软件等做出一系列防范措施所采用的技术，以通过在服务器、终端机以及网络接口处安装杀毒软件以及防毒墙，做到病毒无法对计算机系统进行攻击，也可以采用防火墙技术，在被保护网络和外部网络之间设置一道屏障，以防止潜在的破坏入侵，尽可能地对外部屏蔽被保护的网络信息，实现对网络信息的安全保护。

1.3 国内外铁路信息化现状与发展趋势

1.3.1 国外铁路信息化现状

铁路信息化,是铁路未来发展的战略制高点,铁路的网络型特点决定了其现代化离不开信息化的支撑。铁路的信息化,覆盖运输安全、运输组织、技术装备、客货营销、经营管理等各个方面,对各种生产要素起到倍增和催化作用,带来效率和质量的大幅度提升。

1. 美国铁路信息化

美国联邦铁路局 2002 年制定的战略发展规划中明确指出:智能铁路系统(IRS)是未来铁路发展的方向,并明确将智能铁路系统中部分关键系统的研究开发列入具体规划中。美国联邦铁路局智能铁路系统将新的传感器、计算机和数字通信技术等进行集成,用于列车控制、制动系统,平交道口,故障检测,计划及调度系统等环节,使铁路运营能够灵活地响应运输市场的快速变化。构成智能铁路系统的技术和系统包括数据数字通信网、国家差分 GPS 系统、主动列车控制系统、电控空气制动机、知识显示接口、轨道挤压监视传感器、车载部件传感器、智能平交道口系统、智能气象系统、调车场管理系统、机车调度系统、车辆预订和调度系统、生产管理系统等。

美国铁路以货运为主,因此在预测性维护、客户服务等方面进行了较多的数字化技术应用探索。自 2011 年起,美国货运铁路开始启动"资产健康战略计划"(AHSI),对各铁路公司收集和存储的数据进行分析,解决行业内最关键的铁路设备管理与维护问题;Strukton 公司开发了预测性维护和故障诊断系统 POSS,优化维修间隔,减少维修成本和故障;Amtrak 公司利用大数据提升乘客的互动和体验,将列车运行图与谷歌地图相结合,开发实时列车定位地图,通过该网站,访客可以访问有关列车的最新信息。

2. 欧洲铁路信息化

为建立全欧洲铁路网统一的铁路信号标准、保证各国列车在欧洲铁路网内的互通运营,提高铁路运输管理水平,欧盟在 20 世纪 90 年代起开始实施欧洲铁路管理系统(ERTMS)建设项目。最初,该项目计划在 2020 年之前,实现在 6 条货运量最高的线路上使用。2017 年欧盟对该计划进行了修订,现在的目标是在 2023 年之前完成 9 条核心货运线路一半的装备,在 2030 年之前完成其余装备的部署。

2011 年,欧盟发布《欧洲一体化运输发展路线图》白皮书,旨在将欧洲目前的运输系统发展为具有竞争力和高资源效率的运输系统。欧洲铁路研究咨询委员会(ERRAC)同步制定 *Rail Route 2050*,在智能移动、能源与环境、基础设施等方面,提出一个高资源效率、面向智能化的 2050 年铁路系统发展蓝图,如图 1-13 所示。

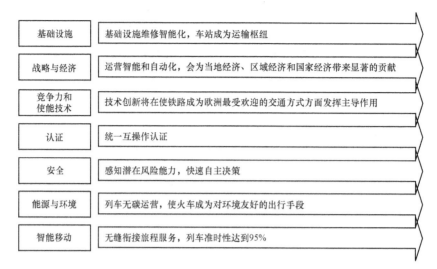

图 1-13　欧洲铁路系统发展蓝图

3. 日本铁路信息化

日本铁道综合技术研究所于 2001 年开始研究综合使用信息和通信技术的铁路智能交通系统，该系统被称为 CyberRail。其目标旨在提高铁路运输的效率和能力，增强个人的流动性、便利性以及舒适性，减少能源消耗和环境污染，提高现有基础设施的利用率，创造与旅客相关的商机，提供集成的、统一的、标准化的信息，提高铁路运输系统的安全性和可靠性。在此基础上，日本铁道综合技术研究所为实现"以技术创新贡献于铁路发展和社会进步"的愿景，制定了 2020—2025 年度科研发展规划，旨在通过科技创新，进一步提升铁路安全性，同时推进数字化技术在各专业领域的广泛应用，从而提升日本铁路技术的国际影响力。

如图 1-14 所示，CyberRail 服务于以下四个领域：面向需求的运输规划和调度、多式联运信息和个人导航、智能列车控制、铁路相关信息发布和交换的通用信息平台。

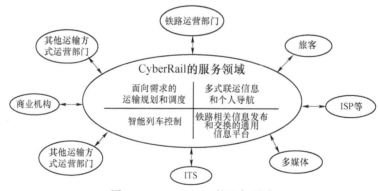

图 1-14　CyberRail 的服务领域

（1）面向需求的运输规划和调度。从旅客的角度出发，优化制订运输计划，包括在无序状态下调整列车时刻表进行列车运行控制。

（2）多式联运信息和个人导航。帮助旅客在出发前制订或在途修改联运旅行计划，以及根据旅客预定的路线导引旅客。当出现旅客（迟到、越站等）或交通服务方面原因（列车晚点或因事故、阻塞等停发列车）导致旅客改变路线时，系统应能够简捷、方便地帮助旅客修改旅行方案。

（3）智能列车控制。用于实现更为先进的、基于通信的列车控制系统，其增强功能主要体现在预报列车控制、监视和障碍物检测、对在轨道上工作的工人及维修车辆的保护三个方面。

（4）铁路相关信息发布和交换的通用信息平台。铁路运营管理部门用它来发布和管理铁路运营相关信息，用户可以通过平台及时获取相关信息，掌握信息动态。

4. 其他国家铁路信息化

加拿大在铁路信息化建设过程中一直非常重视信息的联系与共享，认为统一信息管理平台是关键。事实上，各个铁路公司的 IT 系统不尽相同，但是它们之间 80%~90% 的信息是互联互通的，这种无缝的信息交换的完成，主要的方式就是通过信息交换枢纽实现电子数据的传输。在铁路维修方面开发了轨道管理系统、轨道维修咨询系统和轨道养护维修辅助决策系统。同时借助 GPS、地理信息系统（GIS）技术，开发了基于这两项技术的轨道监控养护系统，实现对轨道的实时、多角度、精确的监控及轨道养护与维修的支持。

俄罗斯铁路信息系统以实现铁路运输业务自动化为目标，主要职责可概括为铁路运输数据资源的采集、存储和分发；实现车辆状态、位置的追踪；相关运输全过程应用系统的运行维护（含部分开发）；IT 基础设施的日常维护。俄罗斯铁路信息系统实行集中维护，各个系统全部由信息中心负责统一维护，技术装备、信息资源和技术人员的优势得以充分发挥。

5. 国外铁路信息化发展总结

随着铁路信息技术的发展，国外铁路将最新的信息技术应用于铁路的生产与管理，铁路运输正向系统化、智能化和准时化的方向发展。

1）美国

美国已经明确智能铁路的发展方向。美国铁路信息技术的应用目标是通过集成最新的信息技术、通信技术以及传感器技术，全面提升铁路系统运营智能化水平，提升铁路运营效率和效益，使铁路运输更加灵活地响应运输市场的快速变化，从而更好地接近客户，提供新的服务产品和提高服务质量，增加客户满意度，进而巩固原有铁路市场，提高铁路在运输市场中的竞争力。

2）欧洲

欧洲由于涉及多个国家铁路系统的互联互通，因此长期致力于全欧洲铁路网铁路信号标准的统一以及多个铁路系统的兼容与集成，保证各国列车在欧洲铁路网内的互通运营，以便铁路运输与其他运输方式进行有力的竞争。最具代表性的就是 ERTMS，作为欧洲铁路的总体解决方案，通过建立欧洲铁路网统一的标准，从而保证欧洲各个国家的列车能够在欧洲铁路网内互联互通，提高整体运营和服务水平。

3）日本

日本在提高铁路运输的效率和能力，减少能源消耗和环境污染等方面继续发挥自身的优势。尤其是在运输规划、乘客信息服务（包括座位预订）、列车控制以及列车交通管理方面得到了大力发展。日本铁路信息化强调的是通过其新一代信息系统强大的信息提供功能，实现铁路运输方式与其他运输方式无接缝、无障碍的衔接和运输。

随着计算机技术和网络技术的不断发展与应用，各国都在构建客户服务中心、应用现代信息技术、积极推行电子客货票、大力发展电子商务、拓展客货运营销渠道等方面予以重点发展。

1.3.2 我国铁路信息化现状

我国铁路信息化起步于20世纪50年代末，大体上经历了四个发展阶段，最初仅用于单项业务的单机应用，随着信息技术的发展，尤其是因特网技术的采用，铁路信息技术的应用向综合化、集成化方向发展，不同运输形式之间以及与其他服务行业的信息系统互联互通，形成交通运输业的神经系统。我国铁路信息化发展历程如表1–1所示。

表1–1 我国铁路信息化发展历程

发展阶段	时间	特点	主要内容
第一阶段	1960—1984年	探索起步阶段	计算机应用探索，全国计算机网络系统研究，计算机联锁系统、全路车辆修理费财务清算微机应用系统等的设计研发
第二阶段	1985—1991年	初步建设阶段	车流预确报系统、计算机网络、计算机编制货票系统、编组站现车系统、货运站管理系统等的研究开发
第三阶段	1992—2004年	全面建设阶段	运输管理信息系统（TMIS）、调度管理信息系统（DMIS）、客票发售和预订系统（TRS）、铁路车号自动识别系统（ATIS）、办公信息系统（OMIS）等
第四阶段	2005年至今	深化应用、信息融合阶段	列车调度指挥系统（TDCS）、调度集中系统（CTC）、客运专线运营调度系统、动车组管理系统等

我国的铁路信息化系统主要应用于铁路运输组织、客货营销和经营管理三大领域。运输组织领域的信息系统，主要服务于铁路运输的调度指挥、生产作业部门和人员，以提高运输生产效率和保障运输安全为目标，涵盖运输生产的各个主要环节。客货营销领域的信息系统，主要服务于铁路市场营销人员和旅客、货主，以提高铁路运输市场竞争能力、增运增收为目标，向旅客和货主提供优质服务。经营管理领域的信息系统，主要服务于运力资源、经营资源管理和运营决策支持的部门和人员，目标是保障铁路运力资源的优化配置，并降低运输成本，提高运输效益。通过几十年的信息化建设，目前铁路信息化已初具规模，主要表现在以下几个方面。

1. 信息化基础设施建设现状

1）构筑了覆盖全路的数据通信网

整个网络由主干网和基层网组成。从国铁集团到铁路局的通信网为主干网，从铁路局至数千个站段的通信网为基层网。连接主干网节点的通道以光纤数字通道为主，帧中继网络为辅，为宽带、迂回、冗余网络；连接基层网的通道以数字专线为主，模拟专线和X.25网为辅；国铁集团以ATM（asynchronous transfer mode，异步传输模式）1 000 Mbps以太网高端交换机为核心层，支持第三层交换的快速以太网交换机为分布层，1 000 Mbps以太网交换机为接入层。铁路局以支持第三层交换的快速以太网交换机为核心层，并运用简化的核心层设计，将分布层功能并入核心层。铁路主要站段都建有快速以太网。覆盖全路的数据通信网，为铁路各级信息传输的畅通创造了条件，铁路数据通信网络结构如图1–15所示。

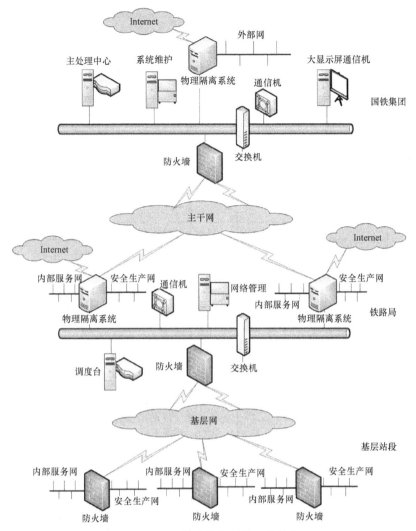

图 1-15 铁路数据通信网络结构

2）建立了初具规模的服务平台

国铁集团主处理中心承担着铁路各应用系统的运行，由数台 BMS/390 大型机构成 SYSPLEX（系统综合体），运行 MVS 操作系统、DBⅡ 数据库和 MQ 等中间件，并建有数十台 IBM、Alpha（阿尔法）、HP（惠普）、SUN（太阳）等主流机型的中小型机，运行 UNIX 系统、Oracle（甲骨文）数据库、SYBASE（赛贝斯）数据库。通过这些软硬件的有效基础支撑，国铁集团相应建立起一定规模的信息处理与服务平台。

铁路局则建有 SAN（storage area network，存储区域网络）结构的中小型机多机集群，运行 UNIX 系统、Oracle、SYBASE 数据库和铁路各应用系统。数千个基层站段建有 UNIX 环境的双机热备的小型机、微机服务器和相关作业岗位 PC 客户机，运行着相应的应用软件。

2. 应用系统的研究与建设成果

经过多年努力，铁路各专业信息系统的建设有了较大的发展。在运输组织、客货营销、经营管理等领域相继建立了一些重要的应用系统，铁路主要业务领域相关应用系统与主要功能如表 1-2 至表 1-4 所示。

表 1-2 运输组织领域应用系统与主要功能

主要方面	系统名称	主要功能
运输调度指挥	列车调度指挥系统	服务于列车调度的计算机管理与指挥
	计划调度管理系统	服务于计划、机车、货运等调度的计算机管理
	调度集中系统	列车调度计算机集中控制与指挥
	车流推算与调整系统	自动计算和管理车流预测、车流调整,动态测算与分析运输能力
运输生产组织	行车组织策划系统	完成列车运行图、列车编组计划的编制、管理及信息服务
	货物运输管理系统	完成货运制票,技术站、货运站管理,车务段管理,列车预确报,货运安全管理,货车追踪等
	旅客运输管理系统	完成客运规章、质量、安全等管理,客运组织及客运站、段管理等
	专业运输管理系统	实现集装箱、行包、特货等专业运输管理
	车号自动识别系统	自动采集机车、车辆相关信息
列车运行控制	主体化机车信号系统	采用统一自动闭塞制式、电码化制式和机车信号低频信息码,装备主体化机车信号车载设备
	列车超速防护系统	根据不同线路的运输需求,选择不同等级的中国列车运行控制系统(CTCS)配置,实现列车运行控制
行车安全监控	行车安全监控系统	自动采集机车、车辆、线路、桥隧、信号、电网、气象、自然灾害等检测信息,实现集中监控、预警,提供安全信息综合分析及决策支持
	救援指挥系统	利用多种应急通信手段,共享各类信息资源,快速反应、科学决策、综合指挥,实现跨部门、跨区域联合救援行动
	安全管理信息系统	实现行车、路内外伤亡事故、治安事件等信息管理

表 1-3 客货营销领域应用系统与主要功能

主要方面	系统名称	主要功能
客运营销	客票发售和预订系统	服务于客票发售和预订、客运售票组织等
	客运服务系统	完成客运站、列车旅客服务,客户服务中心及对外信息服务等
	客运营销辅助决策系统	完成客运市场调查与预测、客运产品开发与设计、定价策略、经济评估等

续表

主要方面	系统名称	主要功能
货运营销	货运营销及运力配置系统	管理货运计划、技术计划，优化空车配置，实现路网整体使用效率和效益最大化等
	货运服务系统	涉及货运服务中心、客户关系管理、对外信息服务等
	货运营销辅助决策系统	完成车流径路优化、货运市场预测分析、货运产品开发与设计、运价调整、经济评估等

表1-4 经营管理领域应用系统与主要功能

主要方面	系统名称	主要功能
运力资源管理	机务管理信息系统	服务于机车运用安全、检修与运用、牵引供电、机务段、水电段管理等
	车辆管理信息系统	服务于客车、货车、动车组技术与使用管理，检修与运用、车辆段、车辆工厂安全质量及生产管理等
	工务管理信息系统	服务于线路、桥隧、房建及大型设备管理，工务段管理，施工安全管理等
	电务管理信息系统	服务于电务设备检修、运用、安全、质量管理，铁路无线电管理、电务段管理等
	信息化管理系统	服务于信息化规划、计划、标准、规范、软件开发及版本升级、工程建设、主要设备管理等
经营资源管理	人力资源管理系统	建立人事档案、完善人才市场、进行劳资管理等
	全面预算管理系统	实现铁路营销生产、收入支出、投资采购、现金流量等预算的编制调整、分析控制、预测考核、规划决策等功能
	财务会计管理信息系统	进行会计核算与管理、预算与收入管理、资金结算、成本计算、收入清算、资产管理、经济活动分析等
	统计分析系统	充分利用信息资源，汇总、加工、处理、生产各类相关报表，统一统计口径计算，统一统计指标发布
	审计管理信息系统	开展运输企业、建设项目等审计，审计项目管理，经济活动分析等
	建设管理信息系统	完成投资计划管理，建设项目的立项、设计、施工管理，竣工验收及后评估等
	科技管理信息系统	完成科技立项，鉴定、评奖，科研单位、专家、专业技术标准与资料管理，科技成果查询、展示、推广转化等

续表

主要方面	系统名称	主要功能
办公信息系统	电子政务系统	服务于国铁集团政府网站及政府专网网站建设等
	办公信息系统	服务于全路电子公文、电子邮件、信息服务、会议、信访管理等
决策支持	决策支持系统	服务于运输经营决策，路网规划，生产力布局、运输组织优化等

1.3.3 我国铁路信息化发展趋势

建立在现代高技术基础上的铁路运输生产、服务与经营管理等铁路业务，正呈现出空间多维化、时间实时化、对象多元化、形态多样化等新特点。未来铁路信息化将向系统高度集成、信息交互效率更高，铁路信息化与铁路业务全面融合，铁路信息系统建设体系化和铁路智能化系统建设方向发展。

1. 系统高度集成，信息交互效率更高

针对当前信息系统各自独立、没有构成有机整体、信息资源难以共享、综合应用难以展开、整体效益难以发挥的现状，需要从系统集成的角度对铁路各业务应用系统进行合理优化，使铁路运输生产中的各类信息资源得到整合与集成，各子系统之间集成度加强，各业务部门协同作业，实现铁路运输生产过程的全程信息化管理和作业的远程集中控制，有效地消除信息孤岛与自动化孤岛。

2. 铁路信息化与铁路业务的全面融合

铁路信息化的进一步发展需要持续增强信息技术能力和信息系统能力的建设，特别应注重动态能力的建设，推动铁路业务、技术的创新发展。在铁路运输生产与服务、经营管理等各个方面建立普适计算的环境，形成泛在的信息和网络，发展具有动态能力计算与存储的平台。此外，为促进铁路信息化的发展需要，积极促进铁路信息化与铁路业务全面融合，加速铁路发展方式转变，建立铁路整体融合发展战略。只有从铁路整体战略的高度，才能进一步发挥信息技术的战略功能和信息化对铁路效益提升的作用，加速铁路信息化与铁路业务的全面融合。

3. 铁路信息系统建设体系化

铁路业务发展目标的实现取决于所有参与铁路运营的系统的整体能力，而整体能力不是由单个系统的属性所决定，而是由多个系统相互作用产生的。受到运输生产环境和社会经济环境形态转变的影响，铁路的发展已经由重视技术装备和技术平台建设转变为重视整体体系的能力发展。过去那种只重视技术装备，而不注重系统之间的互联互通互操作、不注重体系建设的做法将难以适应新条件下铁路发展的要求。

4. 铁路智能化系统建设

面对铁路运输高速化、重载化、密集化的发展趋势以及铁路运输不断增长的客货运需求，智能铁路是铁路未来的发展方向，是实现绿色铁路和铁路可持续发展的基础，是铁路现代化水平的整体体现。通过计算机技术、信息处理技术、地理信息技术、数据通信采集技术，传输、共享来自铁路运输环境中的各类信息，并根据上述信息进行初级决策和控制，实现铁路信息互联互通、信息资源共享、智能处理、协同工作。通过铁路智能化系统建设，提升铁路整体能力水平，加速铁路发展方式转变，实现铁路可持续发展。随着智能铁路的发展，铁路不断具备新的能力，适应新的环境，履行新的使命。

1.4 物联网与铁路信息化

1.4.1 物联网在铁路运输领域的应用

近年来，随着我国高速铁路、客运专线建设步伐的加快和铁路货运重载化、快速化、集中化的发展，对铁路信息化水平的要求越来越高，铁路通信信息网络也正朝着数据化、宽带化、移动化和多媒体化的方向发展，各方面的条件已经基本满足了物联网在铁路运输领域的推广和应用。物联网在铁路运输领域主要应用于运输组织、经营管理、客货营销以及信息服务等方面。

1. 运输组织

在铁路运输组织过程中，铁路部门需要实时获取客货需求的动态变化信息，在物联网技术的支持下，可以全面感知铁路运输生产过程中各类信息，从而科学编制运输计划、技术计划，并实现计划调整与资源调配的综合协调控制。借助物联网先进的信息感知、传输与整合技术，充分、迅速地收集各类信息，从而为调整车辆分布及列车运行，保证车流正常分布和行车安全，实现智能的调度指挥与列车运行控制创造了条件。

2. 经营管理

经营管理主要服务于运力资源、经营资源管理与运营决策支持的部门和人员，以保障铁路运输的运力资源优化配置和降低运输成本。通过应用物联网技术，加强铁路车、机、工、电、辆等部门移动和固定基础设施间的信息沟通，实现铁路运力资源信息和经营资源信息的集成与实时共享，消除各系统之间信息孤岛，提升各部门的协同运作水平，实现运力资源的效用最大化，提升铁路运输的整体运营效率，为铁路运营决策提供有力支持。

3. 客货营销

客货营销主要服务于铁路市场营销人员和旅客、货主，以提高铁路运输市场竞争能力、增运增收为目标，向旅客和货主提供优质服务。电子商务的发展将带动物流业的繁荣，为铁路运输企业提供巨大的发展空间。物联网的实现对铁路电子商务经营管理、市场营销等方面具有十分重要的推动作用。主要体现在：首先以客票系统为基础，提供旅客出行的一体化服务，实现旅客联运链的全程电子化。其次以快捷运输为基础，开通运输代理服务，建立物流配送中心，实现小件运输快速化。最后以集装箱运输为核心，实现多式联运服务信息化和货物运输全程追踪自动化。

4. 信息服务

运输生产过程中，铁路系统需要为旅客提供及时的需求信息，支撑全方位的旅客出行服务,提供便捷的购票方式,提供旅行全过程的信息导航、个性化信息服务。同时,铁路系统还要通过铁路内部的信息系统灵活、快捷地使用共享平台中的服务,以全面、及时、准确的信息为货运管理人员等提供决策支持,为客户提供便捷的信息服务。通过物联网先进的信息感知与采集技术、可靠的网络通信与传输技术及智能化的信息处理技术,将铁路分散的各种固定、移动资源连接起来,将全部或部分运输生产信息提供给铁路内部、外部的用户,实现信息资源的生产与扩散最大化。

1.4.2 物联网促进铁路信息化

物联网的发展对铁路信息化产生了重大影响,物联网的发展可以大幅提升铁路信息化水平,为铁路信息化提供近乎完美的物品联网环境,可以说物联网的发展促进了铁路信息化的又一次变革。

1. 物联网对铁路信息化的影响

1)物联网提高铁路信息的获取能力

物联网集合了编码技术、网络技术、射频识别技术等,突破了以往获取信息模式的瓶颈,可以对列车、机车和车辆的信息实现自动、快速、并行、实时、非接触式处理,并通过网络实现信息共享,从而使铁路部门能够准确、全面、及时地获取铁路信息。物联网大大增强了获取铁路信息的深度与广度,通过物联网,铁路部门可以将设备的任何细节信息进行共享,以供铁路运输生产和运营各个环节使用。

2)物联网拓展铁路信息的应用和服务

基于物联网对铁路信息准确、全面、及时的获取,通过铁路信息系统的有效集成,制定相应的标准与规范,建立合理的信息资源体系和信息共享平台,以及列车车载信息传输平台,初步实现信息共享与综合利用,为铁路各应用服务提供灵活、可靠的导航、链接;为各种信息资源的访问/搜索提供高效、快速的工具,为行业间电子协作提供统一的服务接口,为客户提供个性化、专业化的服务。在信息共享平台的基础上,通过建立电子数据交换系统,实现与港口、海关及相关政府监督部门的信息交换,实现在线电子交易和电子支付等共享服务。

3)物联网提高铁路运营自动化水平

物联网中的 RFID 技术是一种非接触式的自动识别技术,通过射频信号自动识别目标对象,并获取相关数据。自动识别无须人工干预,可工作于任何恶劣环境。应用物联网技术,铁路列车通过车载计算机的控制可以在无人干预或较少人工干预的前提下实现自动启动、运行及停车,并能自动判别及遵守来自固定设施、邻近车辆的约束。铁路线路可在路旁设备的控制下识别经过车辆的特征,根据其特征向列车及控制中心发送相应信息或进行相应处理。还可对列车流进行调整,增加运输密度,提高线路通过能力。控制中心可对固定设施和移动设施的状态进行实时监控,基于知识库提供维修、故障的预防和处理等智能决策支持,同时自动完成调度、运营管理及信息服务的功能,即实现铁路运营调度的自动化。

4)物联网保障铁路运营安全

铁路运营最重要的是保证行车的安全,铁路上采用红外线轴温监测系统(THDS)和货车动态图像故障检测系统(TFDS)来监控行车安全。红外线轴温监测,通过轨边设置的红外线探测设备监测车辆的轴温,结合车号识别设备定位车辆号,及时预警、扣车,防止热切轴事故的发生。货车动态图像故障检测系统,利用轨边高速摄像设备和计算机快速处理技术对货车转向架、基础制动装置、钩缓装置等车辆关键部位的行进图像进行动态检测分析,及时发现隐蔽故障和常见故障。

2. 物联网环境下的铁路信息化

在物联网应用环境下研究铁路信息化发展策略具有相当的复杂性。总体而言,物联网促进铁路信息化、智能化,对铁路信息采集技术、铁路信息的互联互通、信息的管理、信息的加工和信息的应用都有新的需求,但仍有很多问题需要有效解决。一是如何部署更加广泛、及时、准确的信息采集技术,如射频识别(RFID)、各类传感器、地理定位系统、视频采集系统等;二是如何促进相关系统信息实现互联互通,既满足专用的要求,也能实现方便的开放和共享;三是信息如何管理、加工、应用,解决各种现实问题。这些问题都将对铁路信息化发展产生深远的影响,因此研究物联网环境下铁路信息化发展策略意义重大。

本 章 小 结

本章通过对国内外物联网技术的发展研究,结合国内外铁路信息技术的发展和我国铁路信息化的建设现状,分析了我国铁路对物联网技术的需求,进一步介绍了我国铁路信息技术以及我国铁路信息化发展的趋势。结合物联网技术特性和铁路信息化发展的特点与需求,分析了在铁路领域应用物联网技术的可行性,为物联网技术在铁路运输领域的应用提供了理论依据。

本章习题

1. 简述物联网的概念、技术特征与体系架构。
2. 简述物联网的国内外研究现状与发展方向。
3. 简述物联网的技术构成及各部分主要技术的特点。
4. 简述国内外铁路信息化的现状与我国铁路信息化的发展趋势。
5. 试述物联网技术在铁路运输领域的应用。
6. 简述物联网技术对铁路信息化的影响。

第 2 章

基于物联网的铁路业务系统设计研究

通过分析物联网技术对铁路业务及其流程的影响,可以构建基于物联网的铁路业务体系,为物联网在铁路领域的应用打下基础。

2.1 铁路业务概述

铁路运输作为我国交通运输的主要方式,承担着旅客和货物的运送任务。因此,铁路运输在社会生活中占有极为重要的地位,是国民经济活动中必不可少的重要组成部分。

2.1.1 铁路业务系统性

铁路运输是一个复杂的大系统,同时也是一个社会经济大系统。铁路运输生产是多部门、多工种联合作业,协调配合共同完成的。现代铁路运输最主要的特征是铁路各部门之间存在着相互联系、相互制约的关系。铁路是由车、机、工、电、辆五个基本系统与其他辅助系统构成的网络型基础产业。各个子系统都围绕着列车的安全、高效、优质运行而相互关联,子系统又分成具体的部门,承担不同的工作,履行各自的职能。所有系统元素相互依存、相互制约,多重作业联合,多元部门集合,多类信息传递形成"作业点,联动线,协作网"的铁路系统综合体,为铁路运输市场某一特定需求提供铁路服务输出。

从系统学的观点来看,铁路运输组织系统具有大量交互成分,其内部关联复杂、具有不确定性,尤其是人的计划与决策行为在铁路运输组织系统中具有重要作用。铁路运输生产过程是在全国纵横交错的铁路网上进行的,同时铁路运输的作业环节多而复杂,要求各单位和各工种间密切配合,协同运作,像一架庞大的联动机环环紧扣,有节奏地工作,因此铁路运输有很强的系统性,要求在铁路运输组织工作中必须贯彻高度集中、统一指挥的原则,采取各种有力措施保证安全、迅速、准确、便利地运送旅客和货物，以满足国家建设和人民生活的需要，提高铁路运输产品的市场竞争能力。

2.1.2 铁路业务复杂性

铁路运输作业环节多而复杂，协同性强，需要铁路各部门、各工种高效率地运用铁路设备，安全、准确、协调地进行生产活动。铁路的运输组织生产需要根据客户需求信息利用运输设施，按照运输能力组织、协调生产，并提供安全、快捷的客货运输保障。铁路运输作业包括移动设施和路网的运用调度、安全保障及车、机、工、电、辆等要素的生产调度。其中，调度指挥和安全控制系统以列车的安全高效运行为目标，充分合理利用路网运力资源组织运输，对列车运行及在车站的作业进行智能化控制，实现在无人干预或较少人工干预下的列车自动运行，安全可靠地完成客运和货运任务。对采集传输的有效铁路信息进行及时处理，并通过铁路信息综合平台，为各部门提供各种准确实时的相关信息，以保障列车安全、高效运行。

2.1.3 铁路业务基础性和服务性

铁路要有效地完成主要业务活动，就必须加强基础性工作，以现代化的手段实现对关键业务的有效支撑，加强运输组织计划工作，保证国铁集团能更加合理有效地进行宏观调控。同时，为了适应现代市场的多元化需求、铁路运输物流化以及铁路运输生产效率提高的要求，铁路运输服务需要加强内部决策效率，提供增值的服务内容。此外，面对日益激烈的市场竞争，铁路必需实施"以客户为中心，以服务求发展"的经营策略，全面掌握、分析理解企业各类业务的发生情况，及时对市场变化和需求做出反应，分析客户行为，掌握不同类型客户特征，不断开发满足客户需求的运输产品，为客户提供优质个性化的服务，优化客户关系，增强竞争优势。

2.2 铁路业务现状分析

我国铁路覆盖地域面积跨度大，交通系统行为、运输组织模式和市场需求极其复杂，因此铁路业务种类繁多，内容庞杂，分布广泛。铁路运输系统的基本任务，就是合理运用铁路运输的技术装备及科学的组织管理方法，安全、准确、迅速、经济、便利地运送旅客和货物，高质量地满足市场对铁路运输的需求。旅客和货物的运送过程就是铁路运输的生产过程。铁路运输生产过程每一个环节的工作，以及整个生产过程的计划、组织与指挥，都属于铁路运输工作的范围。铁路运输系统的各个部门都应围绕运输生产来开展自己的工作，加强企业的管理，保证运输安全，努力挖掘潜力和提高劳动生产率，以取得最好的社会效益和经济效益，全面完成运输生产任务。

2.2.1 铁路业务构成现状

铁路运输传统意义上可划为车、机、工、电、辆等五个子系统，这种划分与实际运输管理机构在横向上的设置比较符合,能大致说明铁路运输主业包含的工作范围。从铁路运输企业的机构设置上看,分为国铁集团、铁路局和基层站段三级,每一级按照专业分块,下级专业部门在业务上受上级同一专业部门管理,在实际运输生产过程中与同一级机构中其他部门协调并受同一级机构的"中枢"部门统一指挥。

1. 铁路业务组织管理结构

铁路运输系统所承担的社会功能和生产特征决定了铁路组织管理系统的结构,它既需要横向跨地域、跨部门、跨工种的管理功能,也具有纵向有效的行政管理和严格的专业管理功能。铁路的组织管理系统示意图如图 2-1 所示。

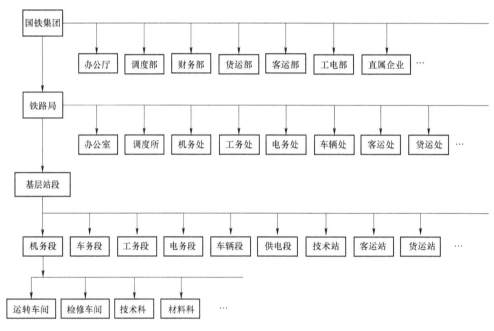

图 2-1 铁路的组织管理系统示意图

2. 铁路业务构成现状

基于铁路运输生产机构设置对铁路系统进行划分的方式,以及铁路系统运作机理和车流输送过程的活动规律,铁路业务主要由运输组织、客货运管理、运输保障、运输安全以及其他业务等构成。

1)运输组织

运输组织是铁路运输企业最重要的核心业务,主要包括铁路运输生产过程中所涉及的运输生产组织、运输调度指挥以及列车运行控制等。在运输生产组织过程中,通过客运组织、货运组织将由旅客列车和货物列车所汇集的车流有效组织起来,根据相关计划确定列车开行方案,依据列车运行图积极灵活地组织列车运行,其中要通过相关规程和技术计划对列车实施有效的技术作业。

同时,为使运输生产控制在正常状态,必须加强运输调度工作,经常分析运输生产指标完成情况,进行车流分布预测,并且根据具体的运输工作条件,调整车辆分布及列车运行,并通过制订日班计划贯彻运输调整措施,以预防或消除运输生产过程中可能或已经发生的问题,保证车流正常分布,经济合理地使用运输设备。铁路行车调度指挥基本原理如图 2-2 所示。

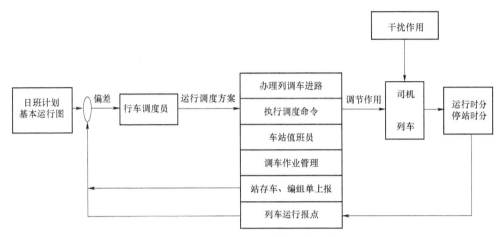

图 2-2 铁路行车调度指挥基本原理

2)客货运管理

铁路旅客运输是整个铁路运输的组成部分,基本任务是:最大限度地满足广大旅客在旅行上的需要,安全、迅速、准确、便利地运送旅客和行李、包裹、邮件,保证良好服务。旅客运输管理涉及旅客输送过程中的方方面面,比如客票发售和预订、客流组织、客运服务等。货物运输是铁路运输的重要组成部分,铁路货物运输管理不仅要满足经济发展对于货物运输的需求,为物流和商贸提供安全、迅速、准确、方便、经济的运输服务,在平抑物价、繁荣经济、保证重要物资运输中也发挥重要作用。货运管理主要涉及货运计划、货流组织、编组计划等。

3)运输保障

基于铁路运输生产过程中铁路业务种类繁多,内容庞杂,分布广泛的特点,需要铁路机务、工务、电务、车辆等各部门协同运作,依据承担的不同工作,履行各自的职能,充分发挥运力资源作用,保障铁路运力资源的优化配置,使铁路各项运输任务顺利完成,并降低运输成本,提高运输效益。此外,对于海量的铁路运输信息必须进行有效管理与控制,满足铁路信息系统对相关信息的需求,支撑铁路信息系统各种功能的实现,为铁路运输正常运行提供强有力的信息保障。同时,通过信息的快速有效传递与共享,为铁路内部以及客户提供高效的信息服务,提高铁路运输的整体服务水平。

4)运输安全

铁路运输安全是铁路工作的重中之重。在铁路运输生产中,安全管理工作直接关系到铁路运输的效率和效益。安全管理在保证行车的安全、减少事故发生、达到提高运输效率、改善运输服务质量和保障运输安全方面发挥重要作用。通过对机车、车辆、线路、信号等检测信息的采集,实现集中监控、预警,提供安全信息综合分析及决策支持,对行车安全实施有效监控,从而保障铁路行车安全。对于铁路运输事故的发生,利用多种应急通信手段,共享各类信息资源,快速反应、科学决策、综合指挥,实现跨部门、跨区域的联合救援行动。

5)其他业务

在铁路运输领域有众多业务,除了以上业务,还有协同办公、统计分析、决策支持、财务管理、技术支持、人力资源管理等。通过这些业务相互配合,有机协调,合理组织运输生产过程,保证安全、迅速、经济、准确地运送旅客和货物,以满足国家建设和人民生活的需要,不断提高铁路业务服务能力,提高铁路运输产品的市场竞争力,为客户和旅客提供最优服务。

2.2.2　铁路业务系统分析及划分方法

作为一个连续性过程系统,铁路运输的生产环节大多是一个动态系统,同时具有超区域、结构庞大、功能复杂、信息海量等特征。铁路运输系统是国家的基础设施,是国民经济的大动脉,同时又是国家实施宏观调控的重要手段。铁路运输系统高度集中,贯通全国,具有运能大、能耗少、成本低、污染少、全天候、安全性高的特点,是我国客货运输的主力。

1. 铁路业务系统分析

由于铁路运输系统是一个复杂的大系统,为此有必要采用大系统的控制与协调的理论与方法对铁路业务进行分析与总结,把这个系统分解成若干相互关联的子系统进行控制。根据铁路运输系统信息交换的方式和关联处理的方式,铁路运输系统是按照阶梯控制模式进行的。

阶梯控制系统对各子系统的控制作用是按照一定优先和从属关系安排的决策单元来实现的,它们形成金字塔的结构。统计的各决策单元可以同时平行工作,对下级施加作用,同时又受到上级的干预,子系统可以通过上级互相交换信息。这种阶梯控制具有以下基本性质。

1)铁路"锥形"结构

阶梯由安排在一个"金字塔"或"锥形"结构里的所有决策单元组成,在锥形结构中每一级都有一定数量的决策单元平行地运行,铁路"锥形"结构如图2-3所示。

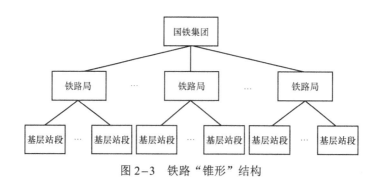

图2-3　铁路"锥形"结构

2）全体决策者的目标彼此协调

递阶结构存在于有整体目标的系统中，构成这个递阶结构的全体决策者的目标是彼此协调。铁路运输为保证安全、迅速地运送旅客和货物，需要合理地组织运输生产过程，国铁集团、各铁路局以及众多的基层站段要彼此协调，加强配合。铁路运输生产过程每一个环节的工作，包括运输计划的制订、客货流的组织、行车组织以及列车运行的调度指挥等，都需要车、机、工、电、辆各系统以及各部门围绕运输生产来开展自己的工作。

3）不同级别决策单元之间有往返的信息交换

递阶结构中不同级的决策单元之间有往返的信息交换，但向下级的信息有优先权，较低的级别应将这一信息作为命令对待，只要可能做到，它们就应服从这一命令。因此，作为基层站段必须遵守上层铁路局的命令，各铁路局也要遵从国铁集团的部署与命令，从大局出发，提高整体协作与运营效率。

4）决策者所处的级别越高，越关心较长期的目标

递阶结构中，决策者所处的级别越高，越关心较长期的目标。国铁集团拟定铁路行业发展战略、方针，制定铁路行业未来的发展规划，一般时间跨度较长，比如2004年发布后又经调整的国家《中长期铁路网规划》的规划期为2016—2025年，远期展望到2030年，整个时间跨度近15年。铁路局级目标则是根据国铁集团制定的规划与目标来制定自己的目标，时间跨度相对较短，且具体措施更加详细。

2. 铁路业务划分方法

铁路业务划分通过铁路业务流程管理实施方法来实现，铁路业务流程管理实施的直接目标是使业务划分合理，业务流程优化。明确铁路业务划分及其业务流程合理化的原则和思路，即从高效率运输和客户需求出发，以业务合理划分为目的，以业务流程优化为对象，对业务划分及其流程进行研究。为了更合理地划分业务，优化业务流程，增强铁路业务管理的可操作性，有必要确定一套具有可操作性的实施方法——铁路业务流程管理实施方法，以便明确划分铁路业务，优化业务流程，加强业务管理。

铁路业务流程管理实施方法从多方面将业务流程管理的原则和思路可操作化，明确各项业务之间相互关系，最终使铁路业务划分合理。首先，铁路业务流程管理实施方法是通过将业务流程管理的知识、业务流程优化的经验和业务划分的思想有效组织起来的方法，使得这些经验、知识和思想能够指导铁路业务流程管理实践和业务流程优化及划分。其次，铁路业务流程管理实施方法使得铁路运输部门能够对当前与它们面临的问题相关的业务流程有一个清晰的了解，明确各自职责，能够对业务流程进行重新设计，从而更好地划分业务。最后，铁路业务流程管理方法使得所有铁路业务流程管理及业务划分的参与者以及所有可能涉及的人员对他们的任务和角色有一个清晰的了解。

铁路业务流程管理实施方法通过引导业务管理及实施人员根据此方法的内容和步骤进行业务流程管理、业务流程优化以及业务重组设计，最终实现合理的业务划分。业务流程管理实施方法包括测评指标体系及目标设定、业务流程原始测评、业务流程改进后测评等三个核心环节。基于此，建立了如图2-4所示的铁路业务流程管理实施方法模型。

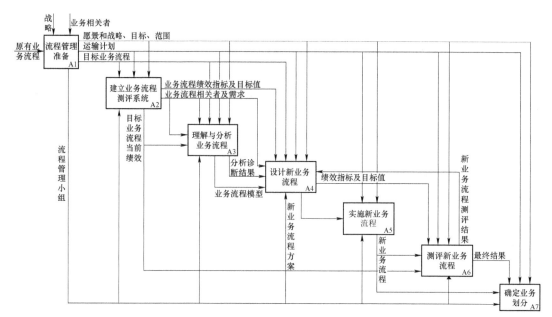

图 2-4 铁路业务流程管理实施方法模型

从图 2-4 可以看到,铁路业务流程管理实施方法分为流程管理准备(A1)、理解与分析业务流程(A3)、设计新业务流程(A4)、实施新业务流程(A5)、确定业务划分(A7)五个阶段。为了实现业务流程评价的需要,本书在原流程中加入了建立业务流程测评系统(A2)、测评新业务流程(A6)两个阶段。在新业务流程测评阶段,利用第二阶段(A6)建立的指标对改进后的铁路业务流程进行测评,一方面检验业务流程管理优化的效果,另一方面为进一步的连续改进提供依据并最终服务于铁路业务的合理划分。

1)阶段 I:业务流程管理实施准备

本阶段主要任务包括:明确铁路部门愿景和战略,确定实施范围目标;组建流程管理小组;确定业务流程管理详细目标;识别目标流程;制订业务管理实施计划;培训业务管理实施小组。根据任务将本阶段划分为相应的六个步骤,如图 2-5 所示。

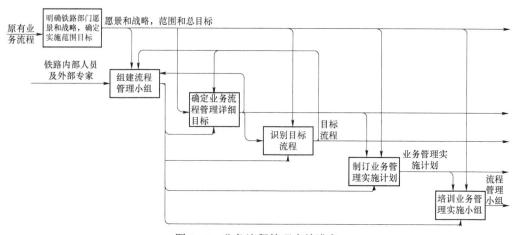

图 2-5 业务流程管理实施准备

2）阶段Ⅱ：业务流程测评

本阶段的目标是建立铁路目标业务流程的测评体系。业务流程测评是优化业务流程、明确铁路业务划分、保证业务流程管理的目标得以实现的一个衡量和信息框架，其意义在于，根据铁路运输部门愿景、战略以及业务流程管理的目标形成一套完整的测评指标体系以及适当的测评指标目标值，对目标业务流程进行的测评形成价值判断，并提供反馈信息，辅助识别改进机会和提出改进建议，为业务的合理划分奠定基础。根据本阶段的目标及任务将本阶段划分为如图 2-6 所示的三个步骤。

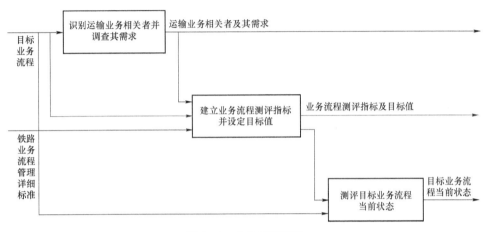

图 2-6　业务流程测评

3）阶段Ⅲ：当前目标业务流程理解与分析

本阶段的主要目的就是理解和分析当前目标业务流程，明确当前各铁路业务间的联系，为下一步的业务流程优化和业务流程再设计打下基础。理解目标业务流程最常用、最有效的手段是业务流程描述，要分析和诊断业务流程也需要以业务流程模型为基础，因此，本阶段的主要任务是理解并对目标业务流程建模和业务流程分析，如图 2-7 所示。

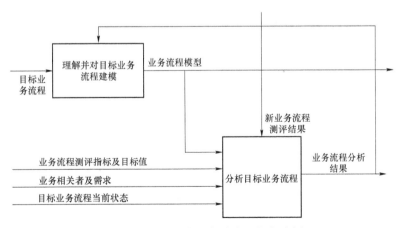

图 2-7　当前目标业务流程理解与分析

4) 阶段Ⅳ: 新业务流程设计

本阶段的目标就是要得到一个在铁路运输现实条件约束下最合理的业务流程设计方案,从而为铁路业务划分奠定基础。整个业务流程管理及优化的核心是对新业务流程的设计,业务流程管理与优化能够在多大程度上达到目标,以及业务划分的合理性,主要取决于新过程方案的合理与否。据此,可将新业务流程阶段细分为如图2-8所示的五个阶段。

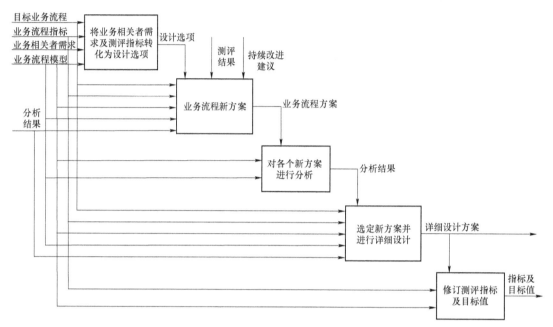

图2-8 新业务流程设计

5) 阶段Ⅴ: 新业务流程实施

本阶段的目的是在铁路运输生产过程中成功实施设计的新业务流程方案,使业务流程优化,增强铁路业务管理的可操作性,最终使业务划分更为合理。过程实施主要涉及对业务流程和业务集成的最后确认以及在整个铁路运输范围内的受控发布,如图2-9所示。

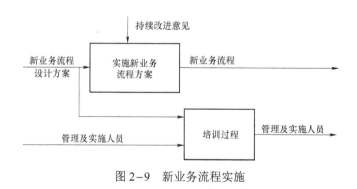

图2-9 新业务流程实施

新业务流程实施是极为关键的一个阶段,其能否最终达到业务流程优化目标进而更好地进行业务划分,很大程度上依赖于方案的实施情况。在新业务流程实施中,根据新业务流程设计方案,在不断吸取新业务流程改进意见后实施新业务流程,进而在实践中实现相关业务集成,以便实现合理的业务划分。此外,依据新业务流程设计方案还要对铁路运输业务管理及实施人员进行培训,一般情况下,实施和培训往往交替进行直至最后新方案全部实施完毕。

6)阶段Ⅵ:新业务流程测评

本阶段的目的是获取新业务流程及业务集成的效果并针对新业务流程的不足及业务集成不合理之处持续改进。因此,在新业务流程测评中主要包括两部分工作,即测评新业务流程及业务集成效果和持续改进新业务流程及业务集成,如图2-10所示。本阶段流程测评主要是过程数据的搜集,并利用在第二阶段(A6)定义的测评方法对业务流程进行测评,将结果与目标值进行比较以及将测评的结果向相关的人员通报等。最后,根据测评的结果对业务流程和业务集成进行持续改进,为下一步业务划分的确定奠定基础。

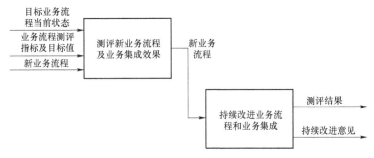

图2-10 新业务流程测评

7)阶段Ⅶ:确定业务划分

在明确铁路部门愿景和战略目标,确定铁路业务流程管理和优化的范围以及业务合理划分目标的前提下,建立优化业务流程,明确铁路业务划分,保证业务流程管理得以实现,对当前业务流程进行建模与分析,理解当前业务流程,进而设计出新的业务流程和对相关业务进行有效集成。通过对新业务流程进行测评,获取新业务流程及业务集成的效果并针对不足之处进行持续改进,最终完成铁路业务流程的最优化,实现铁路业务的合理划分。

3. 铁路业务划分方案

在对铁路业务进行系统性分析的基础之上,通过运用铁路业务流程管理实施方法,结合铁路运输生产的战略目标以及铁路运营管理过程的实际需要,经过业务流程实施管理准备、业务流程测评、当前目标业务流程理解与分析、新业务流程设计、新业务流程实施、新业务流程测评等阶段,最终确定合理的铁路业务划分,使铁路业务流程最优,提高铁路运营管理效率。

结合铁路业务管理体制与模式,可将铁路业务划分为核心业务、辅助业务、增值业务。

1)核心业务

核心业务是铁路运输生产过程中的核心,是铁路业务领域最重要、最关键的业务,通过核心业务有效组织铁路运输生产的整个过程,这些业务彼此配合,协调一致,共同保障铁路运输生产安全、顺利地完成。它主要包括运输组织、调度指挥、运力资源管理、客运管理、货运管理、安全管理、信息控制。

2）辅助业务

辅助业务为各项核心业务提供辅助支持,主要由财务管理、统计分析、技术支持、建设管理、协同办公、人力资源管理等构成,分别为铁路核心业务提供资金支持、技术支持、人员支持、智力支持等。

3）增值业务

增值业务在完成铁路核心业务和辅助业务的基础上为铁路旅客和客户提供延伸业务服务。根据铁路增值业务的功能,可将其划分为信息型增值服务、物流增值服务、承运人型增值服务、货运代理型增值服务、决策支持等业务方案。

2.2.3 铁路核心业务

铁路核心业务在铁路运输生产领域具有重要作用,本节对运输组织、调度指挥、运力资源管理、客运管理、货运管理、安全管理、信息控制七大铁路核心业务进行了归类。

1. 运输组织

1）行车组织

（1）列车运行图。为了使列车的运行能彼此配合,确保行车安全,以及合理利用铁路通过能力,铁路必须编制列车运行图,规定各次列车按一定的时刻在区间内运行及在车站到发或通过。列车运行图是有效组织车、机、工、电、辆各部门紧密配合,保证安全、正点运输的基础,也是一种对社会提供运输供应能力的有效形式。

（2）技术计划。为了完成月度货物运输计划,需要有一定的机车车辆加以保证。技术计划规定了机车车辆运用的数量指标和质量指标,是机车车辆的保证计划。

（3）运输方案。运输方案是按照月度货物运输计划、技术计划确定的任务和列车编组计划、列车运行图、站段技术作业过程等技术文件的规定,对一月或一旬的货运工作、列车工作和机车工作等进行综合部署,使运输部门和有关部门密切协调配合,共同完成运输任务。

（4）车站行车组织。车站是完成铁路运输任务的基层生产单位,主要完成车站技术设备的合理使用与管理,接发列车和调车工作组织,作业计划的编制和执行,车站技术作业,车站通过能力和改编能力等。

2）客运组织

（1）旅客运输计划。旅客运输计划应以客流计划为依据,合理选择旅客列车的重量与速度,恰当地确定各种旅客列车的运行区段和行车量,正确地编制旅客列车运行图、时刻表和列车编组表,经济合理地确定客运机车、车辆的需要数。

（2）旅客列车编组结构及开行方案。旅客列车的编组是由旅客乘坐的车辆及非旅客乘坐的服务性车辆组成的,包括调整列车编组内容和优化车底使用。优化旅客列车开行主要包括:提高列车速度,在客运专线上组织旅客列车运行,开行高速动车组,使旅客列车的发到运行时间更为合适,开行点对点直达特快列车等。

（3）客运站和旅客列车工作组织。客运站和旅客列车工作组织主要由流线组织、售票组织、行包运送工作组织以及列车乘务工作组织等构成。

3）货运组织

（1）货运计划管理。货运计划管理主要包括组织开发货源，分析研究市场，受理和审批铁路货物运输服务订单，编制货运计划，掌握装车信息，充分发挥运输工具的效能，完成运输生产任务，等等。

（2）货运作业。货运作业主要包括货物发送作业、货物途中作业、货物到达作业，分别是货物在发送站、运输途中和到达站进行的各种货运作业。

（3）集装箱运输组织。集装箱运输实行全路统一、集中管理，由集装箱公司负责集装箱受理、承运和交付业务。

（4）其他货运组织。其他货运组织主要包括超限超重货物运输组织、鲜活货物运输组织、危险货物运输组织、军事运输组织、水陆联运运输组织以及国际货物联运组织等。

2. 调度指挥

1）计划调度

计划调度主要负责编制和调整管辖区域的列车工作计划，组织实现日班计划。首先，根据客货运日常生产计划，由车流预测调度提供的车流及客货流的日常变化情况编制日计划；其次，统筹由客运、货运、机务及其他调度提供的车、客、货流及运输固定及活动设备的具体情况，编制班计划，并组织实施；最后，计划调度员及时对计划执行过程进行控制，必要时予以调整。

2）列车调度

列车调度又称行车调度，负责管辖区段内所有与列车运行有关的工作。

（1）组织指挥各部门、各工种严格按照列车运行图的规定和要求行车。

（2）组织列车到发和途中运行、监控列车行车和设备运转状况。

（3）根据客流变化，及时调整列车开行计划。

（4）列车晚点、运行秩序紊乱时，通过自动或人工列车运行调整，尽快恢复按图行车。

（5）发生行车事故时，按照规定立即向上级和有关部门报告，迅速采取救援措施，最大限度地减少人员伤亡，降低事故损失，防止事故升级，及时恢复列车的正常运行。

（6）安排各种检修施工作业、组织施工列车开行。

3）机车调度

机车调度主要是管理日常机车运用组织指挥工作，其具体职责如下。

（1）根据机车周转图组织质量良好的机车，及时整备正点出库，经济合理地运用机车，提高机车运用效率。

（2）按照机车检修计划和司机途中预报掌握活件情况，根据轻重缓急，积极组织调整机车入库或组织派人抢修，并督促指导司机途中正确处理紧急活件，安全回段修理。

（3）了解出入厂机车的回送状态，督促机车的过境回送工作。

（4）做好机车整备，检查库内停留机车，对运行中的安全问题和事故情况及时查明原因并果断采取措施。

4）客运调度

（1）正确组织旅客及行包运输。各级客调要正确组织旅客及行包运输，其中国铁集团客调要经常分析铁路局、主要站发送旅客情况，检查各铁路局直通旅客、行包的运送情况，掌握旅客列车编组调整及车辆调拨以及合理地安排车辆等。铁路局客调除了做好相应计划运输、分析、检查、合理安排车辆等，还要向国铁集团报告相关情况。

（2）经济合理地使用客车。由于客车是固定配属有关车辆段的，所以各铁路局客调都应组织好本局配属客车的使用，掌握客车动态。首先，需要建立专门的报表，用以了解和掌握客车情况，分析旅客列车晚点原因等，并掌握车辆动态；其次，随时掌握各次列车人数波动情况，根据乘车人数和区段密度，及时发布调度命令，调整规定的编组，增减或换挂车辆；最后，铁路局客调应根据客运量自行调剂客车使用，如有需要，可以借用或调拨外局客车。

（3）监督旅客列车按运行图行车。了解和掌握旅客列车运行情况，对始发的旅客列车应及时检查客车底的整备及取送情况，督促车站及时取送；检查机车交路，了解机车运用和整备情况，发现问题并及时通过有关部门联系解决；检查和督促车站安全迅速地组织旅客乘降及行包装卸工作，保证旅客列车正点始发。同时加强与临局的联系，必要时调整列车运行。此外，国铁集团客调还要加强对国际联运列车和重点布置的临客运行情况的掌握。

（4）客运调度工作的分析。分析的内容主要包括旅客列车晚点原因、客流的波动规律、客车运用及检修车的完成情况等。

5）货运调度

货运调度的基本任务是：编制、执行货运日班计划，及时了解和掌握装、卸车及重点物资运输情况，组织货流车流紧密衔接，高质量完成装、卸车和重点物资运输任务。

（1）认真掌握管内工作车去向，重点掌握18点在站待发和在途运行的管内工作车的移动情况。

（2）按阶段检查包括使用车在内的装车去向、落实重点物资装运情况以及了解掌握主要厂矿、港口、口岸站的取送车、换装作业等情况。

（3）掌握货源、货位情况以及专用线货运的具体要求，做好取送车作业计划。

（4）中间站卸后利用的零星空车，可装运有月度货物运输计划但未纳入日计划的货物，但必须有铁路局调度命令。

（5）各级货运调度应及时、准确、清晰地发布有关调度命令、填记各种报表，按规定逐级上报，并对本班工作做出简要分析。

3. 运力资源管理

1）机务管理

（1）机车管理。机车管理主要负责机车调度，管理日常机车运用组织指挥工作，掌握机车动态，按时收取和上报机车动态，正确填写机车运用概况表等有关报表。及时了解和处理每天的机务行车异常情况，并对任意时间段机务行车异常情况进行分类统计。

（2）设备管理。机务段设备管理主要包括四个部分：设备技术档案管理、技术样证管理、设备鉴定评定、设备状态管理。

（3）运用成本管理。运用成本管理主要针对燃油运用成本进行技术分析与管理，在保障正常运营的情况下，做到既能加强燃油运用成本管理，又能激励机车乘务员真正节约用油。

（4）运用安全管理。运用安全管理包括数据转储、退勤分析及管理、综合分析、查询及屏幕显示、质量分析、机车计划管理、人员计划管理、出勤管理、信息查询等。

（5）机车检修管理。铁路机车检修分为小辅修和大中修，其中，机车小辅修主要包括检修计划、检修作业、检修查询报表;机车大中修包括扣车计划、机车解体、配件检修、组装、试验、检测、机车交验等流程。

(6) 统计分析。统计分析是对机车运用、检修指标进行管理,对司机报单和监控装置全程记录的数据进行统计,形成各种统计报表和各种工作记录;管理机车技术资料、档案,形成各种台账、机车履历簿;管理技术文件,积累技术资料。

2) 工务管理

(1) 线路基础设施管理。包括存贮和展示线路设备及备用材料的分布、数量、类型等方面的管理。其中线路车间负责铁路巡道、铁路道口的看守;桥梁车间负责桥梁、隧道、涵洞的保养与维修。

(2) 线路信息管理。线路信息管理主要包括工务管理所需要的基本信息管理,如线路概况、主要技术标准、区间情况、车站情况、限速情况、平交道口防护等信息的管理。

(3) 线路设备管理。线路设备管理主要包括线路设备监测管理和线路设备状态管理,主要包括轨道、路基、桥涵、隧道、道口、线路信号标志的监测、检测管理以及线路设备的状态情况、状态评定、维修计划管理等。

(4) 工务维修管理。包括桥梁、隧道、涵洞、路基、钢轨、道岔、轨枕、道砟等的大、中维修和养护工作的定期维护。

(5) 统计分析。统计分析需提供工务安全管理、施工管理、伤损设备和故障统计分析等。

3) 电务管理

电务段负责管理和维护列车在运行途中的地面信号与机车信号及道岔正常工作,维护转辙机及道岔,使道岔搬动正常,确保列车正常运行。

(1) 安全信息管理。安全信息管理主要完成对信号设备故障、机车信号故障、通信设备故障等信息的登记录入、查询、统计和上报。

(2) 电务维护管理。电务维护管理包含在维修、中修、大修之中。电务维护是指依据设备技术状态变化规律和磨损程度做好维修、中修和大修工作,保证信号设备符合技术标准,在规定的寿命期内性能良好、质量稳定、安全可靠地运行。测试工作是信号设备维护工作的重要内容之一。

(3) 信号设备履历管理。信号设备履历管理以图形方式对各电务管理层管内信号设备进行可视化查询、统计和管理,并由图形数据自动生成信号设备样证。

(4) 通信设备管理。通信设备管理针对管内设备的运用状况进行登记,并逐层上报、汇总、管理。

(5) 日常办公事务处理。日常办公事务处理主要实现电务部门日常办公涉及的各类信函、通知、通话记录、公告、电子邮件等函件的起草、发放、回复、查询等。

4) 车辆管理

车辆管理主要包括:车辆数据管理、自备车调度管理、车辆检修管理、车辆信息查询及报表生成。

(1) 车辆数据管理。车辆数据管理主要完成车辆基础信息采集、车辆状态统计、车辆维护保养信息记录等工作内容。

(2) 自备车调度管理。自备车调度管理负责车辆使用申请、车辆周转及调度记录、车辆信息等管理。

（3）车辆检修管理。车辆检修管理是对车辆状态信息进行管理，为车辆质量评估与分析提供基础数据，并实现故障信息实时预确报。

（4）车辆信息查询。车辆信息查询包括车辆调度命令、自备车管理信息、车辆维检数据等相关信息的实时查询与管理。

（5）信息资源管理。信息资源管理主要是对软件和硬件的管理，加强信息系统软硬件设备管理，规范设备购置、管理、应用、维护、维修及报废等方面的工作，保护信息系统安全。其中，对设备的购置、设备维护和维修也要按规定进行，防止因维修造成数据损失，对设备故障的预警信息应及时响应，采取有效措施，并做好相应的故障预警记录和维修记录。

4. 客运管理

1）客票发售和预订

（1）值班监控。值班监控主要通过对前台相关报表的维护和查询，实现对前台各模块的运行环境的设置和对售票、退票和订票情况的监控，从而加强对系统运行的控制。

（2）数据维护。数据维护中所操作的数据是整个客票系统能够正常运转的基础，包括基础数据和运行数据两部分，这些数据一般由国铁集团中心统一维护。

（3）计划与调度。计划与调度管理主要完成车站票额分配计划的编制、查询、删除、检测和席位的发布，调度命令的制作和查询，相关的客运统计，席位发布以后票额用途的实时调整、查询和剩余票额的实时查询以及与计划相关的一些基础数据维护。

（4）票券管理。票券管理主要包括票券计划、票券入库、票券发放、票券返库、库存票券和其他事务等，共同实现计算机票券的管理业务，为售票业务操作进行票券数据的准备。

（5）售票与制票。售票与制票作业包括进入系统、售票与制票、故障处理和退出几个主要步骤。

（6）订票。订票主要包括：票务相关信息查询、合同户信息查询、查询并处理通知、订票员工作量统计、订票汇总打印、订单打印、订票数据维护等。

（7）退票。退票首先判断车票的真伪，其次对已售车票进行清退，同时计算退票的手续费和净退款，最后记录退票存根以及席位返库。

（8）结账与统计。结账与统计分为结账统计、电子报表、18点速报、前台查账四部分。

2）客流组织

（1）客运量预测。客运量预测是编制旅客运输计划不可缺少的前期步骤。预测方法根据资料来源基本上可以分为客流调查和统计分析两大类。

（2）旅客运输计划。编制旅客运输计划，是为了合理地确定旅客列车对数、行驶区段和列车编组，为编制旅客列车运行图提供可靠的依据，以便充分发挥客运设备的使用效能，更好地满足广大人民群众旅行的需求。旅客运输计划一般是年度计划，但根据执行期间的不同，可以分为长远计划、年度计划和日常计划。在旅客运输计划中应主要包括旅客发送人数、旅客运输量、旅客周转量以及旅客平均行程。

（3）客流图编制。为了对需要的旅客运输量与运输能力进行平衡，进而确定计划客运机车的车辆工作量，必须编制客流图。客运部门根据分区段的旅客流向资料，按日平均数编制客流图，客流图分为直通和管内两种。

3）客运服务

铁路客运服务质量是铁路客运企业向旅客提供服务时，其服务过程满足旅客要求的程度。铁路客运服务主要包括软、硬件两方面，硬件方面主要是方便的客运服务设施、人性化的无障碍设施以及导向清晰的引导标识等；软件方面则主要是个性化的服务、满足特殊人群的服务需求以及提供全方位客运服务等。

4）客运营销

面对多种旅客运输方式的竞争，铁路也需要营销，通过优化运输产品结构，提高产品质量，实行灵活的票价政策，塑造良好的铁路形象，改进旅客运输服务质量；实行营销、能力联动，合力运作，做到营销成果有运输能力作为保证，实行营销与能力联动机制。同时加强营销管理，正确处理客货营销之间的关系，建立常规的营销策略。

5）客运信息管理

与客运相关的业务信息较多，但大体上可分为售票信息、客运组织信息和运转信息，其中售票产生的客流信息和运转产生的列车到发信息是客运信息流的源头，相互间的结合会不断地启动其他业务信息。客运信息管理主要包括数据采集、信息设备控制、信息发布、指标分析等。

（1）数据采集。客流和列车到发点等生产数据是客运信息流的源头，是实现客运信息综合利用所必需的基本数据，而且今后可能还会有新的数据源，因此应专门设立数据采集方式来实现对生产数据的自动采集。

（2）信息设备控制。客运工作中运用的电气设备比较多，如广播、照明、视频监控等，因此有必要实行对信息设备的有效控制。

（3）信息发布。信息发布分为内部信息发布和旅客信息发布。通过通信网络和计算机、对讲机等设备自动地向客运工作人员通报列车到发、客流、工作要求等信息。通过通信网络和大屏幕、广播设备、触摸屏、电话等设备向旅客通报列车到发、候车、进出站通道等信息。

（4）指标分析。在客运信息管理方面需要全面记录各次列车到发点、股道安排、客流、候车分区、客运设施等数据，根据生产部门的需要生成各种分析指标，对生产组织具有指导意义。

5. 货运管理

1）货运计划

制订货运计划，是经济使用运输设备，促进各运输方式合理分工和协调发展，科学组织货源，最大限度地实现运输的合理化、直达性和均衡性，为铁路内部安排各种计划的依据。货运计划按照时间来划分可以分为长远计划、年度计划、月度货物运输计划。

（1）长远计划。长远计划是根据国民经济的愿景目标制定的，一般为五年计划或十年计划。

（2）年度计划。年度计划确定年度货物发送量、流向、平均运程、周转量、货运密度，制订机车车辆运输计划、列车编组计划、运行图等。

（3）月度货物运输计划。月度货物运输计划是年度计划在计划月的具体安排，是货运营销的首要内容，月度货物运输计划与铁路运输工作技术构成铁路运输工作计划。

2）货流组织

货流组织的基本任务是根据铁路货物站和货场的技术条件，制订和贯彻各种货物的运送计划，改进货物、承运、保管、装卸及交付等技术作业组织，制定货物装载加固的技术条件，在确保行车和车辆安全、货物完整的前提下，力求提高车辆载重量利用效率。此外，为保证货场畅通，还需进行货源调查和货运量预测，加强与企业及其他运输部门的联系、协作和配合，加速货物流转。

3）货运编组计划

货运编组计划规定如何将车流组织成专门列车，从发地向到地运送，是全路的车流组织计划。通过货运编组计划可以合理组织车流输送，加速货物送达，充分利用铁路运输能力。货运编组计划的编制，应在加强货流组织的基础上，根据货流、车流特点和主要站场、线路设备情况以及货物运输市场需求，充分发挥既有设备潜力，科学合理地组织货流、车流，积极组织直达运输，加速货物运送和机车车辆周转，减少列车改编次数，创造良好的运输秩序，节约运输成本，提高运输效率和经济效益。

4）货运营销

货运营销是各级货运计划部门的重点工作，其主要任务是分析市场、研究市场，组织开发市场，充分利用经济、技术、行政等各种手段组织开发货源，分析研究竞争对手的情况，结合铁路运输实际，及时提出货运产品开发和改进运输生产组织的意见和措施。正确制定市场营销战略的规划和定位策略，建立、健全与市场经济相适应、相配套的营销体制、机制和制度。同时进一步改进运输服务体制，是铁路货运营销的基本前提。

5）货运信息管理

铁路货运信息管理主要包括订单信息管理、运单信息管理、货运资源管理、装卸计划管理以及其他信息管理。

（1）订单信息管理。订单信息管理包括货物运输的时限、发站、到站、托运人、收货人、品名、车种、车数、吨数等以及相关的服务内容。

（2）运单信息管理。运单信息管理根据铁路运输范围的不同，分别使用国际铁路货物联运单和承运货物收据。要对国际铁路货物联运单和承运货物收据进行有效管理，以便对运单进行增加、修改、查询等管理。

（3）货运资源管理。货运资源管理包括对请车、空车、预卸车、待卸车、股道、仓储等的管理，以及对包括资源种类和资源明细的查询和资源作业时间的管理。

（4）装卸计划管理。装卸计划管理包括待卸车计划、待装车计划、预卸车计划和预到空车计划。

（5）其他信息管理。其他信息管理包括计费及进货信息、货物交付信息、计费及箱数信息、货物净流量等。

6. 安全管理

1）日常安全管理

日常安全管理主要包括安全检查、安全规章制度、安全事故管理、辅助决策等。具体工作主要包括安全奖励记录、安全规章制度制定、安全工作会议记录、安全检查记录、隐患处理登记、事故追查分析登记、安全事故典型案例登记及安全事故记录等。

2）行车安全管理

为保障铁路列车安全行驶，需要对铁路列车进行行车安全监控，其中主要包括车载与线路数据检测、车载与地面诊断、运行参数记录监控、列车总线与地面网络传输等。

（1）车载与线路数据检测。车载与线路数据检测的基本任务是检测、记录各类状态数据。需要通过车载设备对列车上关系到设备工作状态、影响行车安全的参数进行实时检测，并对线路状态进行间接测试。

（2）车载与地面诊断。车载与地面诊断主要是对采集到的数据进行分析处理，并根据知识经验做出判断。

（3）运行参数记录监控。通过记录车辆运行中的各种状态参数，如车速、位置、机油压力、发动机转速等，实现防止冒进、冒出和超速及对乘务人员的监督，确保列车的运行安全。

3）客货运安全管理

（1）客运安全管理。客运安全管理除了涉及客运过程中的安全，还包括车站客运安全、设施设备的安全、突发公共事件应急预案、客票发售和预订系统安全和数据安全、安全问题库管理等，对于旅客、行包责任事故要及时组织调查、分析和处理，并制定防范措施。建立健全安全检查制度，强化安全生产监督检查，同时建立配套的安全信息反馈制度，做好安全信息传递。对于各级安全评估、检查中发现的重大问题或隐患及在生产中发现的重大安全问题或隐患等要及时入库，并实行分级管理，确保问题及时整改。此外，还要组织客运干部及主要工种人员业务培训、职业技能培训、客运业务技术交流及培训等。

（2）货运安全管理。铁路安全管理工作应遵循"预防为主，处理为辅，以事实为依据，以规章为准绳，秉公而断，依法办事，奖惩分明"的原则。货运安全管理的主要措施包括：加强货运设备的管理和养护、维修工作和职工队伍建设；严格执行各项规章制度，建立废、修、补、建的管理制度；加强专用线的管理，落实专用线的装卸车质量监控措施；加强货场和站场的治安、消防管理和货物运输途中的防范工作；强化货运安全，严格按方案装车，努力减少货损货差；发生货运事故后应积极抢救，采取保护措施以尽量减少损失。对货运事故发生的原因和责任的认定，必须坚持调查研究，查清事实，根据国家法律和行政法规的有关规定进行处理。

4）安全预警管理

铁路安全预警是向铁路安全监察部门提供辅助安全管理，即在充分利用现有铁路企业信息资源的基础上，对铁路安全监察部门所掌握的数据资料进行加工处理，分析预测铁路运输生产系统的安全状况与不利因素，从而在管理决策层次上实现铁路安全监察对铁路安全事故的提前预防与控制。

（1）安全信息检查。安全信息检查是指为安全评价提供数据支持，并为安全预警系统提供基础数据，帮助发现不安全因素存在的状况，以便采取防范措施，防止或减少伤亡事故的发生。

（2）安全评价。安全评价是运用多指标安全评价法对评价对象的安全属性进行考察。通过使用层次分析法或直接赋值确定指标的权重，通过线性加权评价模型给出评价指标体系的无量纲的评价值或主观效用。

(3）警情管理。警情管理是对出现的或潜在的警情进行集中管理，以安全信息为主要的基本事件，以安全评价结果为已知序列，通过灰色预测模型对下阶段安全状态进行预测，预先辨识运输生产系统的危险性和不安全状态。

(4）安全决策。安全决策是事先准备好在各种条件下的相应对策或对策思路，在需要时可根据预警信息的类型、性质、警级调用相应的对策。同时将成功实施的对策添加到决策支持库中，可以在遇到相似事件时完善预警处理措施，以便下次有更多的选择对策，从而提高预警管理水平。

5）救援指挥管理

铁路救援指挥是一个多部门协同运作的过程，主要包括事故报警受理、事故信息采集、事故判断、事故救援案例、事故救援决策、信息通信、信息服务以及信息维护等。铁路安全救援及应急指挥是降低事故风险，及时有效地开展应急救援工作的重要保障，是提高安全监督管理水平、提高应对事故灾难能力、防范和控制重特大事故发生的重要措施。

7. 信息控制

1）信息管理

铁路运输业务信息庞大而复杂，具有实时性、分散性、异构性的特点，因此必须对铁路海量信息资源进行有效管理与控制，实现对铁路信息的有效整合、共享和服务。通过对铁路管理基础数据的采集，实时收集列车、机车、车辆、集装箱以及所运货物的动态信息，对列车、车辆、集装箱和货物进行节点式追踪管理，确保铁路信息正确、及时、高效和畅通，满足铁路信息系统对相关信息的需求，支撑铁路信息系统各种功能的实现，为铁路各级运输管理人员提供及时、准确和完整的运输信息和辅助决策方案，实现紧密运输、均衡运输，提高运输生产效率，改善客户服务质量。

2）系统集成

一直以来，铁路信息化系统是在铁路传统业务的划分下，由各个部门按照各自的需求独立发展起来的，但是由于这些系统独立建设、独立运行、独立维护，缺乏整体规划，各系统在结构、技术构成、管理模式、运营理念和开放性等方面存在很大的个性差异，导致业务信息系统之间的连通性和互操作性很差，集成化程度不高，各个部门业务关联不紧密。传统的运输系统各业务之间彼此孤立，缺乏横向联系，形成了各种不同的封闭系统，使得信息不能共享，成为一个个信息孤岛。因此，有必要从系统集成的角度对铁路各业务系统进行合理优化，使铁路运输生产中的各类信息资源得到整合与集成，各子系统之间集成度加强，各业务部门协同作业。在铁路中实现铁路运输生产过程的全程信息化管理和作业的远程集中控制，有效地消除信息孤岛与自动化孤岛。

3）信息共享

从各系统内部共享的角度来看，几乎所有的信息系统都要求实现系统内部的信息资源共享，特别是上下级信息系统的共享；从各信息系统之间共享的角度来看，由于铁路是一个大联动机，各信息系统间都存在着信息共享需求。同时，路外用户对铁路信息资源有相当大的共享需求，一方面，铁路运输部门需要对外提供信息服务，另一方面，铁路部门也需要从外界获取信息。

通过设计铁路各级管理及生产单位的信息提供与共享模式、铁路信息资源和共享用户的统一编码及信息共享人机交换机制，实现铁路信息资源总体共享模式，从而实现路内信息共享和路外信息共享。

（1）路内信息共享。随着铁路信息化建设逐步深入，铁路各种信息系统要实现各自所需动态信息、公用基础信息及静态信息共享。这些信息资源的共享主要指实现铁路企业局部范围内的信息共享，即国铁集团、各铁路局信息系统中信息资源的共享；实现铁路纵向广域信息共享，即国铁集团、铁路局这一垂直行政体系范围内的信息资源共享；实现铁路横向广域信息共享，即各铁路局，特别是在相邻铁路局之间交换实时信息，尤其是通过分界口的各种客货流信息。其中，这部分信息共享的实现涉及信息系统的接口设计和信息的一致性。

（2）路外信息共享。铁路必须加强与外界的信息共享。外界的信息共享包括国铁集团与国家机关单位之间的信息交换；铁路局、站段和地方政府、企业、海关等企事业单位的运输和统计信息交换；铁路和广大社会客户、邻国铁路部门之间的客货运信息交换等。通过建立由铁路电子商务系统、国铁集团网站系统和铁路科技信息服务系统组成的社会化信息服务系统，可以大大改善现有的与外界的信息共享状况。铁路与外界信息共享是铁路信息化的重要目标。

4）综合信息平台

我国铁路信息系统当前一个重要的研究方向是支持促进铁路信息系统向互联、规模、集成化方向发展，打破信息孤岛，整合现有信息系统。通过铁路部门对信息的有效管理与控制，建立综合信息平台，对信息进行有效集成和整合，实现信息的快速有效传递，实现铁路部门之间的信息协同以及信息的无缝衔接，帮助铁路部门及时、准确地做出决策，提高铁路运输效率。同时，通过铁路部门对铁路信息的全域化控制，实现路内外各个作业环节的信息共享，提高每个节点的响应速度，为铁路内部以及客户提供高效的信息服务，保证铁路系统的高效运转，从而提高铁路运输的整体服务水平。

2.3 铁路业务体系及流程设计

铁路是网络型基础产业，具有多产品生产特征，而且部门工种密集、职能相互交叉，其生产要素不能独立地完成某项业务，必须通过协同联动，形成紧密配合的业务流程，才能实现铁路运输的价值活动。本节主要针对铁路业务体系和业务流程进行分析研究，提出铁路业务体系与业务流程的设计方案。

2.3.1 铁路业务体系建立

基于我国的铁路运输组织采用集中管理模式，依据管理科学、决策科学等相关科学理论，通过对铁路业务进行系统性研究与分析，结合对铁路核心业务、辅助业务、增值业务以及业务应用的划分，将铁路运输业务划分为四个层次：核心业务层、辅助业务层、增值业务层和应用层。具体铁路运输业务体系如图2-11所示。

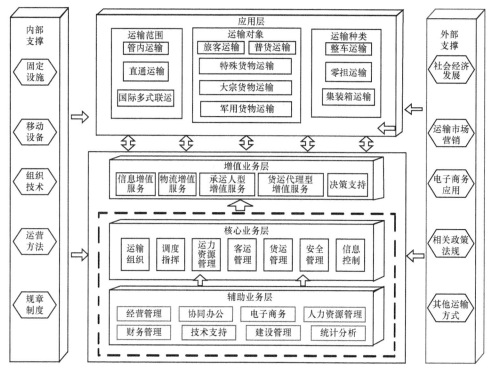

图 2-11 铁路运输业务体系

1. 核心业务层

伴随着铁路的产生就形成了铁路运输业务,最核心的业务包括运输组织、调度指挥、运力资源管理、客运管理、货运管理、安全管理及信息控制。这些业务贯穿于铁路运输生产的整个过程,是铁路运输过程中关键的业务构成,彼此配合,协调一致,共同保证铁路运输生产的完成。

2. 辅助业务层

辅助业务层位于核心业务层之下,为各项核心业务提供辅助支持,保证核心业务的顺利实施。具体辅助业务包括经营管理、协同办公、电子商务、人力资源管理、财务管理、技术支持、建设管理、统计分析等。这些辅助业务就整个铁路运输业务体系而言是不可或缺的,它们为核心业务层提供有力的支持,确保核心业务顺利实现,从而完成铁路运输任务。

3. 增值业务层

增值业务层位于核心业务层和辅助业务层之上,增值业务是指在完成铁路核心业务和辅助业务的基础上,根据需求提供的各种延伸业务活动。因此,增值业务层的服务水平受到辅助业务层和核心业务层的共同限制。根据铁路增值业务的功能,可将其分为信息增值服务、物流增值服务、承运人型增值服务、货运代理型增值服务、决策支持等业务。

4. 应用层

应用层是铁路运输业务的目标实现层面,是有机地综合核心业务层、辅助业务层和增值业务层中的各项铁路运输业务,实现铁路运输生产的应用价值。可基于运输范围、运输对象、运输种类进行分类。按运输范围可分为管内运输、直通运输和国际多式联运;按运输对象可分为旅客运输、普货运输、特殊货物运输、大宗货物运输和军用货物运输;按运输种类可分为整车运输、零担运输以及集装箱运输。

2.3.2 铁路业务流程设计

本节在对铁路业务进行重新划分的基础上,运用运输科学理论对铁路业务流程进行分析与设计。铁路运输组织是整个铁路生产过程的最主要的部分,其业务基本流程则体现了铁路生产的基本过程。旅客运输和货物运输都是以列车方式办理的,旅客或货物从起点到终点可能会在路网上经历装卸(乘降)与中转,列车也可能经历在线路上的运行、解体、编组以及其他类型的调车等活动,这些活动的实现与货主和旅客的需求、铁路网络与控制设施、机车车辆等移动设备的配置和运用、行车计划的编制与调整密切相关。因此,铁路运输组织业务是由多个环节协调配合、受多方面因素制约的具有特定目标驱动的动态过程。铁路运输组织业务的基本流程如图 2-12 所示。

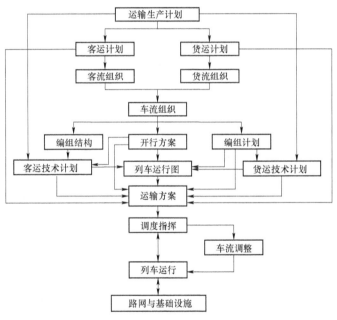

图 2-12 铁路运输组织业务的基本流程

1. 运输生产计划

铁路运输生产的首要工作便是制订运输计划,按照运输的类别分为客运计划与货运计划。铁路运输计划是对铁路货物运输与旅客运输的具体组织和安排,不仅是确定旅客列车对数和客运机车车辆需要数的基础,也是确定客货运设备及机车车辆修造计划,编制技术计划和其他运输生产计划的依据,同时也是铁路客货运组织工作的前提。需要在对铁路网络中的客流、货流进行调查、统计及预测的基础上将客货流分配到网络中的径路上,从而明确各 OD(出行地到目的地)对之间的客流需求及货流的流向和流量。客货流分配的结果可以为制定列车开行方案和编组计划提供数据支持。

2. 车流组织

从铁路运输生产过程来看，客流、货流转换成车流后，铁路运输组织的工作便是将其在整个路网上进行分配，即明确每支车流的结构、数量与运行径路；由于车流以列车方式运送，需进行列车开行方式的规划与设计，即明确车流转化为列车的地点、方式、数量、种类以及列车之间的衔接关系等，在实际运输生产中由货车编组计划、客车开行方案来体现。此外，对于旅客列车从方便旅客、满足旅客需求出发，按客流变化的规律，还要优化列车编组结构，开行不同种类、不同编组的列车。由于列车运行的有序性，需进一步制定各个列车在路网上的运行时刻表和占用设备的计划，即编制以计划运行图为核心的列车运行计划。

3. 列车运行图

由于在铁路线上运行的列车很多，而且各种客货列车的速度和要求也不尽相同，为了使列车的运行能够彼此配合，确保行车安全，以及合理利用铁路通过能力，铁路必须编制列车运行图，规定各次列车按一定的时刻在区间内运行及在车站到、发或通过。所以，列车运行图实质上就是列车运行时刻表的图解。列车运行图是铁路行车组织的基础，凡是与列车运行有关的各个部门，都必须正确地组织本部门的工作，以保证列车按运行图运行。

4. 技术计划

对于货运，为了完成运输生产计划中的月度货物运输计划，需要有一定的机车车辆加以保证，技术计划规定了机车车辆运用的数量指标和质量指标，是机车车辆的保证计划。客运技术计划是保证质量良好地完成旅客运输任务，合理使用机车车辆和其他各种技术设备的具体生产计划。其中，客运技术计划应以客流计划为依据。

5. 运输方案

铁路运输生产需要路内外各有关部门紧密配合，运输方案就是按照运输生产计划所确定的任务和列车编组计划、列车运行图、站段技术作业过程等技术文件，对一月或一旬的货运工作、列车工作和机车工作等进行综合部署，使运输部门和有关部门密切协调配合，共同完成运输任务。

6. 调度指挥

首先，日常调度指挥工作根据车流预测和其他可预见的内容以及计划运行图和车流状况组织车流上线运行，制订当日计划，确定完成当日任务的列车运行图和相关的设备使用安排。其次，由于车流状况和列车运行过程的动态性、扰动发生的随机性，实际运行过程还需通过阶段计划的制订进行滚动预测和调整，以消除扰动的影响，恢复行车秩序。最后，运行调整计划将转化为列车运行指令下达给列车与相关的设备去执行。相应执行过程涉及安全控制、线路实际状况、设备动力等因素，执行结果再反馈到调度指挥机构，作为下一步调整的依据。

由此可见，铁路运输组织围绕计划制订—执行—调整的工作路线进行，车流输送过程是按计划展开的，并尽量达到与计划相吻合。相比其他的交通运输方式，铁路运输组织的计划内容更繁杂、更细致，其中涉及的优化问题更复杂，其主要原因就在于铁路运输设备的运用对运输内部过程的有序性提出了苛刻的要求。同时，从公共服务的角度考虑，铁路运输系统应增强其秩序性、运输产品的稳定性和列车运行的准时性，这些需要以计划系统为基础，计划最终将在列车运行过程中得到执行。

2.4 物联网对铁路业务体系及流程的影响

随着物联网的诞生与迅速发展,物联网的应用已经渗透到铁路运输领域,物联网将会给铁路运输业带来重大影响,是铁路运输业的又一次变革。物联网凭借强大的信息感知与采集能力,能够实时获得需要监控、连接、互动的铁路运输信息,并通过可靠的无线、有线通信传输网络,完成相关信息的传递与共享。物联网的实现可以为铁路运输信息化提供近乎完美的环境,从而大幅提升铁路运输智能化水平,改变现有业务流程,丰富现有业务体系。

物联网对铁路业务的影响分为对业务体系的影响和对业务流程的影响,如图2-13所示。其中,物联网对铁路业务体系的影响主要体现在业务水平的智能化提升、业务关系的协同发展、业务体系结构的转变和业务支撑体系的变化。物联网对铁路业务流程的影响主要体现在业务数据的智能采集、业务信息的智能处理以及业务流程的智能控制。

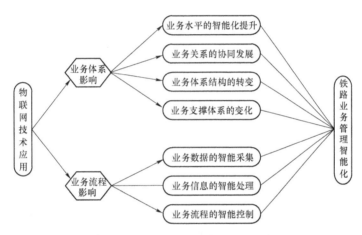

图2-13 物联网对铁路业务的影响分析

2.4.1 物联网对铁路业务体系的影响

铁路业务体系是一个庞大而复杂、内部各业务纵横交错的体系,通过把物联网技术引入铁路运输领域,将物联网与铁路运输生产成功地结合,铁路业务体系便会发生巨大的变化。物联网对铁路业务体系的影响不仅表现在业务水平的智能化提升和业务关系的协同发展,更重要的是表现在业务体系结构的转变和业务支撑体系的变化。

1. 业务水平的智能化提升

通过物联网技术的应用,现有业务体系的核心业务、辅助业务、增值业务及其应用的智能化水平都将得到极大提升,实现铁路运输信息获取的及时性和准确性,提高业务流程的执行效率,降低出错率,形成一系列智能化信息服务模式和智能化控制服务模式,使整个铁路运输业务体系呈现出智能性,实现从传统铁路运输向依托信息技术和物联网技术的智能铁路运输的转变。

2. 业务关系的协同发展

物联网结合了物品信息采集与传输技术，可以对单个物品信息实现自动、快速、并行、实时、非接触式处理，并通过网络实现信息共享。铁路运输业依靠物联网这一特性，以铁路运输整体过程为切入点，利用全方位的信息感知与智能化的信息处理，加强各环节间的信息沟通，实现各环节间的协同管理，优化整个运输链的资源配置，协助铁路运输进行有效的业务调度，从而实现铁路运输过程的整体性增值。

3. 业务体系结构的转变

在物联网技术的影响下，铁路运输衍生出系统优化、状态查询、过程控制等服务，实现将信息潜在价值向利润的转化，出现新的基于物联网技术的铁路运输衍生业务，补充和完善了整个铁路运输业务体系。这些衍生业务包括货物全程跟踪、无缝交接以及提供市场调查与预测、运输方案规划与优化等信息咨询。

4. 业务支撑体系的变化

在物联网的条件下，铁路运输业务的整个业务支撑体系各要素都有所变化，具体包括以下两个方面。

1）内部支撑变化

伴随着物联网技术融入铁路运输行业，铁路运输内部支撑会发生巨大的变化。首先，铁路设施通过传感网布局及其他感知手段实现了全方位大规模信息采集，运输设施设备除了需要铁路运输物联网的专业装备，现有运输设施设备也要为物联网的应用实现进行升级和功能扩展。其次，作为底层技术支持的变化必然会引起运营技术发生相应的变化。最后，伴随物联网技术与服务在铁路运输领域的应用，相关的管理方法与规章制度也会顺应物联网服务的需求而变化。

2）外部支撑变化

外部支撑中的运输市场供求在物联网技术的应用下，利用物联网强大的过程信息采集，实现运输市场的透明化管理，方便铁路企业与铁路用户的信息利用与信息挖掘。电子商务则会在物联网的作用下对商流和物流做进一步的融合，铁路运输的全过程感知也将为电子商务的商流和商务决策提供准确、快速、及时的信息支持，实现商流对运输过程的智能化控制。此外，物联网在铁路运输的应用将会对其他运输方式产生一定的影响，促使各种运输方式彼此之间的关系更加紧密，促进综合运输的一体化发展。

2.4.2 物联网对铁路业务流程的影响

物联网在铁路领域的应用，改变了对铁路信息的采集、处理和控制方式，从而对铁路业务流程的影响产生重大影响，不仅可以实现对铁路运输环境、铁路运输工具、铁路运输设施和转运货物的属性和状态进行感知、记录，而且可以实现对铁路运输的智能控制与智能服务。因此，物联网对铁路业务流程的影响主要体现在业务数据的智能采集、业务信息的自动处理、业务流程的智能控制等方面。

1. 业务数据的智能采集

物联网技术的实施，可以通过较先进的感知技术实现对铁路业务流程进行全程的自动、全面、及时而有重点的数据采集。同时，利用物联网网络层的传输技术与应用层的信息处理技术实现数据的实时共享与传输。

2. 业务信息的自动处理

通过物联网技术的应用，可以对铁路运输信息进行自动化分析，结合铁路运输过程中信息感知环节与信息处理环节，实现信息的实时集成，并根据信息集成的处理结果制订调度与生产计划，利用全程动态信息实现运输管理的最优化。

3. 业务流程的智能控制

智能化主要指利用计算机技术支持或代替人的决策过程，物联网对业务流程智能化的作用体现在通过对大量感知信息进行相关处理，对铁路运输体系的运转进行决策支持。通过这种作用，弱化铁路运输体系对人决策的依赖程度，增加了体系运转的精准度，实现了对业务流程的智能化控制。

2.5 基于物联网的铁路运输业务体系构建

将物联网技术全面引入铁路运输领域，利用物联网全面感知、安全传输、智能处理等优势进行铁路运输业务体系及流程的再造，可极大地提高铁路信息资源的使用效率以及铁路运输的管理水平，使铁路运输逐渐呈现出完全自动化、高度信息化、综合智能化的趋势。本节在对物联网对铁路运输业务体系及流程的影响进行详细分析的基础上，结合铁路运输业务体系结构，构建了基于物联网的铁路运输业务体系，如图 2-14 所示。

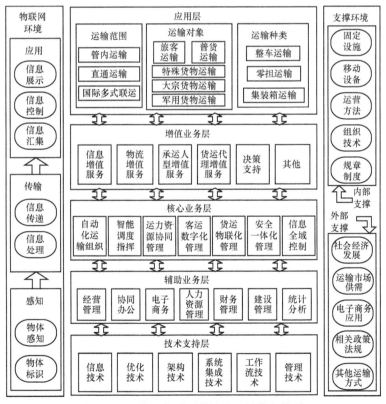

图 2-14 基于物联网的铁路运输业务体系

2.5.1 物联网环境

在物联网环境下,铁路信息的感知与标识相关的设备主要包括 RFID 标签和阅读器、传感器以及 M2M 终端、传感器网络等,通过这些设备能够实时获得任何需要监控、连接、互动的铁路相关信息;在信息的传输部分主要包括信息的传递和处理,通过可靠的无线、有线通信传输技术,实现与互联网等其他网络的广泛融合,完成信息的传递与共享;在应用层主要有信息的展示、控制与汇集,通过云计算实现对海量信息的处理,从而实现对信息的有效控制,最后实现为准确的铁路信息服务,完成铁路信息资源的管理与应用过程。

2.5.2 核心业务层

基于物联网全面的信息感知、可靠的网络传输与智能化的信息处理能力,铁路七大核心业务的实现方式将发生重大变化。在物联网基础上能够极大地提高铁路业务的自动化、智能化水平,实现对铁路业务的高效组织与管理,提高铁路运输生产效率,从而实现融自动化运输组织、智能调度指挥、运力资源协同管理、客运数字化管理、货运物联化管理、安全一体化管理、信息全域控制等功能为一体的铁路运输服务体系。

2.5.3 辅助业务层

辅助业务为核心业务提供有力的支持,确保核心业务顺利实现。通过物联网技术的应用,不仅把支持当前铁路运输业务的人、财、物,利用现有的分工和信息资源,通过信息整合,建立一套现代化的经营管理系统,更打破了各种沟通和管理的屏障,实现对经营管理、协同办公、电子商务、人力资源管理、财务管理、建设管理、统计分析的多业务统筹。铁路物联网的实现对铁路电子商务经营管理具有十分重要的推动作用,能够实现对旅客出行的一体化服务,实现多式联运服务信息化和货物运输全程追踪自动化。此外,铁路物联网的实现对于铁路人力资源管理、财务管理、建设管理、统计管理等都将产生巨大影响,为其业务的实现提供强大的信息支持。

2.5.4 增值业务层

增值业务是铁路传统运输延伸出来的服务,包括信息增值服务、物流增值服务、承运人型增值服务、货运代理增值服务、决策支持以及其他功能。基于物联网环境,利用计算机网络、数字通信技术和数据库等先进技术构建铁路智能增值业务平台,在铁路通信网上实现多功能、开放性的智能增值业务应用,可向用户提供标准智能网业务及各种信息型增值服务。利用物联网技术拓展铁路运输增值业务,立足铁路现有资源,以为客户便利、快捷为出发点,以服务合同为切入点,以打造铁路现代物流业为目标,最大限度地拓展业务范围,推进物流增值,实现铁路物流现代化。在发展铁路物流的过程中,积极推进铁路货运代理业务,在物联网技术的支持下货代企业应采取降低物流成本、建立信息系统、开展增值服务等措施,以保证货代企业在市场竞争中的战略优势。

2.5.5 技术支持层

技术支持层为铁路各业务的有效实现提供技术支持。信息技术为铁路信息的采集、传输、存储与处理提供完善的信息服务，同时，从典型的技术驱动发展模式向技术驱动与应用驱动相结合的模式转变；优化技术主要运用数学方法研究各种系统的优化途径及方案，为决策者提供科学决策的依据；架构技术为系统的结构设计、构建以及配置提供技术支持，是一系列相关的抽象模式，指导大型软件系统各个方面的设计；系统集成技术则采用计算机软硬件技术、数据库技术、自动控制技术、网络通信技术等，对系统进行最优化的综合统筹设计，以达到整体性能最优；工作流技术和管理技术则为铁路业务过程组织优化，强化管理效用提供有效支持。

2.5.6 应用层

物联网环境下的铁路业务覆盖面广，涵盖管内运输、直通运输以及国际联运等运输范围，服务于旅客运输和各类货物运输，包括整车、零担、集装箱等运输方式。应用层一方面通过物联网强大的信息采集及处理能力提供实时的联运旅客信息服务，从旅客的角度优化运输计划，包括列车运行紊乱时的列车运行计划的调整，建立以需求为导向的列车运行服务；另一方面在铁路货运服务领域实现运输市场的透明化管理，方便铁路企业与铁路客户的信息利用与信息挖掘，同时，在物联网环境下将商流和物流进一步融合，实现普通货物快速化、大宗货物直达化、特殊货物便捷化，为铁路货物运输提供全方位、立体化、高效率的服务。

2.5.7 支撑环境

对于内部支撑，为实现全方位大规模的铁路运行信息采集，铁路设施在建设初期或者通过技术改造布置大量传感器节点以及其他信息采集节点，移动设备也要为铁路运行信息的采集、传输及处理进行升级及功能扩展。为适应基础技术的变革，铁路运营的组织技术与运营方法也要以服务为导向，以信息为支撑，以相关规章制度为准则，建立一套整体化、高效率的管理与运营体系。

对于外部支撑，铁路运输生产必须与经济社会发展相协调，保持运输市场供需平衡，依据相关政策法规积极组织铁路运输。同时物联网最大的优势就是对海量信息的管控，包括采集、传输与处理，因此，铁路运输生产必须加强与外界的信息交流与共享，强化电子商务应用，为商流和商务决策提供准确、快速、及时的信息支持，实现商流对运输过程的智能化控制。

总之，物联网的发展将会深刻影响我国铁路运输业务体系，只有跳出原有铁路运输信息化建设的条条框框，着眼未来铁路发展要求以及信息化发展方向，站在更高层次、更高标准上，才能确立铁路运输信息化建设的新思路。

本 章 小 结

本章通过深入分析铁路业务现状,对现有铁路业务体系与业务流程进行介绍。运用铁路业务流程管理实施方法,对铁路业务体系进行再造设计,将其划分为核心业务、辅助业务、增值业务,其中核心业务包括运输组织、调度指挥、运力资源管理、客运管理、货运管理、安全管理、信息控制。在此基础上,提出铁路业务体系设计方案,并对铁路流程进行梳理。研究了物联网技术对铁路业务及其流程的影响,构建了基于物联网的铁路运输业务体系,为物联网在铁路领域的应用提供了应用基础。

本章习题

1. 简述铁路业务的特性,并对铁路业务现状进行分析。
2. 简述铁路业务系统的基本性质及铁路业务的划分方式。
3. 简述铁路业务体系涵盖的内容。
4. 简述铁路运输业务体系的层次划分及每层技术的具体内容。
5. 基于运输科学理论,简述铁路业务流程的分析与设计过程。
6. 举例说明物联网对铁路业务体系及业务流程的影响。
7. 结合铁路运输业务体系结构,简述如何构建基于物联网的铁路运输业务体系。

第3章

物联网技术在铁路运输领域应用研究

与已有的技术相比,物联网技术具有更透彻的感知、更全面的互联、更深度的智能应用等优势。基于物联网技术的优势,铁路行业已经开始尝试物联网技术的应用和推广。

3.1 铁路物联网概述

目前,物联网的基础理论和技术研究已经取得一定的成果,被公认为是继计算机、互联网之后世界信息产业的第四次浪潮。凭借强大的信息感知与采集能力,物联网技术能够实时获得任何需要监控、连接、互动的对象信息,并通过可靠的无线、有线通信传输技术,实现与互联网等其他网络的广泛融合,完成信息的传递与共享,从而实现对物的控制。

经过多年的发展,我国铁路信息化建设已经取得较大成就,逐步建成覆盖全路的通信网络和信息系统,达到了提高铁路业务效率的目的。但是,随着信息化的不断深入,建设过程中的矛盾和问题也日益凸显,如信息孤岛、资源孤岛大量存在,信息系统运行质量不高,应用信息技术水平低等。

目前铁路信息化建设过程中仍存在一些问题,物联网技术在铁路领域具有很大的应用空间,将会给现代铁路发展带来巨大变革。主要体现在铁路信息感知与采集手段的变革,铁路应用信息系统的互联、互通、互操作,信息资源深度、广度的延伸,以及更深度的智能化应用等方面。

1. 全面透彻的铁路信息感知采集

铁路系统作为一个庞大的国民经济生产部门,其生产活动分布在辽阔的地域,每天都会有海量的数据产生。这些数据和信息是保证铁路系统正常运行的基础，只有保证基础信息感知与采集的及时性和准确性，才能有效地支持上层决策。物联网技术的应用将会为铁路运输生产提供实时信息感知手段，感知包括任何需要监控的路内固定、移动基础设施的状态信息，有助于铁路部门及时了解和掌握路外客货运输需求。铁路物联网获取信息的实时性，是保证所有信息系统功能实现、更好完成铁路运输服务的基础。

2. 更广泛的互联互通

铁路物联网感知与采集过程将铁路生产过程中的实体属性转化为信息和数据，借助通信网络将感知信息传递至铁路物联网相应系统中，并对信息进行整合与处理，保证铁路运输生产信息能够准确地在人与物或物与物之间进行传输，从而完成铁路信息传输过程中的复杂交互，实现铁路生产更广泛的互联互通，提高铁路运输生产效率。

3. 更深度的铁路智能化应用

铁路物联网信息平台中存储有大量单一、零散的信息资源，为实现各业务系统之间的无缝衔接，可以利用物联网技术将铁路海量信息资源中的有效信息传递至相关业务终端系统，对单一、零散的数据进行大量的存储与计算，并完成集中整合与有效处理。最终构建智能化的铁路运输系统网络，促进铁路信息在广度和深度上的共享，消除信息孤岛和资源孤岛，完成铁路业务及应用系统间的结合与互操作，实现运输计划的自动生成和智能调整，实现铁路运输组织自动化、调度指挥智能化、运力资源协同化、客运管理数字化、货运管理物联化、安全管理一体化、信息控制全域化。从而有利于发挥铁路系统的整体优势，提高服务水平。

3.2 铁路物联网需求分析

铁路作为我国重要的运输生产和服务部门，铁路信息化程度和水平直接影响其在运输市场竞争中的地位。同时，物联网技术的应用将会给铁路领域带来一场技术变革，无论是铁路核心业务、辅助业务还是增值业务信息化水平的提高，都需要物联网技术强大信息感知、传输、处理与应用能力的支撑。

铁路核心业务贯穿运输生产整个过程，是保证铁路运输生产顺利完成的关键，辅助业务和增值业务都是围绕其展开的。因此，本节将重点阐述铁路核心业务对物联网技术的需求。

3.2.1 运输组织需求

铁路运输组织是铁路运输企业重要的核心业务，包括铁路运输过程中的行车组织、客运组织、货运组织。

科学合理的铁路运输组织，需要在综合考虑客货运需求的基础上，结合铁路运输资源的利用情况，完成车站作业计划、技术计划、列车运行图及旅客运输计划、货物运输计划的自动编制。通过客货运计划确定旅客列车和货物列车的组织结构，有效组织客货流，根据铁路运输列车运行图，制定合理的客货运输方案，完成对货运工作、列车工作和机车工作的智能化综合部署,使各部门密切配合,协同运作,最终高效地完成铁路运输任务。

运输组织效率的提高,有赖于充足、准确、实时的信息采集与共享。凭借强大的实时采集与感知能力,以及广互通泛互联的网络,物联网技术将会为铁路实现行车组织、客运组织、货运组织的自动化提供支持,从而达到充分发挥铁路资源能力,提高铁路运输生产效率的目的。

3.2.2 调度指挥需求

铁路调度系统作为指挥列车运行、协调运力资源的核心,应能适应未来客运专线铁路覆盖范围广、速度等级高、列车运行密度大、车辆类型多、与既有铁路联系复杂等特点,确保行车安全持续稳定,提高运输效率和经营效益,提高运输服务质量。铁路运输调度指挥应实现以下功能。

(1)计划调度。根据实际采集到的信息实现运输计划的自动编制,并实现相关调度命令在铁路范围内的及时下达与接收。

(2)列车调度。根据接收到的列车实时运行信息绘制列车实际运行图,并结合机车、车辆、线路、环境等信息的变化,完成列车运行计划的动态调整,并及时完成调度命令的下达。

(3)货运调度。收集、批准并下达请求车信息;采集装车、卸车和代卸车信息;有关指标的日常统计分析;有关调度命令的编制、下达和接收。

(4)客运调度。收集旅客列车运行实际数据;有关指标的日常统计分析;有关调度命令的编制、下达和接收。

(5)机车调度。根据机车利用情况及对运输需求的综合考虑,编制机车基本周转图、绘制实际周转图、编制计划周转图。

为了更好地完成铁路调度工作,有必要借助物联网相关技术,提高调度指挥的智能化水平。

3.2.3 客运管理需求

客运管理是铁路业务的一个重要分支,主要业务内容涵盖客票发售和预订、客运服务、客流组织、客运营销、客运信息管理等多个方面,以满足个性化和多元化的客运需求,为旅客提供优质的出行服务。

铁路客运管理部门需要通过先进的信息技术,获得旅客运输需求以及旅客运输资源的信息,并制订合理的客运计划,提供多种客票发售和预订手段,合理组织客流,提高客运营销水平。从进站、购票、候车、检票、乘车、旅行、换乘、出站等环节,为旅客提供充足的信息和灵活多样的服务,并为旅客的出行方式、路线、车次等提供优化决策。

因此,铁路基础生产信息作为铁路客运管理的关键,需要物联网技术保证信息的实时采集、传递、处理与共享,实现更广范围内的互联,从而提高铁路客运管理水平。

3.2.4　货运管理需求

随着市场经济的发展，铁路货运市场发生了很大变化。要提高铁货运市场竞争能力，就迫切需要采用先进的信息技术加快货运管理的高效性建设，综合货运市场信息与货运生产信息，制订合理的货运计划与编组计划，合理组织货流，借助货运营销与货流组织的相互结合，从货物运输计划、受理、承运、装车、运行、卸车、交付等环节，为货主提供方便快捷的服务。

而这些优质服务并非仅靠增加人力和既有设备能够实现的，更准确、更及时、更高质量的信息支持及各个主体间无障的信息流动与共享是实现优质服务的前提。这些信息可以分为内部信息和外部信息。其中内部信息有月计划、发送货票、到达货票、列车预确报、运输产品信息等；外部信息有市场信息、区域经济信息、政策信息、地理信息等。要实现这些信息的分析利用，以全面、及时、准确的信息为货运管理人员等提供决策支持，为客户提供便捷的信息服务。

3.2.5　运力资源管理需求

运力资源是铁路运输生产的基础，主要包括机车、工务、电务、车辆等部门移动设备和固定设备的硬件资源和信息资源。安全、准时、便捷的运输服务，决定了铁路运输企业必须储备足够的运输能力，并充分挖掘和发挥运输潜力来满足客户的运输需求。因此，运力资源管理对提高铁路运输生产效率具有重要意义。

提高铁路运力资源的管理水平，需要借助先进的信息技术，提供固定、移动设备质量状态的实时检测手段，基于动态、实时采集到的各类信息，根据客货运需求，实现机车、工务、电务、车辆等部门移动设备和固定设备的管理和协同运作与优化配置，最终实现运力资源的效用最大化，增强铁路运输能力，提高运输服务质量。

3.2.6　运输安全管理需求

安全是实现所有铁路运输生产活动的前提，随着列车运行速度的提高和载重量的增加，铁路运输必须将安全放在首要地位。

为了保证铁路运输生产的安全高效性，必须能够动态掌握固定设备和移动设备的服务状态，实现安全监控的自动化，这需要不断扩大推广自动检测感知设备的部署以及安全监测信息网络。通过对铁路安全管理业务过程综合分析，对安全日常信息管理系统与行车安全监控系统等进行综合集成，实现安全信息的实时采集、安全数据的自动存储与处理，建立铁路安全日常管理、安全监测、安全预警及应急指挥相融合的纵向一体化管理模式，为铁路安全管理提供辅助决策。

3.2.7　信息控制需求

铁路信息控制的基础是信息，铁路运输生产涉及多个部门、业务和信息系统，每天都会有海量的数据产生。因此，如何实现铁路运输生产信息的实时获取、智能处理、可靠传递、全面整合与高度共享，并通过对信息资源的管理，完成对铁路业务流程的智能控制，最终为铁路建设发展提供全域化的信息服务，已然成为铁路信息化建设的重要内容。

物联网作为一种新兴的技术手段，具有强大的信息感知、采集、传输与处理能力，对消除信息孤岛和资源孤岛，促进铁路各业务主体之间的互联、互通、互操作，实现对整个铁路运输生产过程的控制，最终对实现铁路运输过程的高效组织、运力资源的合理运用、调度指挥的智能化、客货运管理水平的提高和及时的安全管理具有重要意义。

3.3 铁路物联网技术构成

根据现有物联网技术层次划分与体系构成，结合铁路运输生产的特点及信息化建设对物联网技术的需求分析，对铁路物联网技术体系构成进行重新定位与划分。铁路物联网技术主要包括感知与标识技术、网络与通信技术、计算与服务技术及管理与支撑技术。通过物联网技术对铁路业务流程的影响，最终实现铁路核心业务、辅助业务、增值业务的智能化应用。铁路物联网技术架构如图3-1所示。

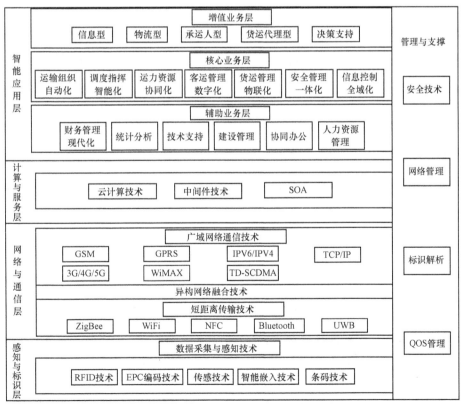

图3-1　铁路物联网技术架构

3.3.1 感知与标识技术

感知与标识技术是铁路物联网的基础,借助大量散布于铁路基础设施的信息感知与采集终端,对网络中的节点进行识别,通过与现有的铁路通信网络设施结合,能够为铁路运输生产过程提供无所不在、全面的感知服务,从而为铁路各部门、各业务系统提供充足和精确的信息,保证铁路运输生产安全、高效的运行。

感知与标识技术主要包括条码技术、EPC 编码技术、RFID 技术、传感技术、智能嵌入技术等。铁路信息感知技术如图 3-2 所示。

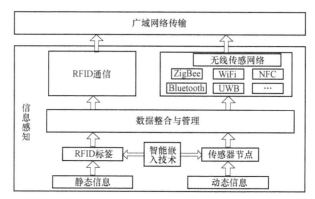

图 3-2　铁路信息感知技术

在铁路信息感知过程中,利用 RFID 技术来实现对储存在电子标签中的静态数据信息进行采集,电子标签记录的信息主要有全路列车、机车、车辆、集装箱及所运货物的基本信息。利用传感器完成铁路动态信息的感知与采集,如列车、机车、车辆位置信息,行驶速度,道路环境状况,天气情况等动态信息,并借助短距离通信网络完成已获得信息向广域通信网络的传输。

3.3.2 网络与通信技术

无论物联网技术在铁路领域如何扩展和延伸,其最基础的物与物、物与人之间的感知与通信始终是不可替代的关键技术。铁路物联网网络与通信技术主要包括短距离传输技术、广域网络通信技术及异构网络融合技术。

短距离传输技术是构成铁路物联网末梢网络的关键。采集到的铁路基础信息经过过滤和筛选后,需要借助短距离传输技术完成其在自组织网络范围内的传递,然后按照一定的网络传输协议与标准传输至广域通信网络中,来实现更广范围内铁路信息资源的互联与共享。

3G/4G/5G 技术的发展和 3G/4G/5G 网络的应用,能够适应车辆的高速移动,为铁路物联网的数字、语音和视频图像等信息的远程实时传输、监控、调度发挥重要作用。主干网络技术有利于实现国铁集团、铁路局、基层站段之间的局域网连接,并将其连接到广域网,以 IPv6/IPv4 以及后 IP(Post2IP)为核心建立网络平台,有利于将网络内的信息资源整合成一个可以互联互通的大型智能网络,为铁路系统上层服务管理和各个信息系统的集成应用建立起一个高效、可靠、可信的基础设施平台，并为其他主干网络、城域网、广域网和 Internet 提供连接。

无论是组网形式还是通信协议等均有很大的差异，因此物联网的通信网络是多种形式的网络。铁路运输生产信息在多个通信网络间的流转与交互，需要采用相关技术消除网络间的异构问题，实现异构网络的融合，并为铁路系统提供安全、高效的信息通道保证。网络与通信技术如图 3-3 所示。

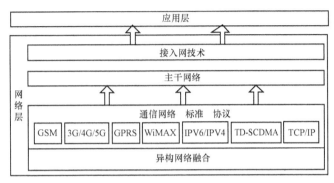

图 3-3　网络与通信技术

3.3.3　计算与服务技术

物联网的计算与服务技术有利于铁路实现跨业务、跨部门、跨系统的信息协同、共享、互通的功能，最终实现铁路系统的智能化应用。主要包括云计算技术、中间件技术、面向服务体系架构。

1. 云计算技术

通过云计算的互操作性，可将现有铁路信息应用系统、管理系统迁移到云计算平台上，借助其强大的信息存储与计算能力，实现海量信息资源的互操作，从而解决信息孤岛问题，实现信息资源的整合与共享。

2. 中间件技术

铁路各信息系统中集成了不同类型、不同操作平台、不同协议的数据库和应用。如何在通用技术平台上实现跨平台、透明的数据库共享和通信，是各信息系统正常运行的关键，而解决上述问题的关键就是在网络层采用中间件技术。

3. 面向服务体系架构

面向服务体系架构（SOA）要求从全局（整个单位、行业、行业间）着眼，来设计系统互操作方案，即将各个系统的功能以服务形式提供出来并建立服务间互操作的标准。SOA 能够实现以增量的方式来建立复杂的信息系统。

对于拥有多个业务应用系统的铁路部门来说，可在充分保留原有的 IT 系统的基础上，建立一个能够屏蔽底层系统异构性与复杂性的基础架构，为铁路信息资源的自由流动构建一个基础平台，然后将原有系统中的各业务功能封装成服务，并根据业务需求进行重新组合，从而实现铁路数据信息动态获取和实时传输，使铁路运输生产活动更加智能化。

3.3.4 管理与支撑技术

管理与支撑技术不属于物联网技术的某个特定层面,而是与物联网技术架构的各层都有关系,它包括安全技术、网络管理技术和服务质量管理。

1. 安全技术

铁路各类信息系统是铁路生产的重要组成部分,必须具备严格的安全防范机制。信息安全技术在保障铁路信息系统安全、正常运行中发挥重要作用。铁路信息系统常用的信息安全技术主要有:安全隔离网技术、防火墙技术、病毒防治技术、数据加密技术等。

2. 网络管理技术

网络管理是指通过监测、控制和记录电信网络资源的性能和使用情况,使网络有效运行,为铁路用户提供一定质量水平的电信业务。网络管理包括对硬件、软件和人力的使用与协调,以便对网络资源进行监视、测试、配置、分析、评价和控制,这样就能以合理的成本满足网络的需求,如实时运行性能、服务质量等。

3. 服务质量管理

对于铁路网络业务,服务质量(quality of service,QoS)包括传输的带宽、传送的时延、数据的丢包率等。在网络中可以通过保证传输的带宽、降低传送的时延、降低数据的丢包率以及时延抖动等措施来提高服务质量。

铁路网络资源总是有限的,只要存在抢夺网络资源的情况,就会出现对服务质量的要求。服务质量是相对网络业务而言的,在保证某类业务的服务质量的同时,可能就是在损害其他业务的服务质量。因此,网络管理者需要根据各种业务的特点来对网络资源进行合理的规划和分配,从而使网络资源得到高效利用。

3.3.5 智能应用层

通过铁路物联网技术的集成应用,将赋能三大业务体系,促进核心业务实现运输组织自动化、调度指挥智能化、运力资源协同化、客运管理数字化、货运管理物联化、安全管理一体化、信息控制全域化,支撑辅助业务中的财务管理、统计分析、技术支持、建设管理、协同办公、人力资源管理等活动,支撑信息型、物流型、承运人型、货运代理型、决策支持增值业务升级。

3.4 铁路物联网技术应用

随着我国铁路信息化水平的提高,信息化基础设施条件已经基本满足了物联网在铁路运输领域的推广和应用。在物联网与铁路结合的过程中,以铁路路网基础设施和载运工具为基础,以传感网和信息平台为支撑,以智能计算、通信和控制为手段,应用于铁路系统核心业务、辅助业务及增值业务,提高业务流程的执行效率,使整个铁路运输体系呈现出智能性。

铁路核心业务贯穿运输生产整个过程,是保证铁路运输生产顺利完成的关键,通过物联网技术的应用,可以加强各业务之间的协调联动性,提高业务生产效率,本节将重点阐述物联网对铁路核心业务的影响。

物联网应用于运输组织、调度指挥、运力资源管理、客运管理、货运管理、安全管理、信息控制等各个领域,能够促进铁路信息化与铁路业务的全面融合,形成泛在感知、互联互通、信息共享、智能处理、协同工作的综合集成体系,有利于具有智能特征的安全优质、经济高效、柔性互动、透明开放的现代化铁路体系的建成。铁路物联网技术应用框架如图3-4所示。

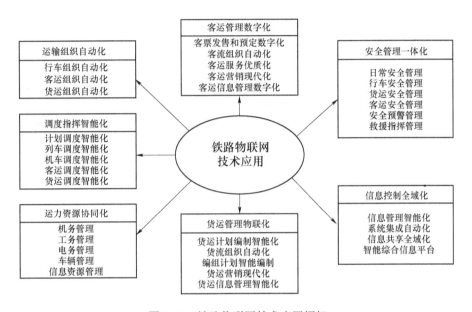

图3-4 铁路物联网技术应用框架

凭借物联网泛在的信息感知、可靠网络传输与智能化信息处理能力,能够实现对铁路业务的透明、可视化管理,从而提高铁路运输生产效率,为铁路企业提供智能化决策服务,最终形成基于物联网的集运输组织自动化、调度指挥智能化、运力资源协同化、客运管理数字化、货运管理物联化、安全管理一体化、信息控制全域化等功能于一体的铁路运输服务体系。

3.4.1 运输组织自动化

运输组织自动化是指通过物联网感知到的客货运信息、铁路运力资源服役状态信息等,准确掌握客货流的大小以及铁路运输设备的承载力,进而实现铁路行车组织、客组织、货运组织等相关业务过程的自动化。

1. 行车组织自动化

在物联网技术的支持下,通过对固定和移动基础设施的监控,全面、准确地感知铁路运输生产过程中各类信息,科学编制运输计划、列车编组计划、技术计划,并依据运输计划自动生成与运力资源状态相匹配的各生产作业计划,制定优化的运输方案,实现行车组织的自动化。

2. 客运组织自动化

借助物联网技术，铁路部门可实时获取客流的动态变化，通过动态分析路网车流状态，发现实际运行与计划的偏差以及潜在的安全风险，实现计划调整与资源调配的综合协调控制，科学组织旅客流线，完成旅客行包到发作业的智能化管理，最终实现客运组织的自动化。

3. 货运组织自动化

货物运输是铁路运输的重要组成部分，货运组织自动化的实现对提高铁路运输生产效率具有显著意义。借助物联网泛在化的信息感知能力，有助于对货源信息的准确获取与管理，为货运计划的编制提供依据。借助 RFID、传感器等技术可实现货物在途状态的实时追踪，实现货物到发作业的智能化管理。

3.4.2 调度指挥智能化

调度指挥智能化是指在物联网环境下，借助物联网先进的信息感知、传输与整合技术，在充分、迅速地收集和传递旅客、货物流量，线路状况，设备状况，环境因素等各种复杂情况信息的基础上，通过铁路运输日常工作计划的动态编制、自动调整与执行，实现对机车、列车、客运和货运的智能化调度和指挥的过程。

1. 计划调度智能化

利用物联网强大的信息感知能力和对铁路列车计划信息的智能采集，通过对计划信息的智能化管理，实现自动编制列车运行计划、车辆运用计划和乘务员运用计划的目的，并对超过区段通过能力的现象及时报告，以便做出相应快捷的调整，保证全路车流的顺畅运转。

2. 列车调度智能化

列车调度智能化是铁路运输现代化的重要标志。智能列车调度主要借助于物联网的感知技术，获取列车运行的实时状态信息，完成列车运行图的智能铺画、正晚点智能统计、阶段计划动态调整、车站报点自动接听、邻台计划自动交换及交接车的智能统计等工作。

3. 机车调度智能化

在物联网技术下，机车调度员可结合车流、空车、客户请求车等实际情况，实时掌握机务段机车运用情况，合理安排机车的使用量，实现机车调度的智能化。

4. 客运调度智能化

智能客运调度可以为车站旅客提供旅客列车运行、到发及晚点等信息，正确组织旅客及行包运输，经济合理地使用客车，监督旅客列车按运行图行车。智能客运调度还可以为列车上的旅客进行特殊的服务，如急病救治、人身及财产安全、列车晚点的赔付，以及事故情况下的旅客疏运与安置等。

5. 货运调度智能化

在物联网环境下，以感知技术、通信网络技术及信息处理技术为手段，通过对现有的货运设施资源及货物的监控和追踪，实现对货运调度管理的智能化，从而达到提高货运调度效率、优化整体运输链的目的。

3.4.3 运力资源协同化

运力资源协同化是指借助物联网的透彻感知、可靠互联及智能处理技术，实现铁路运输生产领域所有运力资源广泛互联与协同运作的过程。运力资源协同化以铁路客户和业务的整体运作为核心，通过物联网技术，获取储存在监控对象电子标签里的信息，实现铁路机务、工务、电务、车辆等部门移动和固定基础设施间的信息沟通，实现铁路运力资源信息的集成与实时共享，消除相互之间的信息孤岛，提升各部门、各工种固定和移动运力资源的协同运作水平，最终实现运力资源的效用最大化，提升铁路运输的整体运营效率。

1. 机务管理

通过物联网技术可完成对机车动态信息的实时感知与采集，智能编制机车运用计划，实现调度智能化，优化燃油机车成本管理，完成机车检修信息动态发布。

2. 工务管理

借助分布在轨道、列车上的智能感知终端，完成对线路设备状态及自然环境状况的实时感知与采集，实现线路信息管理数字化，故障统计分析智能化，及时对设备进行保养与维修，最终实现铁路工务管理智能化水平的提高。

3. 电务管理

铁路电务管理是保障列车运行安全的关键，物联网技术的应用，有利于铁路信号设备履历自动管理，通过对通信设备状态的实时感知，实现设备维护管理的智能化。

4. 车辆管理

通过无处不在的感知技术对车辆运行状态进行实时监测，完成车辆基础信息的实时采集，实现车辆状态统计的数字化，为自备车辆的调度提供充足信息，提高车辆检修管理的自动化水平。

5. 信息资源管理

铁路信息资源是铁路运输生产活动的重要基础，充分开发和利用这些信息资源已经成为铁路企业在激烈的运输市场竞争中取胜的关键因素。物联网技术有利于铁路信息的实时感知与采集，并利用先进的、具有高承载能力的网络将信息传递至各需求部门。通过为各系统接口提供统一标准，有利于已建成信息系统之间的沟通与协作，实现信息资源的整合与共享，提高铁路信息化水平。

3.4.4 客运管理数字化

为旅客提供高效、优质的服务是铁路客运管理的最终目标。随着客运需求的多元化和个性化发展，具有及时、安全、资源共享和管控一体等优势的数字化客运管理，已成为铁路客运发展建设的方向。

铁路客运数字化管理以数据为中心，利用物联网广泛获取运输生产、客运市场需求变化等信息，通过对客运管理业务过程的控制，实现客票发售和预订、客流组织、客运服务、客运营销信息管理等职能的数字化管理。

1. 客票发售和预订数字化

我国拥有总里程 15 万 km 的铁路线，有几千个车站承办客运业务，客票发售和预订业务数字化水平是影响铁路客运服务水平的重要方面。借助物联网技术，可及时、准确地获取旅客的需求及铁路客运资源信息，完成票额分配计划的智能制订，灵活应答客票的实时查询，做好票额信息动态发布工作，为旅客提供多种购票方式，实现列车补退车票业务的网络化。

2. 客流组织自动化

借助物联网技术，可实现铁路旅客身份的数字化，并根据客流量信息及分布情况，对高峰期及淡季的铁路客流量进行动态分析预测，实现旅客运输计划的智能编制。

3. 客运服务优质化

优质化客运服务支撑全方位的旅客出行服务，借助物联网技术，可为旅客提供旅行全过程的信息导航、个性化信息服务，以及跨模式客运服务等。

4. 客运营销现代化

通过对客运市场的智能预测分析，合理编制客运营销计划，实现客运产品开发科学化。根据运输市场详情，优化定价策略，并支持各类方式的电子支付服务，完成实时资金结算，为旅客提供方便。

5. 客运信息管理数字化

通过物联网无处不在的感知能力，完成客流数据及列车到发时刻信息的智能采集，借助泛在化的网络完成对广播、引导、照明、视频监控等信息设备的实时控制，及时、动态地发布客运相关信息，为旅客及内部职能部门提供充足的信息及辅助决策支持。

3.4.5 货运管理物联化

货运管理物联化是指在物联网技术支撑下，通过对铁路运输基础设施及货物状态信息的感知，以物联网的泛在化网络为基础，实现对货物运输全过程的控制，实现货运计划、货流组织、编组计划、货运营销、信息管理等业务过程的互联、协同与一体化。

遵循货物运输作业规则等知识，物联化的货运管理支持货物运输全过程的快速、便捷、优质、可视的智能化货运服务，有利于实现货物运输过程中的各类运输生产自动化作业，实现货物运输的智能控制。

1. 货运计划编制智能化

优化铁路局货运量分配计划，实现集装箱运输及零担运输计划编制的智能化。通过物联网技术对以往数据获取、存储与智能化处理，对高峰期及淡季货运需求的综合分析，可实现货运运输计划的实时调整。基于综合运输体系和现代铁路理念与技术，与公路、航运等其他运输方式协作，制定中转和跨模式运输衔接方案，使铁路货运实现多模式一体化综合运输服务，实现货运营销的高效化和经济效益的最大化。

2. 货流组织自动化

根据铁路货物站和货场的技术条件，结合物联网技术采集的各种货物属性信息，制订和贯彻各种货物的运送计划，科学进行货流的管理与规划。

3. 编组计划智能编制

通过物联网技术完成对货流、车流信息的动态采集，并完成站场、线路设备的智能监控，优化车流路径。

4. 货运营销现代化

通过对货运市场的智能预测分析，合理编制货运营销计划，实现货运产品开发科学化，根据市场详情，实现运价的自动调整与优化，并支持各类方式的电子支付服务，完成实时资金结算，为货主提供方便。

5. 货运信息管理智能化

借助物联网智能采集与货物关联的电子标签和货物运输管理信息系统所记录的货物性质、重量、数量、体积、到站地点等货票信息，实现信息自动化管理，借助透明的管理信息流通，智能编制货物装卸计划，保证运输资源的协同运作与配合，加速货物流转。

3.4.6 安全管理一体化

安全管理一体化是指针对整个铁路运输过程，借助物联网先进的信息感知技术，加强对铁路生产过程的实时监督管理，及时准确地掌握铁路固定、移动设备服役状态及自然环境动态变化信息，实现安全管理信息的有效整合与高度共享，最终实现铁路日常安全、行车安全、客货运安全等过程的纵向一体化管理，为安全预警及救援指挥提供辅助决策。

物联网环境下，安全管理一体化强调安全管理对象和安全管理过程的有机结合，借助透明的信息资源，实现安全信息的实时采集、安全数据自动存储与处理，科学调配各类救援资源，保障运输生产资源的可靠提供并确保质量，确保运输生产过程高效与安全，提高铁路应对突发事件的能力。最终建立铁路安全日常管理、安全监测、安全预警及应急指挥相融合的纵向一体化管理模式。

1. 日常安全管理

日常安全管理主要完成铁路运输管理部门安全的日常管理工作。借助物联网技术，有利于实现安全检查自动化，透明、共享的安全信息，利于实现铁路安全事故管理的智能化。

2. 行车安全管理

为保障铁路列车安全行驶，需要对铁路列车进行行车安全监控，通过物联网智能、泛在的感知终端，完成车载与线路数据的实时检测，实现车载与地面诊断的智能化、运行参数记录动态监控、列车总线与地面网络传输等。

3. 客运安全管理

保证旅客运输安全是实现铁路所有客运活动的前提，物联网技术的应用，有助于实现站车客运设备的实时监控，保证旅客在途安全。

4. 货运安全管理

通过物联网技术，有助于提高货运设备的日常管理和养护，完成装卸车质量的实时监控，借助货物表面的智能感知标签，实现货物在途安全管理自动化。

5. 安全预警管理

物联网环境下，有利于提高铁路安全预警管理的智能化水平，实现安全信息检查自动化、安全评价科学化、警情管理数字化、安全决策智能化等。

6. 救援指挥管理

凭借物联网技术无处不在的信息感知能力及泛在网络通信技术，能够保证铁路事故报警的实时受理，完成事故信息的动态采集，有利于决策者对事故做出精准判断，提高救援决策的智能化水平。

3.4.7 信息控制全域化

信息控制全域化是指充分利用物联网技术在铁路信息全面感知与实时采集方面的优势，

在完成铁路生产过程中各类信息的感知与获取的基础上，通过对海量数据的智能处理与共享，从而拓宽铁路信息资源获取的深度和广度，完成对铁路全域信息资源的有效管理，实现对铁路运输生产全域范围内的控制。

基于以上分析，本节主要从以下四个方面对全域化信息控制进行阐述。

1. 信息管理智能化

借助物联网无处不在的信息感知能力，实时收集列车、机车、车辆、集装箱以及所运货物的动态信息，对列车、车辆、集装箱和货物进行节点式追踪管理，确保铁路信息正确、及时、高效和畅通，满足铁路信息系统对相关信息的需求，实现铁路运输生产信息的数字化管理。

2. 系统集成自动化

针对目前铁路信息孤岛大量存在的情况，充分利用物联网技术支持业务流程重构、支撑互联互通的特点，将现有系统与新系统统一起来，实现各信息系统之间的整合与互操作，从而加强各子系统之间的联动性，使各业务部门协同运作，实现铁路运输生产过程的全程信息化管理及作业的远程集中控制，提高铁路运输生产效率。

3. 信息共享全域化

物联网环境下，铁路信息共享是指在不同的铁路信息资源用户之间，通过物联网先进技术，将铁路分散的资源连接起来，向铁路内外部用户提供信息，实现信息资源在铁路全域范围内的共享。以保证在正确的时间，将正确的信息以正确的形式送交正确的接收者，确保建立和保持完成铁路各部门、各工种协同联合运作所必需的信息优势和决策优势，最终有效地消除信息孤岛。

4. 智能综合信息平台

充分利用物联网及相关计算机技术和手段，对铁路基础设施及与运输生产相关的信息进行全面的智能化处理和利用，支持促进铁路信息系统向互联、规模、集成化方向发展，打破信息孤岛，实现铁路部门之间的信息协同以及信息的无缝衔接，实现路内外各作业环节的信息共享，最终实现运输组织、调度指挥、运力资源管理、客运管理、货运管理、安全管理、信息控制等铁路业务系统智能化，形成服务于决策的智能综合信息平台。

智能综合信息平台的构建，对于提升铁路信息化水平，加大铁路对内外的信息发布、集成综合信息管理等方面，具有极高的现实意义。

本 章 小 结

本章运用物联网理论与技术，结合铁路物联网需求，介绍了铁路物联网应用框架，并围绕运输组织、调度指挥、运力资源管理、客运管理、货运管理、安全管理、信息控制等铁路核心业务对物联网技术进行需求分析，研究了铁路物联网技术构成，设计了铁路物联网技术架构。针对目前铁路信息化建设过程中存在的问题，探讨物联网技术在铁路运输领域的应用，提出了铁路运输生产信息的实时感知、传输、应用与共享方案，从而实现对铁路业务过程的智能化控制，最终实现铁路运输组织自动化、运力资源协同化、客运组织数字化、货运组织物联化、安全管理一体化、信息控制全域化。

 本章习题

1. 简述铁路物联网应用框架。
2. 论述铁路核心业务对物联网技术的需求。
3. 简述铁路运输调度指挥应实现的功能。
4. 试述铁路物联网的技术体系框架,并简述每层技术的具体内容。
5. 试述铁路物联网技术应用框架。

第 4 章

物联网环境下铁路信息资源整合与共享模式

铁路信息资源是铁路运输生产活动的基础,基于物联网技术的铁路信息资源整合与共享将为铁路企业在激烈运输市场竞争中的取胜发挥至关重要的作用。

4.1 铁路信息资源概述

4.1.1 铁路信息资源特点

铁路系统作为一个庞大的国民经济生产部门,每天都有大量的数据产生,经过一定的整理、分类后,即成为信息资源。这些信息资源是铁路运输生产活动的基础,充分地开发和利用这些信息资源已经成为铁路企业在激烈运输市场竞争中取胜的关键因素。

铁路信息资源具有如下特点。

1. 信息源点的分散性

铁路系统庞大而复杂,国铁集团及散布在各地的站段、铁路局每天都在进行铁路生产、运营、管理等活动,这些分散的信息源点决定了铁路信息资源的复杂性。

2. 信息载体的流动性

铁路运载工具,如机车、车辆、集装箱及其组成的列车,作为重要的运营信息载体,当其处在运动状态中时,会产生大量的实时信息。

3. 信息联系的广泛性和信息交换的频繁性

信息联系的广泛性和信息交换的频繁性主要源于铁路生产岗位的分散性、运输活动的高度协同性、配合性,以及铁路运输管理机构的层次性和运输系统的开放性,这要求相关部门、单位、工种和岗位之间应建立完善、通达、方便的信息交换和传输网络。

4. 信息的海量性、共享性、实时性

铁路运营信息处理涉及路内外多个部门和信息系统，每时每刻都会有实时的数据产生，铁路系统每天都要处理海量的数据信息。只有充分利用这些数据，实现信息的共享，才能够使得铁路各构成要素协同运作，提高铁路运输效率。

5. 信息处理复杂多样性

铁路运营管理的信息处理，既有结构化的、常规的、重复性的信息处理，也有半结构化和非结构化的、例外的、高智能化的、复杂的信息处理，尤其是列车运行的调度指挥，要求随时根据变化的情况，在短时间内综合考虑各种复杂因素的影响，及时做出可行的计划安排，是一种高度智能化的信息处理和过程控制。

4.1.2 铁路信息资源层次划分

铁路信息资源共享是一个复杂的系统工程，由于其共享层次具有多重性，因此，如何使铁路系统不同层次都做到高效率共享，是一个关系到信息资源共享有效性的关键问题。通常将铁路信息资源分为四层，自下而上分别是铁路空间信息层、铁路运输基础信息层、业务应用系统信息层和决策支持信息层。铁路信息资源层次结构如图 4-1 所示。

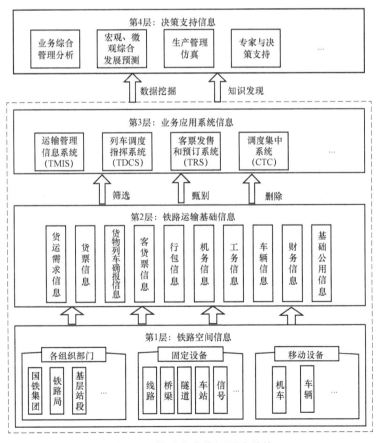

图 4-1 铁路信息资源层次结构

1. 铁路空间信息层

铁路空间信息是指各种空载、星载、车载和地面测地遥感技术所获取的铁路系统各物质要素存在的时空信息的总体。具体包括我国铁路运输系统内的各组织部门（包括国铁集团、铁路局、基层站段）、固定设备（包括线路、桥梁、隧道、车站、信号）和移动设备（包括机车、车辆）等的时空分布及相互联系的地理信息，如站名、线名、区段名、局名、分界口名等。

2. 铁路运输基础信息层

铁路运输基础信息是指铁路运输生产过程中产生的初步的、原始数据的集合，是整个铁路运输生产正常运转的基础。铁路运输基础信息主要包括货运需求信息、货票信息、货物列车确报信息、客货票信息、行包信息、机务信息、工务信息、车辆信息、财务信息和基础公用信息。

3. 业务应用系统信息层

业务应用系统信息是指对各业务管理部门的信息进行筛选、甄别等工作，删除对铁路运输生产没有价值的信息后产生的各种铁路业务信息。业务应用系统信息主要来自运输管理信息系统（TMIS）、列车调度指挥系统（TDCS）、客票发售和预订系统（TRS）、调度集中系统（CTC）等。

4. 决策支持信息层

决策支持信息是指通过对铁路空间信息、铁路运输基础信息和铁路业务应用系统信息进行综合加工后，可用于国铁集团、铁路局等各业务管理部门的领导进行业务综合管理分析，并进行宏观、微观综合发展预测与生产管理仿真，形成专家与决策支持信息，辅助国铁集团、铁路局决策。

4.2 铁路信息资源整合与共享需求分析

我国铁路行业在不断发展壮大的过程中，对内要不断完善自己的管理水平，对外要迎接日益激烈的来自国内外运输市场的竞争。目前，我国铁路在发展中面临的最大问题之一就是信息交流不畅，这种信息交流的障碍既表现在铁路行业内部缺乏充分的信息交流，同时也表现在整个铁路行业与外部缺乏安全有效的沟通。

信息资源的交流障碍，导致各信息系统之间的连通性差，系统资源得不到有效的利用，整体效益差，对实现全国、全路范围内的统一高效管理构成极大障碍。可见，支持促进铁路信息系统向互联、规模、集成的方向发展，打破信息孤岛，实现铁路信息资源的整合与共享已经成为铁路信息化建设的迫切需求。

从宏观的角度看，铁路信息资源整合与共享可以分为路内、路外信息资源整合与共享。其中，路内信息资源的整合与共享又可以分为纵向、横向及各业务系统之间信息资源的整合与共享；路外信息资源的整合与共享包括铁路多式联运及客货运等信息资源的整合与共享。

4.2.1 路内信息资源整合与共享需求分析

路内信息资源整合与共享需求分为纵向广域信息资源整合与共享需求、横向广域信息整合与共享需求、业务应用系统信息共享需求。

1. 纵向信息资源

铁路各行业大多采用纵向垂直行政领导,因此,从国铁集团、铁路局、基层站段都需要及时详细地了解所属范围内的信息,而下属各单位也需要及时得到上级主管单位的指示等各种控制信息以及反馈回来的生产和管理信息。由于我国幅员广阔,这一范围信息的整合与共享常需要跨越几十到几千千米,属于广域网范围内的整合与共享。

2. 横向信息资源

铁路统计单位或部门,特别是相邻铁路局之间,还有国铁集团、铁路局业务部门之间往往需要交换诸如机务、工务、客流、货流、列车到发时刻、货物丢失赔偿及调度等实时信息,特别是通过分界口的各种客货流信息。这方面的信息资源的整合与共享涉及各铁路局信息系统之间的接口,信息的一致性需要得到充分保证,较难规范,属于更复杂的广域网范围内的信息共享。

3. 业务应用系统信息资源

业务应用系统信息资源的整合与共享,主要是指国铁集团、铁路局机关局域网及基层站段局域网中各信息系统之间信息资源的整合与共享,由于铁路是一个大的联动机,只有各个信息系统及时进行数据的整合与交换,才能实现共同协作,高效率地完成任务目标,这是决定铁路信息化建设成功与否的一个重要方面。

4.2.2 路外信息资源整合与共享需求分析

铁路的发展不能固步自封,必须要加强与路外的信息交流。铁路对外部的信息共享包括国铁集团与国家机关单位之间的信息交换;铁路局、基层站段和地方政府、厂矿、企业、公路、水路、海关等之间的运输和统计信息交换;铁路和社会广大乘客之间的客货运信息交换等。本节重点阐述综合运输及客货运等路外用户对铁路信息共享的不同需求。

1. 综合运输

根据我国总体规划要求,铁路、公路、水路、航空等运输方式需要融合发展,实现无缝衔接的"大交通",以此提高我国整体的运输效率。但是,由于目前各运输体系之间竞争意识强烈,信息资源共享意识薄弱,使得依赖准确、及时的信息传递的多式联运尚且无法较好地实现。作为多式联运的重要主体,铁路部门对实现各运输方式之间信息资源的沟通和共享承担重要的责任。

2. 客运

为了给旅客提供便捷的出行服务,铁路部门应为旅客提供足够的信息,包括出行前的车次信息、列车时刻信息、票务信息等,出行中的补票信息、到达各车站的预订时间和实际时间、沿途风景信息等,以及到达目的地后的餐饮、住宿及换乘等信息。

3. 货运

对于采用铁路运输货物的货主而言,铁路部门应为其提供车辆信息、线路信息、运输费用、货物的追踪及在途查询、列车早晚点信息、门到门联运信息等。通过为货主提供充足的信息，使其能够制订合理的货运计划，减少运输成本，提高货主对铁路货运服务的满意度。

4.3 铁路信息资源整合与共享影响因素分析

在我国铁路建设发展过程中，存在很多因素影响信息资源整合与共享的水平。铁路部门组织机构的纵向层级设置，导致铁路部门横向信息沟通交流产生障碍；现有铁路业务应用系统在运行环境、数据库系统、信息编码规则、业务流程等方面技术标准的不统一，促生大量信息孤岛；由于信息化建设形成思路比较早，系统规划不够，造成应用散乱、网络建设各自为政、数据的使用与维护不协调等多重问题，信息资源存在巨大浪费。本节将对铁路信息资源整合与共享影响因素进行详细分析。

4.3.1 铁路组织机构设置影响

随着铁路体制改革的不断深入，铁路撤销全路所有铁路分局，实行由铁路局直接管理站段，目前我国铁路的国铁集团、铁路局、基层站段三级管理组织机构如图 4-2 所示。

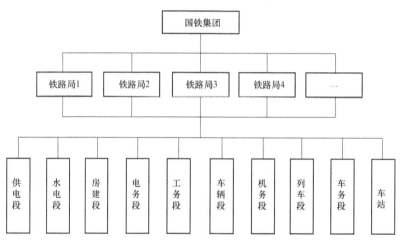

图 4-2 铁路三级管理组织机构

从管理信息系统角度来说，信息资源的共享性主要表现在不同层级、不同部门、不同个体可以通过系统共同使用某种资源。铁路体制改革虽然减少了铁路组织机构的层级，但仍存在许多问题。这主要体现在横向缺乏沟通和纵向信息资源的供需倒置。

1. 横向缺乏沟通

最明显的就是由于各部门、职能单位自成体系，各站段之间联系较少，通常需要铁路局的协调，不注重同层之间的横向沟通，难以实现信息资源的整合与共享，导致信息系统重复建设和资源浪费。

2. 纵向信息资源的供需倒置

铁路信息资源配置涵盖宏观、中观、微观层次的内容。基于目前的铁路部门管理层次，每层产生及需要的信息量各不相同。从信息产生角度来说，铁路现有的信息资源中，微观层次各基层站段收集整理的铁路空间信息、铁路运输基础信息量是最大的，中观层次的铁路局业务应用系统信息量次之，国铁集团宏观决策支持信息量最少。

但是从信息需求的角度来说，国铁集团位于职能管理体系最高层，在制定企业发展的宏观决策时，需要大量的具体信息，铁路局和基层站段依次递减。铁路信息资源的纵向供需倒置情况如图4-3所示。

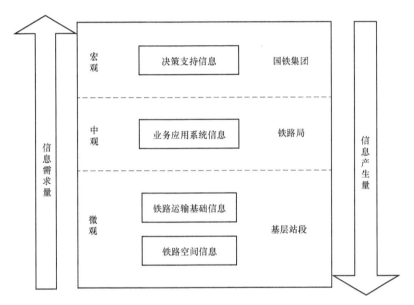

图4-3 铁路信息资源的纵向供需倒置情况

因此在铁路运输生产过程中，往往存在上层管理者在做决策时缺乏具体的数据，而下层业务部门拥有海量数据，很多又用不上，这种铁路纵向信息资源的供需倒置，对各业务部门相互之间的信息沟通、传递与共享造成严重干扰。

4.3.2 技术标准分析

信息技术的成熟应用加速了铁路信息化和信息资源建设的进程，但是还存在很多问题，影响着信息资源的整合与共享水平。其中标准不统一是导致信息孤岛的根源。

铁路各信息系统在不同时期分散实施，由于在运行环境、数据库系统、信息编码规则、业务流程定义等方面执行不同的标准，软硬件与数据平台不统一，成为系统无法实现信息共享和集成的根本原因。由于铁路各个信息系统是面向具体业务和部门，数据库面向人工报表建立，数据流程大多是模拟手工业务流程，信息编码是在没有统一的标准上建立的，因此，导致信息系统之间难以实现信息共享，不仅为系统集成造成了困难，也大大制约了铁路信息化建设的发展。

4.3.3 规划建设分析

铁路信息化虽然取得了重大的成绩，但是由于信息化建设形成思路比较早，很多问题日益凸显，主要体现在以下几个方面。

1. 系统规划不够，造成应用散乱

由于在大规模开始建设信息系统之初对信息化建设缺乏总体规划、系统应用散乱，没有参照执行的技术标准、规范，造成各单位重视系统的归属、按部门划分功能，系统设计、开发的科学性考虑不够，只重视各自系统开发的表面工作，不重视系统内部相关性、系统性，信息系统设计时没有或很少考虑各系统间的接口，使得各部门内部的信息相对封闭，产生了信息孤岛效应，造成了信息资源的巨大浪费。这是影响铁路信息共享的关键因素。

2. 网络建设各自为政

从网络建设角度来看，不能互联互通主要包括三个方面原因：一是各系统均要求形成自己的内部网络系统，从而造成系统与系统间软硬平台的不兼容；二是路内各网均用专线，不但造成信道冗余、利用率不高，而且直接导致基础网络的不通；三是铁路数据网等业务网络基本是局限在铁路范围内，没有实现与全国其他通信网络资源的连接，这也极大地影响了铁路内外的信息交流与共享。

3. 数据的使用与维护不协调

各系统建设管理上没有统一的领导组织机构，缺乏有效的指挥和协调，造成建设管理无序，各系统间缺少接口、分工不明、义务和责任不清、各自为政，直接造成各系统间不能互联互通，大量的信息被重复采集、加工处理，不但极大地浪费了人力、物力、财力，而且造成信息资源的不一致性。

4.4 铁路信息资源整合与共享方案设计

围绕铁路运输生产业务，结合我国铁路信息化建设对信息资源整合与共享的需求，本节分别从纵向、横向、路外三个角度对铁路信息资源进行梳理，对路内外铁路信息资源整合与共享的具体内容做出如下分析。

4.4.1 纵向铁路信息资源的整合与共享方案设计

围绕铁路运输组织、调度指挥、运力资源管理、客运管理、货运管理、安全管理等几项核心业务，对国铁集团、铁路局、基层站段这一垂直体系结构范围内的纵向信息资源的整合与共享内容进行分析，纵向铁路信息资源的整合与共享方案如图4-4所示。

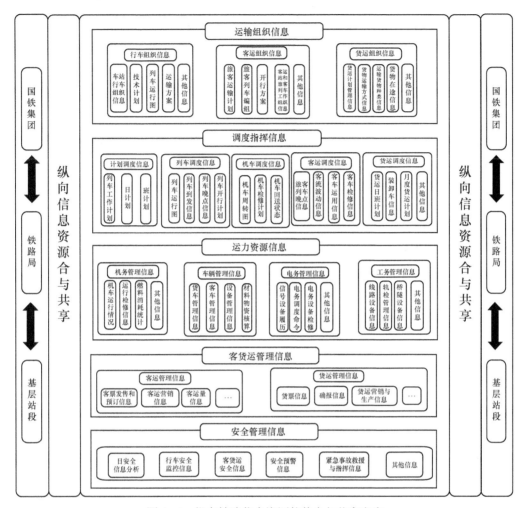

图 4-4 纵向铁路信息资源的整合与共享方案

1. 运输组织信息

在铁路运输生产过程中,铁路上下级之间只有实现运输组织信息资源的共享,才能通过协作准确而无误地完成客货运输任务。运输组织信息资源的整合与共享内容主要包括铁路行车组织信息、客运组织信息及货运组织信息。

行车组织信息包括车站行车组织信息、技术计划、列车运行图、运输方案和其他信息;客运组织信息包括旅客运输计划、旅客列车编组、开行方案、客运站和旅客列车工作组织信息以及其他信息;货运组织信息包括货运计划管理信息、货物运输方式信息、运输货物种类信息、货物在途信息和其他信息。

2. 调度指挥信息

铁路是一个复杂的大系统,具有线长、点多、工种多、分工细、连续性强等特点。为使各环节协调配合,铁路运输生产必须实行集中统一的指挥管理原则。因此,从纵向来讲,国铁集团、铁路局、基层站段之间应高度共享相关调度指挥信息,包括计划调度信息、列车调度信息、机车调度信息、客运调度信息、货运调度信息。

其中计划调度信息包括列车工作计划、日计划、班计划等；列车调度信息主要包括列车运行图、列车到发信息、列车晚点信息、列车开行计划等；机车调度信息要实现机车周转图、机车检修计划、机车回送状态等信息在铁路纵向部门机构之间的共享；客运调度信息包括旅客列车晚点信息、客流波动信息、客车运用信息、客车检修信息；货运调度信息包括货运日班计划、装卸车信息、月度货运计划和其他信息。

3. 运力资源信息

运力资源信息包括机务管理信息、车辆管理信息、电务管理信息、工务管理信息。其中机务管理信息包括机车运行情况、运行检修信息、燃料消耗统计和其他信息；车辆管理信息包括货车管理信息、客车管理信息、设备管理信息、材料物资核算信息；电务管理信息包括信号设备履历、电务调度命令、电务设备检修和其他信息；工务管理信息包括线路设备信息、轨检管理信息、桥隧设备信息和其他信息。

4. 客货运管理信息

客运管理信息主要包括客票发售和预订信息、客流组织信息、客运营销信息、客运量信息等。货运管理信息包括货票信息、确报信息、货运营销与生产信息等。

5. 安全管理信息

安全管理信息主要包括日安全信息分析、行车安全监控信息、客货运安全信息、安全预警信息、紧急事故救援与指挥信息、其他信息。

4.4.2 横向铁路信息资源的整合与共享方案设计

横向信息资源的整合与共享主要发生在各铁路局、各基层站段之间，其中铁路局与铁路局之间的信息共享需求尤为明显，围绕铁路运输组织、调度指挥、客运管理、货运管理等业务，横向铁路信息资源整合与共享内容主要包括调度信息、客货运信息、运输管理信息等，横向铁路信息资源的整合与共享方案如图4-5所示。

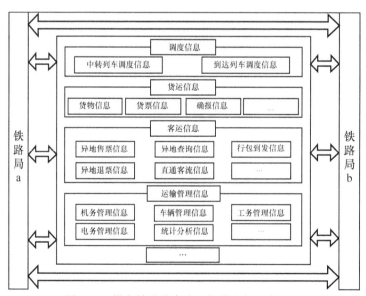

图4-5 横向铁路信息资源的整合与共享方案

1. 调度信息

调度信息主要是指从其他铁路局发出的在本铁路局中转或到达的列车调度信息等。

2. 货运信息

货运信息主要是指从其他铁路局发出的在本铁路局中转或到达的货物信息、货票信息、确报信息等。

3. 客运信息

客运信息主要包括地区客票中心之间的异地售票信息、异地退票信息、异地查询信息（列车时刻表、两站之间的里程、客票票价、客票发售状况及换乘信息等）、邻局之间的直通客流信息、跨局运输的行包到发信息等。

4. 运输管理信息

运输管理信息包括机务管理信息、车辆管理信息、工务管理信息、电务管理信息、统计分析信息等。

4.4.3 路外信息资源整合与共享方案设计

实现铁路系统内部与外部信息资源的整合与共享，对充分发挥铁路运输优势、提升铁路服务水平具有重要意义，是提高铁路市场竞争力的关键。国铁集团、铁路局、基层站段通过充分的信息交流与协作，为铁路外部用户提供准确的车站、票价、线路、换乘等信息。同时，铁路系统要实现与外部的互联互通，需要的外部信息如客货运市场信息、网络信息、各部委信息、国家政策信息等，为铁路内部生产提供决策支持。路外信息资源整合与共享方案如图4-6所示。

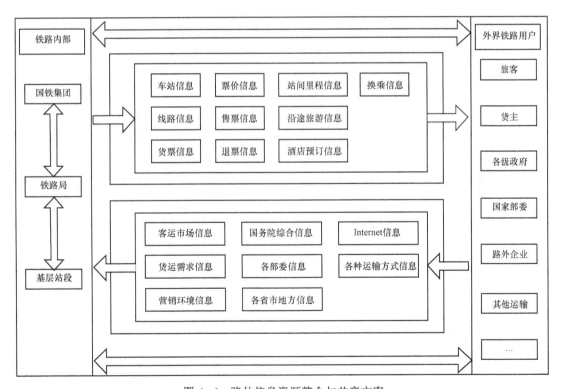

图4-6 路外信息资源整合与共享方案

1. 路内提供信息

通过国铁集团—铁路局—基层站段纵向内部信息的收集、处理与整合，铁路系统为外界铁路用户提供相关的需求信息，包括车站信息、票价信息、站间里程信息、换乘信息、线路信息、售票信息、沿途旅游信息、货票信息、退票信息、酒店预订信息。

2. 路外提供信息

运输生产过程中，铁路系统不但需要为用户提供及时的需求信息，还需要从外部获取信息资源，包括客运市场信息、国务院综合信息、Internet 信息、货运需求信息、各部委信息、各种运输方式信息、营销环境信息、各省市地方信息。

4.5 物联网环境下铁路信息资源整合与共享模式研究

铁路信息系统是一个全国范围的大系统，实现无处不在的信息感知、传递、处理与共享，是提高铁路运输服务水平的重要途径。物联网技术运用到铁路信息资源整合与共享模式的构建过程中，将会使铁路信息资源的整合与共享更加安全、便捷、高效。

4.5.1 原则

在物联网环境下构建铁路信息资源整合与共享模式，要建立在铁路业务需求的基础上，借助物联网相关技术，实现异构系统环境下的信息资源整合与共享，从而使铁路系统能够快速、有效地对铁路业务变化进行响应，提高服务水平。

因此，在构建基于物联网的铁路信息资源整合与共享模式时，应该遵循以下原则。

1. 高效性

信息共享的目的就是解决信息流通不畅、信息利用率不高的问题，因此，该模式设计首先要满足信息共享的需求，用先进的计算机技术实现低成本、高效率的资源共享。

2. 安全性

随着铁路信息化建设的不断深入，铁路各项业务工作与信息技术日益融合，对铁路网络和信息系统的依赖程度越来越高。因此，对于承载大量铁路基础数据的信息系统，在进行信息资源整合与共享平台的构建时，考虑到信息资源整合与共享平台的开放性，需要采取相关的安全防护措施来保障信息系统的安全运行。

3. 标准化

标准化是实现资源共享的前提，统一的技术标准、基础编码标准和数据交换格式标准，不仅有利于铁路各信息系统内部资源的共享，也有利于铁路与其他运输业、物流业和社会各行业资源的共享。

4. 可扩展性

信息共享是铁路信息化建设的一个重要部分，因此该模式设计在保证功能全面的同时，要考虑系统易于修改、扩充。由于铁路发展所引起的基础管理方式、内容的变动，都可能导致系统中有关数据结构及某些程序模块的改进，因此，基于物联网的铁路信息资源整合与共享模式应易于扩展和升级，便于管理和维护。

5. 开放性

物联网环境下铁路信息资源整合与共享模式的开放性包括两个方面：一方面，要面向路内开放，使铁路内部的信息系统可以灵活、快捷地使用共享平台中的服务；另一方面，要面向路外开放，使铁路的客户也能够方便地获取共享平台上的信息服务。

4.5.2 模式构建

针对目前铁路信息共享现状及存在的问题，以信息资源整合与共享的需求为导向，借助物联网技术的支撑，构建铁路信息资源整合与共享模式，支持路内外信息共享的实现。路内要实现横纵向各层级之间、同级之间、信息系统之间信息资源整合与共享，路外要完成铁路系统与客户、政府、国家部委之间的信息交流与共享。铁路信息资源整合与共享模式如图4-7所示。

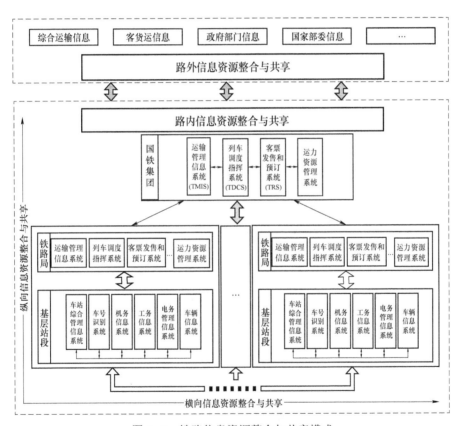

图4-7 铁路信息资源整合与共享模式

铁路信息资源整合与共享模式的实现，一方面，要借助物联网技术来完成铁路信息的感知与采集，经过一定的加工处理后，利用具有高承载能力的通信网络将其输送至路内外各用户；另一方面，基于目前信息系统各成体系、应用散乱的情况，需借助物联网技术来屏蔽各系统之间的异构性，实现现有信息系统的整合与互操作，最终实现铁路在全路内外信息资源的整合与共享。

综上所述，铁路信息资源整合与共享模式实现的方式主要包括两部分，即基于物联网的铁路网络架构及铁路信息资源整合与共享平台。

1. 基于物联网的铁路网络架构

基于物联网的铁路网络架构是信息资源整合与共享模式实现的重要支撑，它以现有铁路骨干网络为基本框架，吸收当前先进的物联网感知、采集、传输、智能处理技术，构建集感知识别、接入网络、承载网络、应用控制及路内外应用于一身的铁路网络体系。基于物联网的铁路网络架构如图4-8所示。

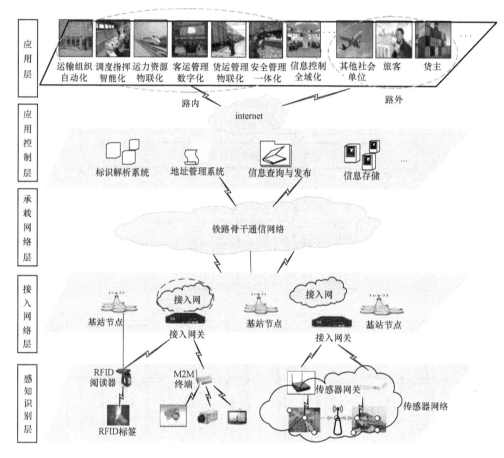

图4-8 基于物联网的铁路网络架构

由图4-8可以看出，基于物联网的铁路网络架构可以分为五个层次：感知识别层、接入网络层、承载网络层、应用控制层、应用层。

1）感知识别层

感知识别层包括RFID标签和阅读器、传感器与传感网络及M2M终端等，主要进行铁路运输信息的泛在化感知、识别与采集，为运输生产各职能部门及各信息系统提供充足的原始信息。

2）接入网络层

接入网络层主要由基站节点和接入网关组成，是连接感知层自组织网络及铁路骨干通信网络的关键。感知识别节点之间完成组网后,将节点需要上传的数据送给基站节点,通过接入网关完成与承载网络的连接,从而完成感知识别节点与承载网络之间的信息转发和交互的功能。

3)承载网络层

基于物联网的铁路网络体系的承载网络层主要是指铁路自有的铁路骨干通信网络,是实现铁路信息资源整合与共享的重要支撑。铁路骨干通信网络是一个由国铁集团、铁路局、基层站段三级局域网互联构成的全国性网络。铁路骨干通信网络一方面要完成铁路内部海量信息的横纵向传递,另一方面要实现与路外用户的互动。因此,铁路骨干通信网络需具有高度承载能力,来完成铁路运输生产信息海量、安全、高速传输。

4)应用控制层

在物联网中,增加了末端感知网络与感知节点标识,因此,在铁路通信网络中传输物联网数据和提供物联网服务时,必须增加对应于物联网的标识解析系统与地址管理系统,用于信息的编码名称解析和信息资源的寻址管理等,同时需要借助专有的服务器完成对铁路信息的存储,以便于铁路内外用户的信息查询与发布等。

5)应用层

应用层主要可以概括为路内应用和路外应用。通过对信息从采集、传输、处理到智能应用的全过程控制,既有助于提高铁路业务的智能化水平,又能方便铁路路外用户。物联网在铁路通信网络的融合应用,为实现铁路信息资源的整合与共享提供了有力的硬件支撑。

2. 铁路信息资源整合与共享服务平台

铁路信息资源整合与共享服务平台的最终建设目标是在全路网络体系的基础上,借助铁路物联网技术,实现铁路各业务信息系统信息的整合共享,使铁路各级生产和管理人员能够根据权限及时共享铁路生产和管理信息,辅助各级人员科学决策,向社会相关地方(政府部门、客户等)提供铁路客货运及其他服务的准确信息。

根据铁路信息化建设目标,综合考虑铁路内外信息资源整合与共享需求,在充分发挥物联网透彻感知、泛在互联技术作用的前提下,构建基于物联网的铁路信息资源整合与共享平台,如图4-9所示。

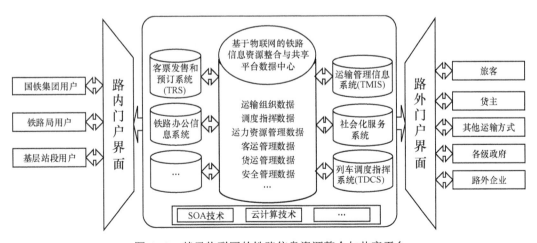

图4-9 基于物联网的铁路信息资源整合与共享平台

通过建立基于物联网的铁路信息资源整合与共享平台数据中心,可以实现各信息系统的数据存储,为铁路运输组织、调度指挥、运力资源管理、客运管理、货运管理、安全管理等铁路运输生产过程中数据的整合与共享提供条件。

针对目前铁路信息孤岛大量存在的情况,充分利用 SOA 技术松散耦合、可灵活支持业务流程重构、广泛应用标准的特点,将现有系统与新系统统一起来,实现各信息系统间的整合与互操作。按照模块化的方式来添加新服务或更新现有服务,以解决新的业务需要。从而既可以通过不同的渠道为路内外用户提供信息共享服务,又可以把企业现有的应用作为服务,保护现有的信息系统基础建设。

云计算技术可以实现对海量数据的存储与处理,并最终通过铁路办公系统实现与路内国铁集团、铁路局、基层站段的用户信息共享,提高铁路运输的整体服务水平;借助社会化服务系统完成铁路内部与旅客、货主、其他运输方式、各级政府等路外用户的信息交互,以更好更快地响应路外用户对铁路系统的服务需求。

本 章 小 结

本章通过分析铁路信息资源布局现状,结合铁路信息资源的特征,介绍了铁路信息资源分类方案。在此基础上,对铁路信息资源整合与共享的需求进行分析,对铁路信息资源整合与共享的内容进行了设计,对影响信息资源整合与共享的因素进行分析,研究了铁路信息资源及其共享机制,构建了基于物联网技术的铁路信息资源整合与共享模式,设计了基于物联网的铁路网络架构,并建立了基于物联网的铁路网络与共享平台,为铁路信息资源整合与共享的实现提供了技术支撑。

本章习题

1. 简述铁路信息资源的特点,并对铁路信息资源进行层次划分。
2. 对铁路路内及路外的信息资源整合与共享进行需求分析。
3. 简述铁路信息资源整合与共享对铁路组织机构设置的影响。
4. 分别从技术标准角度与规划建设角度,对铁路信息资源整合与共享影响因素进行分析。
5. 简述纵向信息资源、横向信息资源、路外信息资源的整合与共享方案的设计内容。
6. 试述构建基于物联网的铁路信息资源整合与共享模式时应遵循的原则。
7. 简述如何构建铁路信息资源整合与共享模式。

第 5 章

基于物联网的铁路信息共享机制与实现研究

有效地实现铁路信息资源的高度整合与全面共享,能够确保整个铁路运输的协调、高效和安全,能够实现铁路信息服务的增值,基于物联网技术的铁路信息共享机制与实现的研究,能够为提升铁路运输在综合运输体系中的核心竞争力提供保障。

5.1 铁路信息共享现状与问题

5.1.1 共享现状

我国铁路信息资源的分布具有广域性、分散性、连续性、管理集中性和实时性等特点,而铁路运输生产效率、安全性等在很大程度上取决于信息资源的全面获取、可靠传输、智能处理和有效利用的情况。因此,只有有效地实现铁路信息资源的高度整合与全面共享,才能确保整个铁路运输的协调、高效和安全,充分发挥铁路自身的运输潜在优势,实现铁路信息服务的增值,使铁路在综合运输体系中保持核心竞争力。

在我国铁路信息化进程中,形成了一批具体应用的信息系统,如铁路运输管理信息系统、列车调度指挥系统、客票发售和预订系统等。在铁路运输生产过程中,系统之间的信息交流在一定程度上加强了铁路各职能部门之间的信息沟通与协同联动。

由于在大规模建设信息系统之初对信息化建设缺乏总体规划,铁路各业务信息系统大多相互独立、自成体系,没有构成一个有机整体,信息孤岛现象十分普遍,各业务信息系统之间的连通性和互操作性很差,大量的基础数据需各信息系统各自维护,大量的管理信息难以为其他系统及管理人员及时利用,信息共享问题日益凸显。主要表现在以下四个方面。

1. 铁路业务信息系统内部的共享

由于网络通信和信息共享的软硬件要求高，程序开发的难度大，很多信息系统内部还没有实现信息的完全共享。因此，当用户想要查询多个信息系统的数据时，必须针对不同的系统设置不同的硬、软件环境和终端，这给用户带来极大不便，也很大程度地限制了信息系统在实际应用中发挥作用。

2. 各信息系统之间的共享

由于缺乏总体规划，在建设各信息系统的过程中，各系统是在不同的软件、硬件平台环境中开发的，运行环境要求、运行方式、数据编码都各不相同，设计时没有考虑通用的共享接口标准，各信息系统内部的共享问题同样阻碍了各个信息系统之间的信息资源共享。而且从长远来看，仅仅制定各信息系统的接口标准也是不够的，要考虑制定全路统一的实时数据交换标准。

3. 决策支持系统的共享

铁路部门的决策者面对世界上庞大的铁路系统和激烈的市场竞争，迫切需要对企业运转状况有整体、全面和多角度的把握，以便做出正确的决策。由于铁路各个业务管理信息系统尚未建设完成，并没有建立起真正的铁路决策支持系统，铁路信息系统中的信息资源未能得到充分利用，只能为决策者提供一些简单的汇总报表。

4. 路外用户的共享

铁路部门与外界存在大量的信息交换，目前，从国铁集团到各个铁路局乃至各个基层站段等服务窗口单位已建成一些网站站点供用户浏览、查询，但由于没有纳入统一的体系中，导致提供给用户的信息量有限，信息更新速度慢，重复信息多。

5.1.2 共享问题分析

铁路信息共享存在的问题，归结为以下几个原因。

1. 缺乏统一标准规范

铁路各部门在各自的信息系统建设中，大多从自身业务出发来构建信息系统，业务数据固化于软件实现中，许多系统是在不同的软件、硬件平台环境中开发的，设计时没有通用的统一的共享接口标准，导致各个系统运行环境要求、运行方式、数据编码都各不相同，信息资源单独管理，造成了业务与数据的相对封闭。建立铁路信息化应用的标准化数据体系，是铁路信息化建设亟待解决的重要问题。

2. 信息共享模式单一，信息组织与发现滞后

基于传统技术构建的铁路信息系统，因技术手段制约，信息共享的实现常以点对点的模式为主，这种模式欠缺灵活、系统瓶颈明显、可扩展性差，而且实施困难，用户不能够及时发现所需的共享信息，不利于各取所需要求下的业务需求，所以，有关信息的组织与发现成为资源利用与共享中的又一个难点。

3. 信息资源的获取与管理问题

鉴于我国铁路信息资源分布的广域性、分散性等特点，信息资源的获取与管理是实现铁路信息资源整合与共享的根本。目前，受铁路各业务部门职能分割的影响，各业务部门不同的信息系统会出现重复管理与维护现象，导致已获取铁路数据信息的不一致；另外，当因铁路业务部门重组等原因导致网络状况变化、硬件设备或系统升级时，极易引发信息资源的重新组织乃至废弃。现有信息资源的重复设置、强行割裂、应用系统扩展能力不强等弊端已经成为影响信息资源共享的关键因素之一。

5.2 基于物联网的铁路信息共享本质与内涵

基于物联网的铁路信息共享是指在不同的铁路信息资源用户之间，通过物联网先进技术传递信息，实现信息资源的生产与扩散最大化。其目的是将全面、准确的海量铁路信息以正确的形式提供给用户，确保建立和保持铁路各部门、各工种协同联合运作所必需的信息优势和决策优势。

5.2.1 基于物联网的铁路信息共享的本质

基于物联网的铁路信息共享的本质可以概括为：充分发挥物联网技术在信息资源全面采集、可靠传输和智能处理上的优势，拓宽铁路信息采集的深度和广度，对铁路全域信息进行有效的管理与控制，实现信息资源的有效整合和全面共享，建立铁路一体化智能铁路运输体系，为铁路运输生产提供无障碍、高可靠性、高安全性的信息服务，从而使铁路各部门、各工种协同运作，达到铁路全局资源的最优配置和充分利用，实现铁路运输生产效率的提高。

铁路信息共享包含以下两个层面。

1. 面向应用的信息共享

基于业务流程的信息共享。面向应用的信息共享着眼于应用间的信息共享，通过建立应用系统间的互联互通体系，使所有相关应用（包括共享库等）都成为这一体系中的节点，从而实现相关信息在这一体系中按一定规则流动和共享，以整合现有分散异构的应用系统和信息资源，提高应用系统间实时、安全、准确的协同能力。

2. 基于业务流程的信息共享

基于业务流程的信息共享着眼于业务协同，通过信息共享平台实现业务流程协同管理功能，使已有的信息系统和新建的应用系统按流程驱动的方式整合在一起，实现业务流程管理与应用系统间的松耦合，满足业务敏捷性的需求。

5.2.2 基于物联网的铁路信息共享的内涵

基于物联网的铁路信息共享的内涵可以从以下三点进行理解。

1. 共享目的

铁路部门每天都有大量的信息产生，包括路内运输生产基础信息，路外客户、环境信息等。这些信息是铁路运输活动的基础，借助物联网技术实现这些信息的实时采集与共享，可充分开发和利用信息资源的价值，完成铁路路内外信息的共享，消除信息孤岛，实现对 IT 基础设施的一体化管理，实现铁路各部门、各业务系统及铁路运输基础设施的广泛互联与协同联动，从而达到提高铁路运输生产效率、改善铁路服务水平、提高铁路运输市场竞争力的目的。

2. 共享基础

首先，借助 RFID、传感器与传感网等先进的物联网信息感知技术，完成铁路运输相关信息的泛在感知与实时采集，包括固定、移动基础设施的状态信息、客货运需求信息、环境信息等，实现对储存在各监控对象表面标签与传感器信息的实时采集与获取，扩充信息资源获取的数量，提高信息资源的质量。

其次，物联网为铁路提供了具有强大信息存储与计算能力的云计算技术，可借助完善可靠的通信网络技术，实现海量的信息资源的互操作，消除信息孤岛和资源孤岛，实现信息资源的整合与共享，为铁路用户提供更及时、更准时、更可靠的服务，使铁路管理不断向系统化、协同化方向发展。

3. 共享保障

建立和健全一套有效的科学机制是实现铁路信息资源共享的保障。在铁路信息最大限度扩散和共享的过程中，涉及诸多主体，存在各种交错的关系，亟待一套完善的共享机制来安排、平衡各主体间的利益，保障铁路信息共享的成功实现。通过铁路信息共享机制的合理运行，可以提高铁路部门对信息资源的利用率，从而使铁路各部门、各系统及路外用户达到高效沟通的目的，消除信息孤岛，提高铁路运输生产效率。

5.3 基于物联网的铁路信息共享机制分析

5.3.1 铁路信息共享原则

铁路信息共享是要利用并完善现有的网络基础设施、严密的协议规范和先进的信息技术，将分布在全路各地的各种铁路信息子系统连接在一起，逻辑上形成一个巨大的统一的信息库，为用户提供一体化的智能信息平台。铁路信息共享作为一个庞大的系统工程，应遵循以下原则。

1. 整体性原则

铁路信息资源整合与共享的实现，必须依靠宏观的统筹规划及各种管理政策的引导和支持，依靠铁路各部门、各职能机构之间的通力合作与协调。应在注重统一规划，协调建设，适应需要的基础上，保持铁路信息资源的完整性和内容的系统性，使整合后的信息资源体系不仅能够涵盖原有数据库系统的内部功能，同时还应充分体现数字信息内容之间的内在联系。

2. 层次性原则

铁路信息资源的整合要根据用户信息需求及铁路运输生产信息需求进行多种类型、多种方式、多元结构的有层次的整合。因此，在建立铁路信息资源整合系统过程中，应以最大限度地实现铁路内外信息资源共享需求为最终目标，考虑已采集信息内容的层次性、信息资源结构的层次性以及铁路信息资源检索和利用的平台的层次性。通过建立多维的整合结构，满足铁路内外多元化的信息需求。

3. 科学性原则

在进行铁路信息资源与服务整合的实际工作中需要对其必要性、可行性进行充分的科学论证。铁路信息资源整合与共享是一个庞大而繁杂的系统工程，涉及资金来源、人员调配等问题，因此，铁路信息资源整合与共享要采用科学的方法，构建科学的信息资源保障体系，切忌在信息资源与服务整合中出现随意性和不规范的现象。

4. 兼容性原则

目前，铁路系统已经存在了大量的应用系统和数据库，数据格式多样。建设铁路信息共享平台的过程中不可能对现有的应用系统和数据库进行重新设计和实现，因此，铁路信息共享平台要充分考虑对各种主流数据格式的兼容。

5.3.2 铁路信息共享目标

当前我国铁路信息共享的主要目标是在网络建设基本完成，应用系统和数据库初具规模的条件下，以铁路信息共享平台建设为基础，对现有的不同应用系统和数据库进行集成与整合，形成基于共享的新的应用体系，提高铁路信息共享的能力及水平。同时，充分利用已有的信息资源，最大限度地保护铁路信息化建设的原有投入，缩短信息化建设周期，避免重复建设和资源浪费。基于物联网的铁路信息共享目标可以从信息交换、信息服务和信息控制三个方面进行阐释。

1. 信息交换

铁路信息共享的基础目标是实现铁路海量信息在全路范围内的顺畅流转，即实现铁路局域和广域信息的实时交换。

铁路局域信息交换包括国铁集团、铁路局机关局域网中各管理信息系统（MIS）之间的信息交换，以及基层站段局域网中各管理信息系统的信息交换。

铁路广域信息交换可分为铁路纵向广域信息交换和铁路横向广域信息交换。纵向上，国铁集团、铁路局都需要及时详细地了解所属范围内的信息，下属各单位也需要及时得到上级主管单位的指示信息及反馈回来的生产管理信息；而铁路局与铁路局之间、站段与站段之间往往需要交换诸如机务、工务、客流、货流、列车到发时刻、货物丢失赔偿及调度等横向信息。

2. 信息服务

信息服务是指利用信息资源为路内外用户提供多样化的服务，是铁路信息共享的终极目标。铁路与物联网的结合为铁路信息服务提供支撑，可以加快铁路信息交流，提高信息的利用率，更好地发挥信息在铁路运输生产和经营管理中的服务作用。基于物联网的铁路信息服务的目标，即提升多级信息服务能力和改善铁路服务质量，具体如下。

1）提升多级信息服务能力

提升多级信息服务能力，就是保证网络中的各节点的信息传输、存储与发布，管理各节点接口的用户权限与数据安全，监控各节点的运转，及时报告和排除故障，保障物联网信息服务系统的安全畅通。

2）优化多样化服务质量

优化多样化服务质量包括改善路内的国铁集团、铁路局、基层站段之间的层级服务质量，更好地满足路外不同部门、不同交通方式所需的信息服务需求，进而提升铁路客货运服务水平，加强其在综合运输体系中的核心竞争力。

3. 信息控制

信息控制即通过构建全域化信息平台，对信息更好地进行管理，实现信息资源的按需服务，它是铁路信息共享的高级目标。铁路信息控制是将铁路信息管理贯穿于信息活动的始终，其过程包括信息需求确定、信息采集、信息组织、服务开发、指导使用等。铁路信息的全域化控制，有利于提高铁路运输效率，节省铁路运营成本，进而实现铁路领域中铁路管理信息系统到铁路控制信息系统的飞跃，最终实现铁路信息化、智能化的战略目标。

5.3.3 铁路信息共享机制构成

机制是任何一个系统的基础，有了良好的机制，无论条件是否发生变化，原有系统都能自动调整，迅速响应，保证系统的正常运转。基于物联网的铁路信息共享机制主要包括：信息资源整合机制、增值机制、标准机制、保障机制、安全机制和协同机制等。

1. 整合机制

通过数据的集中、资源的共享以及平台的统一构建，建立信息资源整合机制，可以较好地解决铁路领域长期存在的信息孤岛和资源孤岛问题，更好地实现铁路信息系统间的互联互通及互操作，达到信息的全域化控制。具体实施手段如下。

1）数据集中

数据集中是指根据跨部门协同办公的需要，以部门业务信息为基础，从标准、流程、数据三个方面来设计，形成"物理分散、逻辑集中"的公共数据中心。通过制度保障和技术支持，对关键部门、重点业务、重要数据进行集聚，统一处理，形成统一的铁路信息资源目录和铁路信息资源库，形成海量数据交换、共享、查询和管理机制。

2）资源共享

资源共享是信息资源优化配置的一种方式，以用户的信息需求为基础，充分了解信息资源的布局，确定信息交换的标准和流程，将集中整合处理后的铁路信息资源，通过信息发布平台、信息交换系统，提供给各方用户使用。

3）平台统一

为了降低信息应用系统开发和电子铁路建设的成本，将基于一个统一的铁路信息交互平台对铁路各级部门的信息系统进行建设，现有的信息系统也将根据这个平台的技术标准和目标逐步合并升级。

2. 增值机制

铁路信息资源的整合会影响到铁路信息服务的价值提升，关系到铁路运输各部门、多业务主体间的整体协作水平。铁路信息增值机制的重点在于使铁路部门业务主体已经获取的铁路信息得到增值，这种增值包括两个层次，即量增值与质增值。

1）量增值

量增值是指铁路信息数量上的增加，新增加的铁路信息能够给铁路部门带来价值增加的效率与铁路部门原有的铁路信息是相当的。

2）质增值

质增值是指铁路部门增加的铁路信息的质量比以前有所提高，表现为新增的铁路信息使铁路部门价值创造的效率比原先更高。事实上，质增值过程中包含铁路信息数量的增加，只是更强调它所能够带来的铁路信息质量的提高。相对来说，质增值要比量增值在增值程度上更深一层。

从铁路信息管理的过程或者环节来看，铁路部门信息的量增值主要通过铁路信息共享管理来实现，而铁路信息的质增值则主要通过铁路信息创新管理来获得。

3. 标准机制

物联网标准是指为在物联网技术应用范围内获得最佳秩序，对相关活动或其结果规定共同的和重复使用的规则，指导原则或特定的文件。物联网标准机制按照其功能不同可以分为以下四个层次。

第一层为基础标准，物联网基础标准是物联网建设中通用的标准，起着基础和支持作用。该标准应该包括物联网技术术语、物联网基层编码的定义等。

第二层按照物联网标准化对象特征的不同，分为技术标准、管理标准、服务标准、应用标准和其他标准，每类标准都依赖于基础标准。

第三层即对物联网技术标准、物联网应用标准、物联网管理标准和物联网服务标准进一步细分。其中，物联网技术标准从物联网系统的物品（信息）分类编码、信息识别感知、数据网络传输、数据应用等着手，分别对应依存系统的感知层、传输层、应用层，分为物品分类编码标准、信息采集技术标准、网络传输技术标准、智能处理技术标准。

第四层由第三层扩展而来，共分若干方面，每个方面都可以继续扩展成若干更小的方面，每个更小的方面都可以组成本专业的一个标准。

4. 保障机制

铁路信息共享的保障机制主要包括法律保障、政府保障、人员保障和技术保障等，如图 5-1 所示。

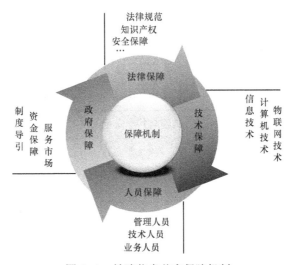

图 5-1　铁路信息共享保障机制

1）法律保障

加快推进铁路信息共享，需要借鉴其他行业法律法规，结合铁路行业的实际情况与铁路信息资源的本质属性，提出有利于铁路信息共享的法律法规，建立完善的法律保护体系，维护相关知识产权的同时提供安全保障，规范铁路信息共享的发展。

2）政府保障

政府是铁路信息资源整合与共享的强大推动力。因此，为了进一步明确铁路信息化的地位与作用，继续将信息化作为铁路行业发展的重点，需要以制度为导引，加大政策扶持力度，拓宽资金渠道以促进资产保障，建立多元投融资、多元服务的保障体系，更好地服务市场需求。

3）人员保障

铁路信息共享注重的是信息的及时准确、实时传递与集成共享，力求在一定的业务基础上实现技术与管理的结合。当前，铁路企业内部组织的功能越来越趋向柔性化，使用先进的设备和建立完善的计算机网络只是为铁路信息化奠定了基础，而人才和铁路信息才是安全运输生产的根本，应重点打造包括管理人员、技术人员、业务人员在内的人才队伍。

4）技术保障

由于铁路信息共享覆盖运输组织、运输安全、技术装备、客货营销、经营管理等各个方面，技术的广泛渗透和关联带动作用将会对各生产要素起到催化作用，而各生产要素间有序、规范、协调持续的发展需要技术的不断升级与完善。因此，需要物联网技术、计算机技术、信息技术的全面支撑。

5. 安全机制

物联网技术在铁路信息资源大规模应用之初就需全面考虑信息安全，不断提高物联网安防技术水平，保证物联网环境下铁路信息资源共享的安全性。鉴于铁路信息资源的固有属性和铁路信息资源利用的关联性导向，铁路信息共享安全机制包括感知与存储安全、传输与共享安全、开发与利用安全三个层面，如图 5-2 所示。

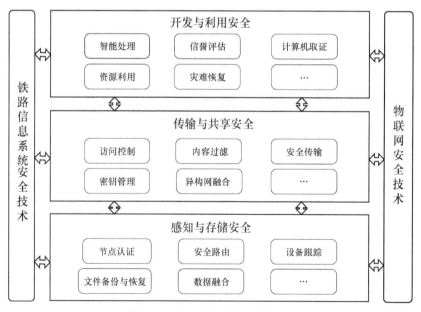

图 5-2 铁路信息共享安全机制

1)感知与存储安全

综合考虑铁路信息资源获取过程中存在的各种因素,感知与存储安全应包括节点认证、安全路由、设备跟踪、文件备份与恢复以及数据融合等内容。其中,节点认证即在传感数据时必须认证节点,以确保非法节点不能接入,从而保证信息获取的有序性;安全路由是指从铁路信息资源感知路径的角度出发,建立安全的路由以保证信息资源的安全;设备跟踪即通过物联网技术实现移动设备的精确定位和追踪,增强信息的可靠性,保证信息使用的安全;文件备份与恢复强调保证原始信息资源的可重复利用性;数据融合用来解决由于铁路信息资源的标准不一产生的数据冗余或缺失的问题,以便更好地管理规范这些数据。

2)传输与共享安全

传输与共享安全主要包括铁路信息的访问控制、内容过滤、安全传输、密钥管理和异构网融合等。其中,访问控制是指按用户身份及其所归属的某预定义组来限制用户对某些信息项的访问与使用,划分信息资源的利用层次;内容过滤是指对信息资源网络传输内容进行监控,以防止某些特定内容在网络上进行传输;安全传输是指铁路信息在传输过程中必须要确保信息安全、完整以及不可篡改;密钥管理即通过公共基础设施技术和密钥协商来保证铁路信息的通信安全;异构网融合即基于软件无线电的认知无线网络解决异构网络模式间难以兼容的问题。

3)开发与利用安全

开发与利用安全主要包括智能处理、信誉评估、计算机取证、资源利用以及灾难恢复等内容。智能处理是指运用信息融合技术、人工神经网络技术、专家系统以及它们的综合集成技术实现信息资源的利用控制;信誉评估即铁路信息资源网络需要对敌手控制的节点行为进行评估,以降低敌手入侵后的危害;计算机取证是运用计算机及其相关科学和技术的原理与方法,获取与计算机相关的证据以证明某个客观事实存在的过程;资源利用即根据铁路信息资源的经济属性决定铁路信息资源利用方法,可分为无偿共享、有偿共享与不共享三类;灾难恢复能避免由于各种软硬件故障、人为误操作和病毒侵袭等所造成的损失,充分保护系统中有价值的信息。

6. 协同机制

基于物联网的铁路信息全域化共享不是一蹴而就的事情,需要在全铁路跨地区、跨部门、跨业务间的协作过程中扩大协作的广度和深度,提高协作的技术水平,持续地沟通交流、化解冲突、共享利益,孕育良好的协同文化。

铁路信息共享协同机制是指在铁路实施协作管理的过程中,将信息资源整合机制与增值机制、标准机制、保障机制和安全机制等协同起来,通过建立核心业务、辅助业务、增值业务和应用业务的规范化流程,在业务层面建立有效的沟通协商机制,充分挖掘铁路信息资源的潜在价值,保证业务层面协同的顺利进行,从而建立各业务主体之间的业务合作信任机制、沟通协调机制,实现铁路多业务部门不同业务主体的无障碍沟通与统一协调。

5.4 基于物联网的铁路信息共享实现

在物联网环境下,通过对铁路信息系统的综合整合与集成,有效解决信息资源共享过程中彼此信任、协同作业等问题,最终实现铁路业务与业务之间、系统之间的信息共享,为铁路部门及铁路用户提供决策支持。

5.4.1 铁路信息系统综合集成过程分析

在物联网环境下,通过把业务体系、数据和信息体系、网络体系有机结合起来,构成一个高度智能化的人机结合、人网结合的系统平台,进行铁路信息系统的综合集成,有效解决铁路信息整合与共享过程中彼此信任、协同作业等问题,消除信息孤岛和资源孤岛。

通过分析铁路信息系统的综合集成过程,优化铁路业务流程,合理划分铁路业务,进行铁路信息系统中运输组织、调度指挥、运力资源管理、客运管理、货运管理、安全管理、信息控制等业务的数据集成与共享,最终设计铁路信息资源整合与共享方案。铁路信息系统综合集成过程分为系统集成前期、中期、后期,如图 5-3 所示。

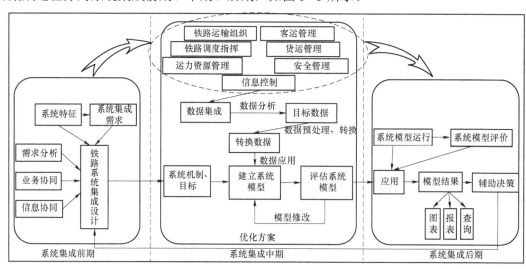

图 5-3 铁路信息系统综合集成过程

1. 系统集成前期

在系统集成前期,主要工作是分析研究铁路信息系统集成设计所需要的各种需求要素。从系统角度出发,需要先对系统特征进行分析,通过研究系统的特点进而掌握系统集成需求,为铁路系统集成设计提供技术基础。从业务角度出发,需要结合系统业务需求,通过对业务协同及信息协同的分析,为铁路系统集成设计提供信息保障。

2. 系统集成中期

在系统集成中期,最重要的两个集成过程是建立系统模型及评估系统模型。通过判断系统机制与系统目的,明确系统目标,为建立系统模型提供方向指导。通过对铁路运输组织、铁路调度指挥、运力资源管理、客运管理、货运管理、安全管理、信息控制等业务的数据进行集成，提取目标数据，进行数据预处理及数据转换，为建立系统模型提供数据基础。通过对系统模型进行评估，判断系统是否满足系统目标，符合系统机制，如果不符合系统目标，便做出进一步修改，修改系统模型直至可以作为下一步可应用的系统模型。

3. 系统集成后期

在系统集成后期，通过对系统模型的运行及评价，得出最终的模型结果，其表现形式有三种，分别为图表、报表及查询。图表和报表是最终系统模型的结果表达，查询是最终系统模型的转换解释。结果形成的辅助决策供决策者参考使用，可以为集成设计提供优化方案。

5.4.2　铁路信息整合与共享技术及方法研究

铁路信息整合与共享技术及方法是实现铁路信息共享的重要支撑，它不是各项技术与方法的简单叠加，而是以物联网技术为主，融合其他信息技术与方法，成为一体化的铁路信息共享技术与方法体系，将铁路全域范围内物理上分散的业务系统有机地整合成一个逻辑集中的、一体化的、功能更加强大的共享型分布式系统，并使各业务系统彼此信息共享、协同工作，发挥整体效益，达到整体性能最优。

铁路信息整合与共享技术及方法主要包括铁路系统数据集成、环境支撑、经营管理及决策、标准化技术、信息共享保障技术等，其构成如图5-4所示。

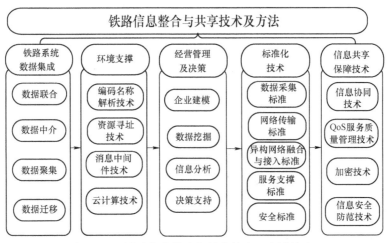

图5-4　铁路信息整合与共享技术及方法构成

1. 铁路信息系统数据集成

铁路信息系统数据集成主要包括数据聚合和数据集中，通过这些技术在物联网环境下的应用，可实现铁路各信息系统内永久数据的创建、更新查询等系统操作，为铁路在各业务应用系统之间的信息流动与共享提供技术保证。

数据聚合可以将铁路多个数据库集成为一个统一的视图，通过数据聚合工具产生的数据聚合体是一个虚拟的数据库，该数据库可以包含多个铁路运输实体物理数据库的内容。数据聚合的实现方式主要有数据联合和数据中介两种方式，通过铁路数据库管理系统自带的数据透明互访工具，可以实现任何数据源之间的互联互通，大大加强实现铁路信息共享水平。

数据集中是通过数据转换工具在各铁路数据库之间进行模式映射，将一个数据库中的数据复制、转换为另一个数据库中的数据，从而将多个数据库中的数据集中到单一的数据库，形成一个不论在逻辑定义上还是物理存储上都统一的总体数据库，进而可以解决多个数据库之间的数据传递与信息共享问题。实现数据集中的方式主要有数据聚集和数据迁移，数据聚集主要完成数据转换、传输复制功能，周期性地同步各数据库的数据；数据迁移从多个源数据库中抽取需要的数据，并进行一定的转化，然后装载到目标数据库中。

2. 环境支撑

铁路各业务、各应用系统之间的信息共享需要解决各类硬件设备、应用软件等与子系统、网络环境、人员配备相关的一切面向共享的问题，而这些都需要物联网技术为其提供强大的环境支撑。涉及的环境支撑技术主要包括编码名称解析技术、资源寻址技术、消息中间件技术、云计算技术等。

物联网环境下，铁路信息系统需要大量的末端感知终端，在物联网数据感知过程中，需要借助编码名称解析和资源寻址技术来获取铁路运输生产信息，利用消息中间件技术来集成异构数据源，最终将海量的铁路运输生产信息集中到云计算平台，完成相关数据的存储与处理，为铁路信息在路内外的共享提供环境支撑与保证。

3. 经营管理及决策

铁路系统的总体目标以及战略规划需要包括并制定各种决策，畅通的决策是通过决策意图的顺利下达并付诸实施体现的，经营管理及决策技术同时打破信息服务的局限，从全局出发，为决策者提供多角度、多层面的决策支持服务。其包括：企业建模、数据挖掘、信息分析、决策支持。其中企业建模是一种全新的经营管理模式，它可为铁路企业提供一个框架结构，以确保铁路各应用系统与经常改进的业务流程紧密匹配。借助数据挖掘技术，在海量的铁路运输生产数据中提取隐含在其中不为人知但又潜在有用的信息和知识，为铁路内外用户的决策制定提供支持。

4. 标准化技术

物联网环境下，铁路数据信息感知无处不在，实现铁路内外不同部门、不同主体间铁路信息的共享，需要整合不同应用场景的各类应用与服务。因此，标准化对实现铁路信息共享具有重要意义，是物联网在铁路信息共享方面发挥自身价值和优势的基础。

借助物联网技术，铁路信息系统能够实现铁路信息感知与采集、网络传输、智能应用等过程。因此，铁路共享标准化技术主要包括数据采集标准、网络传输标准、异构网络融合与接入标准、服务支撑标准、安全标准等。

5. 信息共享保障技术

信息共享保障技术是为铁路信息共享提供安全保障的手段和技术方法，为铁路物联网的建设、运行、维护和管理等提供安全技术保障，提高物联网环境下各铁路应用信息系统的信息安全、应用安全和共享安全，为在物联网环境下的物品标识、数据传输、物品寻址和信息服务等提供安全保证。信息共享保障技术主要有信息协同技术、信息安全技术、QoS 服务质量管理技术等。其中信息安全技术主要包括加密技术、信息安全防范技术等。

铁路数据庞大而繁杂，分布在铁路各部门及各应用系统，通过信息协同技术加强铁路各系统、各业务流程之间的信息沟通，优化铁路内外的整体资源配置。由于铁路各应用系统信息并不是完全公开的，既要保障铁路物联网的安全，又要在铁路各部门的接口之间传输，需要有一定的安全保密措施，以保证信息共享的安全，保障铁路系统的安全运行。

5.4.3 基于物联网的铁路信息共享方案设计

根据对铁路业务的业务流程、信息交互及服务链的分析，以系统综合集成模型和集成框架为指导，以物联网技术为支撑，综合运用系统集成的方法及相关技术，结合铁路运输业务的运行需要，提出基于物联网的铁路信息系统集成与信息共享方案，如图5-5所示。

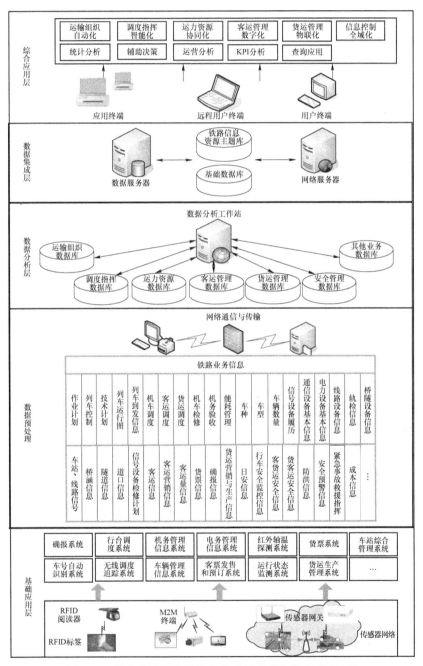

图 5-5 基于物联网的铁路信息系统集成与信息共享方案

1. 基础应用层

借助分布在铁路各处的智能感知终端，通过物联网先进的感知技术及无处不在的泛在网络，对储存在标签中的信息进行解析、获取各业务系统基础应用后，形成原始铁路运输生产基础数据。

2. 数据预处理

从基础应用层采集到的海量基础数据与信息，需要进行简单的预处理，并借助先进的网络通信技术，将其传递至数据分析工作站。

3. 数据分析层

对已获取的海量铁路运输生产基础数据进行简单的预处理后，将其传递至数据分析工作站，并按一定的标准对海量信息进行封装与归类，形成围绕铁路业务的多个主题数据库。

4. 数据集成层

在数据集成层，借助物联网提供的统一标准，实现各铁路业务数据库的集成，形成铁路信息资源主题库，实现铁路各业务之间信息的整合与互操作。针对原始铁路信息点对点共享模式灵活性差的问题，为上层铁路各业务信息的综合应用提供统一的应用标准与接口，满足铁路业务应用信息共享需求。

5. 综合应用层

最顶层为综合应用层，在物联网环境下，通过智能化应用终端或用户终端实现运输组织体系的统计分析、辅助决策等综合系统功能，既满足用户的多层次操作需求，也完成整个铁路信息系统的综合集成，实现铁路各应用系统及各业务之间的信息共享，提高铁路业务运作效率。

本 章 小 结

本章通过对铁路信息共享现状及问题分析，结合铁路物联网技术特点，提出了物联网环境下铁路信息共享的内涵及本质。围绕铁路信息共享目标，遵循特定的共享原则，对物联网环境下铁路信息共享机制构成进行研究，提出了包括信息资源整合机制、增值机制、标准机制、保障机制、安全机制、协同机制等铁路信息共享机制。通过对铁路运输系统综合集成过程分析，研究了铁路信息共享技术与方法，设计了铁路信息系统集成与信息共享方案，为实现铁路业务及系统的信息共享与协同工作提供技术保障，提高铁路运输生产效率。

本章习题

1. 简述铁路信息共享现状与存在的问题。
2. 简述铁路信息共享的本质与内涵。

3. 简述铁路信息共享的原则与目标。
4. 论述铁路信息共享机制的构成。
5. 试对铁路信息系统综合集成过程进行分析。
6. 简述铁路信息整合与共享技术及方法。
7. 简述基于物联网的铁路信息系统集成与信息共享方案设计内容。

第 6 章

基于物联网的铁路信息技术体系研究

铁路信息化的发展水平取决于铁路信息技术在铁路领域的应用程度,在物联网环境下开展铁路信息技术体系研究,能够为大数据时代的铁路信息化平台构建提供理论支撑。

6.1 铁路信息技术

6.1.1 铁路信息技术概述

铁路信息技术是以计算机、通信技术为核心,主要用于管理和处理铁路业务信息的各项技术的总称,其旨在优化铁路业务作业流程,提高铁路运输生产效率与竞争力。铁路信息系统是以信息技术为技术支撑的人机系统,是信息技术在铁路业务中综合应用的表现,也是铁路信息化发展水平的直接体现。结合我国铁路的业务需求特点,利用铁路信息技术开发的相应的铁路信息系统,实现了我国铁路信息系统从小到大、从弱到强的历史性跨越。特别是TDCS、TMIS 等一系列信息系统的成功应用,使我国铁路在运输生产、经营管理等方面取得了巨大进步。铁路信息技术的应用大大加快了铁路运输生产信息的采集、传递及处理速度,同时也使铁路各项经营管理业务朝着可视化、透明化的方向发展。

1. 铁路信息技术的发展历程

按照计算机、通信技术在我国铁路领域应用的效果,可以将我国铁路信息技术的发展历程划分为五个阶段:技术探索阶段、网络基础设施建设阶段、规划试验阶段、专业应用阶段和信息融合与系统集成阶段,我国铁路信息技术发展曲线如图 6-1 所示。

第6章 基于物联网的铁路信息技术体系研究

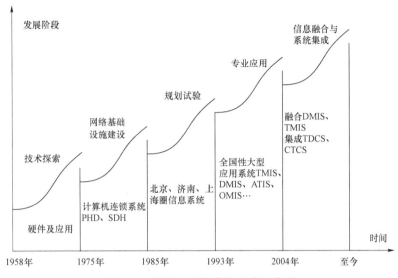

图6-1 我国铁路信息技术发展曲线

1)技术探索阶段(1958—1974年)

我国铁路使用计算机始于20世纪50年代末。随着我第一台通用数字电子计算机的研制成功,铁路单项部门初步应用计算机进行一些简单的单机电子数据处理,开启了技术计划编制、合理运输、运行图编制的研究工作。1965年,我国第一台大型晶体管计算机研制成功,标志着我国计算机技术又迈上一个新台阶,随后铁路开始尝试利用DJS-C-1型计算机完成旬、月统计报告,进行客货运输统计分析。

2)网络基础设施建设阶段(1975—1984年)

20世纪80年代,随着计算机的逻辑处理能力、可靠性和容错能力的不断提升,我国铁路相关部门成功研制出计算机联锁系统,标志着信息技术在我国铁路的应用有了重大突破。随着光纤技术的发展,通信技术取得了巨大的进步。铁路部门在原有铁路电话、通信网络的基础上,建设了以光纤传输为主的准同步数字体系(PDH)及同步数字体系(SDH)传输网,极大地拓展了传输带宽。

3)规划试验阶段(1985—1992年)

随着我国铁路计算机软、硬件及通信网等基础设施的不断完善,原铁道部决定在北京、济南、上海三个运量较大、基础设施较好的铁路局,建立由微处理机和终端组成的局级计算机网络联网的信息系统,以此为基础逐步向全国推广,形成全路的运营管理信息系统。

4)专业应用阶段(1993—2003年)

随着科学技术的发展,计算机和通信技术相互渗透、相互支撑、相互结合,产生了计算机网络,它能够在网络软件的支持下实现数据通信和资源的有效共享。计算机网络的出现,有力地促进了我国铁路信息技术的发展和应用,具体表现为我国建立了若干全国性大型应用系统,如TMIS、DMIS、ATIS、OMIS等信息系统。这一时期,信息技术的成功应用,大大提升了铁路相关部门在运输组织、经营管理方面的作业效率,智能决策水平显著提高。

5）信息融合与系统集成阶段（2004年至今）

随着计算机技术向超高速、超小型、平行处理、智能化的方向发展，信息技术融合程度不断提高，铁路对集成现有的信息系统，实现信息共享的需求日益强烈。2005年，在融合了DMIS和TMIS的基础上，综合集成了TDCS系统及以现代通信为特征的CTC系统等。当前铁路信息技术应用最迫切的任务是实现对既有信息系统的集成，并探索在信息系统层面的互操作。

2. 铁路信息技术发展面临的问题

随着铁路信息技术的不断更新，通过大力促进铁路信息技术与铁路业务的全面融合发展，我国铁路信息技术在规划、建设、运营、管理、控制、决策、服务等各个方面实现了智能化，使铁路运输不断地向数字化、自动化、信息化和智能化方向迈进，铁路客货运业务流程和业务管理得以进一步优化，达到了优化升级产业结构，转变铁路发展方式，加速实现现代化铁路的目标。

虽然信息技术的广泛应用使我国铁路信息化建设取得了长足的进步，为铁路大面积提速、客运专线的建设和铁路管理体制的改革提供了强有力的技术支撑和保障，但是目前铁路信息技术整体应用水平与发达国家相比还存在明显的差距，具体来说，铁路信息技术发展仍存在以下问题。

1）信息孤岛严重，资源难以共享

传统的铁路信息系统主要针对各部门自身的业务需求来实现，造成各部门的信息系统独立建设、自成体系、缺乏统一标准的现状。全路信息资源分割严重，信息孤岛大量存在，资源获取与可用性差，信息交换及共享十分困难。

2）业务流程固化，业务协同薄弱

目前，铁路系统各部门之间的业务应用无法很好地实现互联互通，铁路信息系统的技术实现滞后于业务变革，无形中制约和阻碍了业务协同与发展，这在很大程度上制约着铁路信息化水平的进一步提升。要实现业务协同，往往需要采用复杂的软件技术，并需要扩充、改造已有的应用系统才能完成，工程量较大，无法紧跟业务变革步伐。

3）铁路信息技术标准与规范尚不完善

信息系统的网络支撑环境尚不完善，铁路信息技术标准、编码规范等的制定严重滞后。建设铁路信息系统的各项前期准备和基础研究工作（如基础信息编码、系统安全性、信息共享方案等）还有待加强。

6.1.2 铁路信息技术构成

铁路信息技术从功能层次的角度划分为铁路信息基础技术、铁路信息主体作业技术、铁路信息协同与应用技术，以及铁路信息安全技术四个部分。

1. 铁路信息基础技术

铁路信息基础技术主要包括网络技术和电子技术，它是整个铁路信息技术的基础。其中，网络技术是以计算机技术为基础联合发展起来的，合称计算机网络技术；电子技术即研究电子器件、电子电路及其应用的技术，它是整个信息技术的关键支撑。

2. 铁路信息主体作业技术

依据对信息处理的流程，铁路信息主体作业技术可以分为铁路信息感知技术、铁路信息通信技术、铁路信息处理技术和铁路信息控制技术。铁路信息感知技术主要包括射频技术、传感器技术、可视化、车载信息检测等技术；铁路信息通信技术可以分为有线通信技术和无线通信技术两大类，有线通信技术包括快速和交换以太网（Ethernet）、光纤分布式数据接口（FDDI）、ATM 技术、光纤通信技术等，无线通信技术主要包括无线局域网、无线接入网、数字集群、无线列调等；铁路信息处理技术即利用计算机、通信等技术对铁路各业务环节产生的信息进行搜集、编码、压缩、展开等处理，形成高层次决策信息等手段的统称，其主要包括数据库、数据仓库、数据挖掘等技术；铁路信息控制技术主要包括自动控制、精确控制、智能控制、混成系统建模与仿真、系统仿真、自适应控制等技术。

3. 铁路信息协同与应用技术

铁路信息协同与应用技术主要包括铁路信息融合技术、铁路信息系统集成技术和云计算技术等。铁路信息融合技术是指研究多种铁路信息的获取、传输和处理的基本方法，信息间内在联系和运动规律的一门技术；铁路信息系统集成技术是根据铁路业务处理的需求，将硬件平台、网络设备、系统软件、工具软件及相应的应用软件等集成为具有良好性价比的系统的全过程；云计算技术包括数据中心管理、虚拟化、海量数据处理、资源管理与调度、QoS 保证、安全与隐私保护等若干关键技术，可以按需提供弹性资源。

4. 铁路信息安全技术

铁路信息安全技术是铁路信息系统安全、正常运行的基本保障，其主要包括数据安全技术、网络安全技术、信息系统安全技术等。数据安全技术主要包括防破坏和非法利用技术（如数据加密、认证、识别等）、灾害备份技术（如异地备份储存技术、分布式备份储存技术等），用以保证大量数据的完整性和有效性；网络安全技术主要包括防火墙技术、密码技术、数据签名技术及电子认证技术等，其主要致力于解决诸如如何有效地进行介入控制，以及如何保证数据传输的安全性的问题；信息系统安全技术主要用来解决系统自身的硬件、软件存在的缺陷和漏洞，消除系统的安全隐患，其主要包括操作系统安全技术、数据库系统安全技术、系统记录技术等。

6.1.3 铁路信息技术发展趋势

纵观信息技术在我国铁路领域的发展历程，从初期简单的单项业务应用到全路联网应用，由局部应用发展到整体铁路领域应用，信息技术在数据通信网、信息处理平台等铁路信息化基础设施及应用系统建设方面取得了丰硕成果。随着计算机技术和网络技术的更新换代，我国铁路信息技术将朝着以下几个方向发展。

1. 智能化

智能化即以传感网和信息平台为支撑，以智能计算、智能通信和智能控制为手段，在铁路系统的运输组织、客货营销、经营管理等领域，实现铁路信息化与铁路业务的全面融合，形成泛在感知、互联互通、智能处理的综合集成体系，从而为广大路内外用户提供快捷的智能服务，辅助铁路的日常作业及决策支持等，如运输方案的智能调整、机车自动导引、客货营销策略的动态制定等。

2. 集成化

集成化是将多个自治、异构的信息系统集成起来，提供标准的、模块化的、统一的系统，保障用户以透明、一致的方式来访问所需信息。集成化利于加速铁路信息系统的开发与设计，并且通过整合铁路信息资源，建成铁路信息共享平台，从而实现铁路信息资源共享，在一定程度上解决了信息孤岛问题，提高铁路管理水平和集中控制能力。

3. 物联化

物联化即通过物与物、物与人的信息交互，对物体进行全面感知、可靠传送和智能处理，实现智能化识别和管理。物联化可以对铁路运输生产过程中的铁路海量信息实现自动、快速、并行、实时、非接触式的处理，并通过铁路综合信息平台实现信息共享，消除信息孤岛和资源孤岛，从而达到对铁路全路信息的有效管理。

4. 一体化

一体化是指在铁路信息资源共享机制和信息系统集成的共同作用下，实现铁路信息的及时传递，进而实现铁路全路纵向、横向信息资源及 IT 基础设施一体化整合，加速铁路信息流、物流、资金流的流动，加强不同业务主体间的协同办公水平，提高铁路运输生产各业务环节运作绩效，改善客货运服务质量。

5. 标准化

标准化是系统间实现资源共享的前提，随着信息采集与通信手段的多样化，数据表示、数据库、网络通信、信息系统软硬件等方面的标准化，有助于提高铁路信息技术的整体可靠性、通用性。

6. 网络化

网络技术对铁路信息化有重大影响，使其朝着网络化方向发展。由于网络的普及，国铁集团、铁路局、基层站段及路外用户可以借助覆盖全国的通信网络实时共享信息，实现信息的互联互通。

7. 虚拟化

虚拟化即充分发挥云计算的技术优势，实现服务器、存储等设备和系统软件以及数据等信息资源的集中管理，提高信息和信息系统服务质量，提升铁路业务连续性，信息化基础设施安全性、可靠性的要求，减少铁路信息系统建设、运维投资，提高系统可维护性。

8. 多媒体化

在数字媒体技术与终端融合的发展前提下，综合处理音频视频、图形图像，以及与终端设备交互控制结合的多媒体技术，有助于实现人机信息动态、双向交互，实现列车的调度指挥、运行控制、安全管理等业务的可视化管理。

9. 平台化

操作系统、数据库、中间件和应用软件相互渗透，硬件与操作系统等软件整合集成，标志着铁路信息技术在向一体化软件平台方向演变。平台化可降低 IT 应用复杂度，适应铁路部门灵活部署、协同工作和旅客、货主的个性应用需求。

6.2 铁路信息系统演化分析

6.2.1 铁路信息系统分类

铁路信息系统是指以计算机和通信网络为基础，充分利用信息技术对铁路管理信息进行采集、存储、加工、检索、传输以及应用的人机信息系统。铁路信息系统的分类方式多种多样，从铁路信息系统处理的业务信息量大小研究铁路信息系统的演化过程，铁路信息系统可从以下两个角度进行分类。

1. 从系统输入输出的角度分类

铁路信息系统的功能特性、行为方式可以通过考察其输入、输出及其动态处理过程来进行定量或定性的认识。从系统输入和输出的角度对铁路信息系统进行分类，如图 6-2 所示。

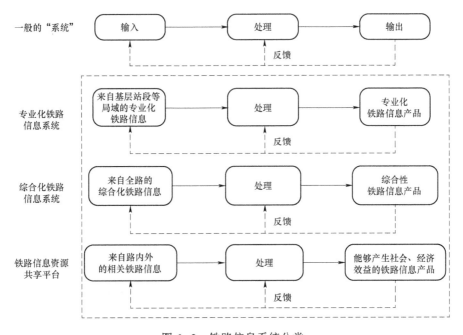

图 6-2　铁路信息系统分类

根据系统论观点，铁路信息系统可根据信息输入量大小划分为专业化铁路信息系统、综合化铁路信息系统和铁路信息资源共享平台三类。其中，专业化铁路信息系统的输入主要来自基层站段等局域的专业化铁路信息，输出为专业化铁路信息产品；综合化铁路信息系统的输入来自全路的综合化铁路信息，输出为综合性铁路信息产品；铁路信息资源共享平台的输入来自路内外的相关铁路信息，输出为能够产生社会、经济效益的铁路信息产品。三类铁路信息产品分别对各自的输入信息和信息系统本身有反馈作用。

2. 从铁路信息系统的演变历程角度分类

从铁路信息系统的演变历程角度，可将铁路信息系统分为简单系统和复杂系统两大类。其中，简单系统包括小型专业化铁路信息系统（如独立的计算机货票编制系统、车流预报系统等）和单体综合化铁路信息系统（单个部门使用的综合铁路信息系统，如工务、电务管理信息系统等）；复杂系统包括多元综合化铁路信息系统（全路性的综合铁路信息系统，如TDCS、CTC等）和复杂综合化铁路信息系统（行业/路内外用户使用的铁路信息资源共享平台）。

铁路信息系统还包括其他的分类方式。按管理决策的层次分为业务管理层、物联网应用层和决策支持平台层；按铁路应用的业务领域分为铁路运输组织信息系统、铁路客货营销信息系统和铁路经营管理信息系统等。

6.2.2 铁路信息系统演化动力

铁路信息系统（IS）是铁路信息技术在铁路业务中综合应用的表现，它随着铁路信息技术的发展而不断地更新演化。铁路信息系统演化不是偶然的、随机的、自发性的、单一因素驱使的，而是受不同驱动力综合作用的结果。驱动力按其在铁路信息系统演化中所属范围不同，可分为外部驱动力、内部驱动力以及内外协同驱动力。信息技术与铁路行业管理的有效供给是推进铁路信息系统演进的外部驱动力，铁路的业务需求是推进铁路信息系统演进的内部驱动力，铁路信息系统演进的方向和途径正是这两股力量均衡作用的结果，即不断地由低级向高级、由简单到复杂的信息系统形态演化。铁路信息系统演化动力模型如图6-3所示。

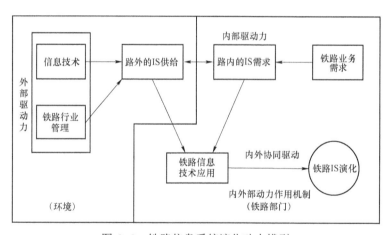

图6-3 铁路信息系统演化动力模型

1. 外部驱动力

铁路信息系统演化的外部驱动力反映了铁路发展环境对铁路信息化、智能化发展的要求和发展的机遇，主要包括信息技术、铁路行业管理等因素。其中，信息技术是推动铁路信息系统不断向前演进的最具活力的外部动力因素。

1）信息技术

从铁路信息系统建设历程来看，信息技术对铁路信息系统建设的推动作用不同于其他因素,既构成铁路信息系统的核心应用技术基础,是铁路信息系统的重要组成部分,又可以独立发展。以信息技术为代表的先进技术成为铁路发展环境中最具活力的技术因素,信息技术的革新和互联网的兴起,都在为铁路信息系统的演化提供强劲的动力。信息技术的重大变革促进铁路信息化的演化与扩散。如嵌入式系统的发明促进了铁路运输生产设备的自动化改造,大大提高了铁路运输生产的效率、运行质量以及可靠性;通信技术的发展特别是互联网技术又大大刺激了铁路信息化的需求,同时还大大拓展了铁路信息化的内容和范围。

2)铁路行业管理

铁路行业管理在铁路信息系统演化中扮演着重要角色。铁路信息系统发展的不同阶段,需要行业管理扮演不同角色,铁路行业管理随着铁路信息系统的发展不断调整其角色定位,推动铁路信息化向智能化方向迈进。铁路信息系统建设初期,在信息化基础设施建设方面,铁路行业管理所起的作用无可替代。当铁路信息系统发展到一定阶段时,铁路行业管理的作用主要集中在外部环境的塑造上,如信息化立法、财政、税收政策、培训与服务等。虽然不同时期铁路行业管理在铁路信息化中承担的角色要求不尽相同,但总体而言,铁路行业管理长期的职责便是为铁路的顺利发展塑造一个良好的信息化外部环境,从而促进我国铁路信息化的跨越式发展。

2. 内部驱动力

铁路业务需求即铁路的宗旨和使命驱使铁路加速智能化发展的需求。铁路业务需求主要包括铁路运输生产智能化需求、铁路运输安全智能化需求和铁路运输服务智能化需求等。

1)铁路运输生产智能化需求

铁路运输生产能力将向着客运高速、货运重载以及提高列车运行密度等方向发展,而铁路运输生产智能化是整合铁路运输资源、提高铁路运输效率的必要条件。铁路运输生产智能化通过利用人工智能和智能分析决策等技术,可以实现工务、机务、车辆、电务等相关运输资源的综合利用,以及列车编组计划、运输计划和运行图的自动化编制与调整,建立综合的调度管理系统和智能计划管理系统,进而达到高水平的信息共享与业务协作,提高铁路运输生产效率。

2)铁路运输安全智能化需求

随着列车运行速度的提高和运载重量的增加,对铁路运输安全提出了更高的要求。除了智能列控和调度指挥,必须能够动态掌握固定设备和移动设备的服役状态,实现安全监控的自动化,这需要不断扩大推广智能检测感知设备的部署以及安全监测信息网络,实现地对车、车对地、车对车、地对地全方位的实时协同检测监测,同时注重自然环境的变化的信息感知。这一切都离不开传感网络、智能诊断、智能图像识别、故障分析判断与报警等技术的广泛利用,必须在可靠的且泛在互联的信息网络支撑下才能实现。

3)铁路运输服务智能化需求

随着整个社会向服务型社会、信息社会转变,对铁路运输服务提出了更高的要求。铁路需充分利用信息化优势,打造一个多方式、多渠道、全方位的营销策略和服务平台,满足旅客及货主个性化、多样化的运输服务需求。这些服务主要包括多种方式、多种支付手段的客票发售和货运办理、旅行全程智能导航和信息互动服务、旅行与社会经济服务的紧密衔接、货物全程状态追踪,以及融入综合运输服务体系实现无缝换乘和门到门的客货运服务等。而实现这些优质服务，并非仅靠增加人力和既有设备能够实现的，离不开先进的智能设备、信息技术的支持。

铁路业务需求是铁路信息系统演化的内部驱动力，也是根本驱动力。铁路信息系统因铁路业务需求而诞生，铁路业务需求又促进铁路信息系统的发展。业务需求不仅是推动铁路信息系统创新和演进的源泉，也是把信息系统用于运输组织生产的动力。从铁路信息系统本身的社会属性来看，铁路运输不仅向铁路信息系统提出广泛的、多样化的铁路业务需求，而且也为铁路信息系统的社会存在提供了客观条件，从而规定了一定时期内铁路信息系统发展的规模、速度和整个体系中各类信息系统优先发展的序列。铁路业务需求促进了铁路信息系统的演进，铁路信息系统进步促进了铁路运输效率的提高，铁路运输效率的提高又导致新一轮的铁路信息系统演化发展。

3. 内外协同驱动力

铁路庞大的客货运业务需求刺激了铁路全路对信息系统的需求，而铁路信息系统正是针对铁路庞大的业务需求所做出的基于信息技术的解决方案。当铁路路内的信息系统需求依赖于信息技术及行业管理的力量加以解决，路外的信息系统供给有助于满足这种需求时，铁路部门就会产生应用信息技术的意图，进而产生实施应用信息技术的行为，其结果促进了铁路信息系统的演化。

铁路路内的信息系统需求和路外的信息系统供给共同作用促进了铁路信息系统的演进，二者缺一不可。一方面，如果铁路有路内信息系统需求而没有路外信息系统供给，路内信息系统需求得不到满足，犹如无水之木，铁路部门信息技术采纳行为则无从进行；另一方面，如果只有路外的信息系统供给而没有路内的信息系统需求，铁路部门对信息技术视而不见，纵使外界信息技术飞速发展，铁路部门也不会加以应用，信息系统就得不到演进。可见，只有路内的信息系统需求和路外的信息系统供给同时出现，铁路部门才能够应用信息技术。因此，在信息系统演进过程中，并不是某一种力量单独作用的结果，而是内外两种力量协同驱动的结果。

6.2.3 基于相图的铁路信息系统演化途径

信息系统演化是信息系统随着内外部环境的改变，产生持续的渐变和突变——从简单到完善，从幼稚到成熟，从低级到高级的发展过程。以下从二维铁路信息系统相图的建立对铁路信息系统的演化途径进行说明，明确铁路信息系统演化的基本方式和基本方向，为后文构建基于物联网的铁路信息平台奠定理论基础。

1. 相图基本理论

在系统科学中，相变被引申为自组织过程中某种状态的转变，即系统在演化过程中由于微观层次的重新组织而形成的宏观层次的状态变化。相变的具体机制可能多种多样，各种相变的相似之处，远远超过它们之间的差异。

以系统的状态参量为变量建立坐标系，其中的点代表系统的一个平衡状态，称为相点，这样的图称为相图，又称相态图、相平衡状态图。相图可以较为明晰地展现出各种不同的相，并有助于对相变过程的分析。

2. 二维铁路信息系统相图的描述

根据相图基本理论,从系统输入输出角度的分类来看,铁路信息系统有着复杂的作用边界和具体形态。这种边界和形态上的差异,类似于物质系统中"相态"的变化,可以利用相图来进行描述,这里相图所描绘的"相"或"状态"就是铁路信息系统的类型,它们是信息技术应用于铁路领域产生的各种能够进行铁路信息收集和处理的信息系统。

用二维铁路信息系统相图来描述铁路信息系统类型时,相图的两个坐标轴分别代表状态参量(铁路行业的序参量——铁路信息量)与状态函数(铁路信息系统产生的社会–经济效益),如图6-4所示。

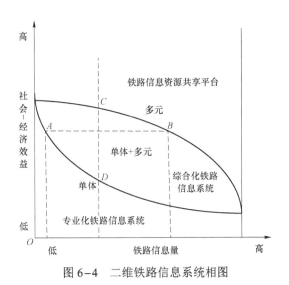

图6-4 二维铁路信息系统相图

1)铁路信息量

不同类型的铁路信息系统对于铁路信息量的要求是不同的,从铁路信息技术发展的历程来看,当铁路信息系统处于显著的专业化分工状态时,其所要提供的铁路信息产品具有专业化的特点(车流状态信息、机车使用状况信息等),此时铁路信息系统需要收集的原始信息可以仅局限在一个站段、一个小的地理空间,输入铁路信息系统的铁路信息量相对较小;当铁路信息系统处于综合化的发展状态时,其需要具备提供全方位、综合性铁路信息服务产品的能力,此时铁路信息系统有较大的地理空间范围——铁路局级收集大量的原始铁路信息,铁路信息量相对较大;当铁路信息系统进一步复杂化,面向行业或路内外整合铁路信息资源时,其产生的社会–经济效益显著提高,从总体上看,其所需要的原始铁路信息量应远大于同区域范围内专业化铁路信息系统对铁路信息的需求量。

2)社会–经济效益

社会–经济效益是铁路信息系统被构建和得以发展的驱动力。从社会–经济效益角度来看,当铁路信息系统处于显著的专业化分工状态时,铁路信息系统的社会–经济效益发挥程度较低;当铁路信息系统处于综合化发展状态时,铁路信息系统的社会–经济效益大幅度提升,铁路信息系统集成应用的需求日益强烈,促使铁路信息系统向集成化方向演化;当铁路信息系统要提供公共信息服务产品时,促使铁路相关部门向服务性的组织演变,实现政企分开、网运分离的运营组织模式，发挥铁路在综合运输体系中的潜在优势，为社会经济的高速发展提供保障。

3）铁路信息量与社会-经济效益的关系

如图 6-4 所示，*AB* 直线表示当铁路信息系统在产生相同的社会-经济效益时，随着铁路业务需求的不断变化，不同规模的铁路信息系统所需的信息量不同，即铁路信息量由站段局部信息逐步发展为涉及全局、全路甚至是路内外的全域信息，信息系统利用信息的广度显著增加；*CD* 直线表示当输入铁路信息系统的信息量一定时，由专业化铁路信息系统到综合化铁路信息系统、再到铁路信息资源共享平台产生的社会-经济效益呈递增趋势，即实现了信息资源的有效利用和增值。

3. 基于相图的铁路信息系统演化途径

根据相图相关理论，铁路信息系统在外部驱动力（信息技术、铁路行业管理等）和内部驱动力（业务需求）的双重驱动作用下，遵循分步建设与总体规划并举的原则，实现铁路信息系统由简单到复杂的过程演化，基于相图的铁路信息系统演化途径示意图如图 6-5 所示。铁路信息系统演化途径进一步指明了铁路信息系统演化的主要动力、基本方式和根本途径。

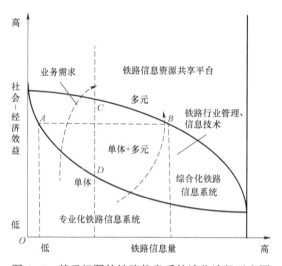

图 6-5 基于相图的铁路信息系统演化途径示意图

在基于相图的铁路信息系统演化途径中，一方面，在各项业务需求的推动下，分阶段、分步骤地建设满足当前业务需求的信息系统，实现铁路信息系统由低级到高级、由简单到复杂的演化进程；另一方面，在以计算机、通信技术为核心的信息技术的辅助下，强化行业管理对铁路信息系统发展注入强大推动力，注重铁路信息系统顶层的设计与规划，加速铁路信息资源的整合与共享，实现铁路信息化的快速、有序、可持续发展。

6.2.4 基于组织管理的铁路信息系统发展阶段

结合铁路信息系统演化过程，从组织管理层次（操作层、战术层和战略层）将铁路信息系统发展阶段分为效率提升、流程优化、战略融合三个阶段，如图 6-6 所示。

第6章 基于物联网的铁路信息技术体系研究

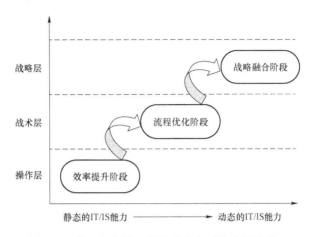

图6-6 基于组织管理的铁路信息系统发展阶段

1. 效率提升阶段

此阶段铁路信息化发展的重要目标是通过信息技术,提高铁路各个部门的专业生产、经营管理活动的效率,增强各个环节的生产安全,实现各部门运输资源的充分合理化应用。此阶段属于信息化范畴的数字化、网络化(局部)和工业化范畴的自动化(个体)的建设。

2. 流程优化阶段

此阶段铁路信息化发展更加注重网络的建设、信息资源的管理,并促进不同业务部门之间的资源整合与业务协同,使铁路各部门从局部网络化向整体网络化转变,从个体自动化向整体协作转变。在此阶段的信息化建设中信息资源的重要地位逐渐体现,业务流程不断被规范,信息技术与服务的标准逐渐完善。

3. 战略融合阶段

此阶段铁路信息化发展侧重于与业务全面整合,打破"工业化大生产"的行业划分,在信息化的支撑下铁路部门及相关企业形成一个虚拟化的整体,即以铁路信息资源共享平台为支撑,便于铁路高层主体的战略决策以及对全域铁路活动全面监督、协调。此阶段信息化范畴的数字化、网络化与工业化范畴的自动化融为一体,铁路企业形成可持续发展的智能化发展态势。

6.3 物联网环境下铁路信息系统建设与规划研究

6.3.1 铁路信息系统建设与规划现状

我国铁路信息系统经过多年的研究和尝试,目前已初步形成了较为完整的铁路运输组织、列车运行控制的理论和方法体系。在此基础上,我国制定了铁路信息系统长期发展总体规划,以实现调度指挥智能化、客货营销社会化、经营管理现代化的宏伟战略目标,我国铁路信息系统建设与规划方案如图6-7所示。

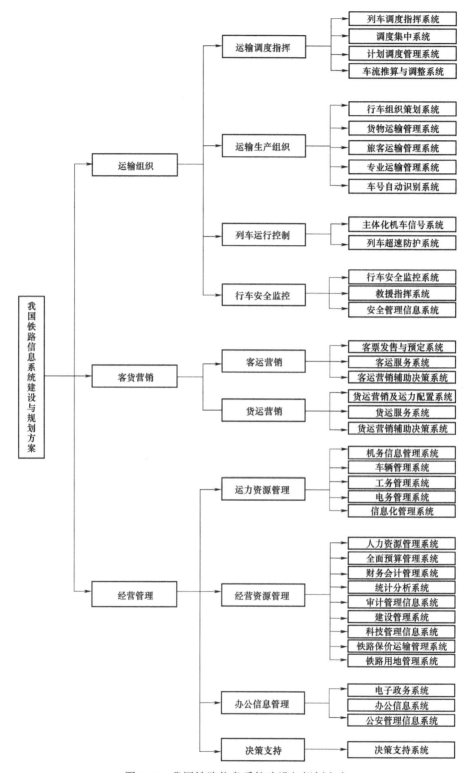

图 6-7 我国铁路信息系统建设与规划方案

从图 6-7 可以看出，我国铁路信息化建设主要以运输组织、客货营销和经营管理三个方面为重点展开。其中，运输组织主要包括运输调度指挥、运输生产组织、列车运行控制和行车安全监控四个方面；客货营销主要包括客运营销和货运营销两个方面；经营管理主要包括运力资源管理、经营资源管理、办公信息管理和决策支持四个方面。其中，运输生产组织中行车组织策划系统、专业运输管理系统以及经营资源管理中的铁路保价运输管理系统到目前为止还未建成，其余的系统均已建成。

6.3.2 物联网环境下铁路信息系统建设与规划方案

根据物联网技术的功能特点，结合我国铁路信息系统建设与规划现状及铁路信息化对物联网的技术需求，物联网环境下铁路信息系统建设与规划方案，如表 6-1 所示。

表 6-1 物联网环境下铁路信息系统建设与规划方案

运输组织自动化	行车组织自动化系统
	客运组织自动化系统
	货运组织自动化系统
调度指挥智能化	计划调度智能化系统
	列车调度智能化系统
	机车调度智能化系统
	客运调度智能化系统
	货运调度智能化系统
运力资源协同化	机务管理系统
	工务管理系统
	电务管理系统
	车辆管理系统
	信息资源管理系统
客运管理数字化	客票发售数字化系统
	客流组织自动化系统
	客运服务优质化系统
	客运营销现代化系统
	客运信息管理数字化系统
货运管理物联化	货流组织自动化系统
	货运营销现代化系统
	编组计划智能编制系统
	货运信息管理数字化系统
	货运计划编制智能化系统

续表

安全管理一体化	日常安全管理系统 行车安全管理系统 安全预警管理系统 救援指挥管理系统 客货运安全管理系统
信息控制全域化	信息管理数字化系统 信息集成自动化系统 信息共享全域化系统 综合信息平台

由表 6-1 可以看出，基于物联网的铁路信息系统规划方案主要包括运输组织自动化、调度指挥智能化、运力资源协同化、客运管理数字化、货运管理物联化、安全管理一体化和信息控制全域化等构成。

运输组织自动化主要包括行车组织自动化系统、客运组织自动化系统和货运组织自动化系统等；调度指挥智能化主要由计划调度智能化系统、列车调度智能化系统、机车调度智能化系统、客运调度智能化系统和货运调度智能化系统等构成；运力资源协同化主要是在机务管理系统、工务管理系统、电务管理系统、车辆管理系统和信息资源管理系统等协同运作的基础上实现；客运管理数字化包括客票发售数字化系统、客流组织自动化系统、客运服务优质化系统、客运营销现代化系统和客运信息管理数字化系统等；货运管理物联化主要包括货流组织自动化系统、货运营销现代化系统、编组计划智能编制系统、货运信息管理数字化系统、货运计划编制智能化系统等；安全管理一体化包括日常安全管理系统、行车安全管理系统、安全预警管理系统、救援指挥管理系统和客货运安全管理系统等；信息控制全域化由信息管理数字化系统、信息集成自动化系统、信息共享全域化系统和综合信息平台构成。

6.4 基于物联网的铁路信息技术体系框架

物联网技术可覆盖现代铁路运输生产的全过程，实现对运行列车及货物的实时监控、跟踪和定位，提高铁路业务的整体管理水平，并且为铁路相关部门提供有效的智能决策支持，提高客户满意程度，提升整个铁路行业的服务水平。

基于物联网的铁路信息技术体系框架由技术标准和五个基本层次构成，如图 6-8 所示。技术标准包括数据管理标准、用户接口标准、信息交互标准、操作系统标准和数据传输标准；五个基本层次自底向顶可划分为信息感知层、业务管理层、物联网应用层、决策支持平台层和行业服务应用层。

第 6 章 基于物联网的铁路信息技术体系研究

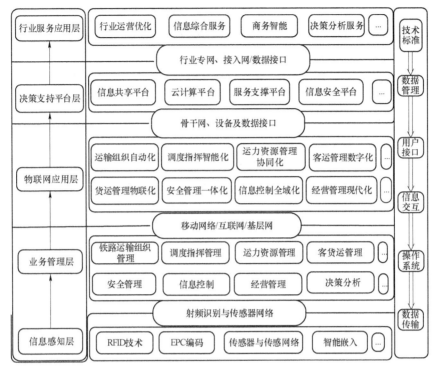

图 6-8 基于物联网的铁路信息技术体系框架

6.4.1 信息感知层

在信息感知层中,运用物联网中感知技术、编码技术、传感器与传感网络技术、智能嵌入技术等,能够对铁路运输组织、调度指挥、客货运管理、安全管理等资源进行有效的管理。如通过对铁路移动设备(列车、机车等)的运行速度、位置等状态信息进行全方位、立体化采集,实现对移动设备的动态追踪管理,还可以对固定设施如轨道、车站和信号设备等的服役状态进行全天候监控,从而保障列车途中运行安全,实现资源利用效率最大化。

6.4.2 业务管理层

业务管理层基本涵盖了铁路运输组织管理、调度指挥管理、运力资源管理、客货运管理、安全管理和信息控制铁路六大核心业务,以及经营管理、决策分析、统计分析等辅助业务。无论是铁路核心业务管理、辅助业务管理还是增值业务管理水平的提高,都需要物联网利用其信息感知、可靠传输和智能处理的能力提供强有力支撑。物联网技术在业务管理层的应用,将有效提高铁路运输效率和作业质量,为可视化运输提供基础数据和技术资料,最终减少铁路运营成本,提高运输生产效率,提升铁路服务水平。

6.4.3 物联网应用层

物联网在铁路领域的广泛应用,拓宽了铁路信息采集的广度和深度,实现了对铁路海量信息的全域化控制,消除了铁路各业务间的信息孤岛和资源孤岛,为铁路综合信息平台的搭建创造了基础条件,进而实现了以运输组织自动化、调度指挥智能化、运力资源管理协同化、客运管理数字化、货运管理物联化、安全控制一体化、信息控制全域化、经营管理现代化为核心的铁路智能运输服务体系,极大地改善了铁路的运输效率和服务水平。

6.4.4 决策支持平台层

决策支持平台层借助信息共享平台获取全路海量信息资源,包括路内(国铁集团、铁路局、基层站段)产生的作业及计划信息,路外(旅客、货主等)产生的需求信息等。通过服务支撑平台和云计算平台等对信息资源进行数据压缩、转换和数据挖掘等处理,为铁路部门相关决策提供支持,帮助行业决策者提高决策水平和质量。通过信息安全平台保障数据的安全,通过对客户关系的管理和业务交易平台的市场信息交互,帮助铁路部门分析市场行情,寻找拓展机会,辅助铁路部门做出明智的经营决策。铁路部门还将根据信息数据进行业务交易和综合信息的发布,服务整个铁路行业。

6.4.5 行业服务应用层

将应用物联网技术的铁路部门的数据资源,通过铁路系统专网接入行业服务应用层中,同时铁路行业通过制定统一的物联网应用标准规范,实现物联网技术在整个铁路行业的应用,如行业运营优化、信息综合服务、商务智能和决策分析服务等,并且为制定铁路行业的政策法规和发展战略等提供可靠依据。

信息感知层是基于物联网的铁路信息技术体系的末端神经,也是物联网技术在铁路的最底层应用,它能够为上层的业务管理层、物联网应用层和决策支持平台层等提供全面、准确、有效的信息资源;业务管理层利用相关信息技术将感知系统采集到的信息进行处理,从而缩短基础作业操控时间,提高铁路业务的管理水平,进而提高铁路运输生产效率;物联网应用层是在信息感知层和业务管理层的基础上,实现铁路运输组织的高效控制和智能管理;决策支持平台层是物联网技术应用的高级层面,主要通过对业务管理过程各种信息进行处理和分析,为相关铁路部门提供智能决策的依据。每个应用物联网技术的铁路部门的数据资源接入行业服务应用层中,实现铁路信息资源整合与共享,满足路内外多样化、个性化的业务需求。

本 章 小 结

本章对物联网环境下铁路信息技术体系进行了介绍,研究了铁路信息技术构成及发展趋势,对铁路信息系统分类以及铁路信息系统演化动力进行了详细分析。运用相图理论对铁路信息系统演化途径进行了分析,明确铁路信息系统演化的基本方式和基本方向,并从组织管理角度将铁路信息系统发展阶段划分为效率提升、流程优化、战略融合三个阶段。依据我国铁路信息系统建设现状与规划对物联网环境下铁路信息系统建设与规划方案进行了设计。最后构建了基于物联网的铁路信息技术体系,为物联网环境下铁路信息技术体系架构的研究提供理论支撑。

本章习题

1. 简述铁路信息技术的发展现状、发展趋势与构成。
2. 试从两个角度对铁路信息系统进行分类。
3. 试述铁路信息系统演化动力。
4. 试述基于相图的铁路信息系统演化途径。
5. 试述基于组织管理的铁路信息系统发展阶段。
6. 简述铁路信息系统建设与规划现状,并设计建设与规划方案。
7. 简述基于物联网的铁路信息技术体系框架。

第 7 章

基于物联网的铁路信息平台架构设计

基于物联网的铁路信息平台的构建将会有效地提高铁路运输的路内外信息资源整合与共享能力,实现铁路信息的高效传递与共享,有效改进铁路运输相关业务流程,实现业务流程的智能化和可视化管理。

7.1 基于物联网的铁路信息平台概述

基于物联网的铁路信息平台是在六大核心业务的信息化建设成果的基础上,运用物联网技术并结合 SOA 技术、Web Service 技术、企业应用集成(EAI)技术、中间件技术、数据挖掘技术、数据仓库技术,对铁路运输信息系统的综合集成,实现子系统的互联互通互操作,最终成为全域化的铁路信息服务平台,为铁路内部各层级使用者和路外相关用户提供全域化的信息服务。同时将物联网环境下的铁路信息平台技术应用于铁路运输组织、调度指挥、运力资源管理、客货运管理及安全管理等核心业务,实现运输组织自动化、调度指挥智能化、运力资源协同化、客运管理数字化、货运管理物联化及安全管理一体化,并且建立相关的应用标准与规范,从而提高铁路运输系统的效率和可靠性,提高铁路运输服务水平。通过加强铁路信息资源的集中管理和整合,实现铁路运输全域化信息控制管理,为铁路运输部门制定经营策略提供必要的和全面的信息资源,实现各部门的物联化、一体化、全域化和智能化的管理模式。

运用无线传感器网络技术实现运输过程中的铁路信息采集、铁路运输信息发布、铁路智能信号控制等;借助物联网的计算与服务技术实现铁路跨业务、跨部门、跨系统的信息协同、共享、互通和互操作的功能。通过基于物联网的铁路信息平台为铁路运输部门提供智能化决策支持,帮助运输部门实现智能决策。同时通过建立相应的平台技术标准与规范,对基于物联网的铁路信息平台进行统一管理。结合铁路运输核心业务流程的信息化成果，能够实现信息资源的管控和共享，从而达到全域化信息控制管理的目标，最终形成一个完善的智能化的铁路信息平台。

7.2 基于物联网的铁路信息平台体系架构技术

基于物联网的铁路信息平台是一个大型的分布式应用系统，该平台安全需求高、数据流关系复杂，必须针对物联网的技术特性，结合物联网环境下再造的铁路运输业务体系进行架构建设。铁路信息平台的架构技术需要解决平台内大量的异构系统之间高度集成的问题，并且实现异构硬件平台之间的互操作以及业务的可伸缩性。本节在前文研究的基础上，并结合平台建设的功能需求，对 SOA 技术、Web Service 技术、EAI 技术、中间件技术、数据技术及物联网技术等平台架构关键技术进行研究。

7.2.1 SOA 技术

面向服务的体系结构（service oriented architecture，SOA）是一个组件模型，它将应用程序的不同功能单元（称为服务）通过这些服务之间定义良好的接口和契约联系起来。接口是采用中立的方式进行定义的，它应该独立于实现服务的硬件体系、操作系统和编程语言。这使得构建在这样的系统中的服务可以一种统一和通用的方式进行交互。这种具有中立的接口定义（没有强制绑定到特定的实现上）的特征称为服务之间的松耦合。一个应用程序的业务逻辑或某些单独的功能被模块化并作为服务呈现给消费者或客户端，这些服务的关键是它们的松耦合特性。例如，服务的接口和实现相互独立。应用开发人员或者系统集成者可以通过组合一个或多个服务来构建应用，而无须理解服务的底层实现。举例来说，一个服务可以用 .NET 或 J2EE 来实现，而使用该服务的应用程序可以在不同的体系之上，使用的语言也可以不同。

SOA 不同于现有的分布式技术之处，在于大多数软件商接受它并可以实现 SOA 的体系或应用程序。SOA 伴随着无处不在的标准，为铁路企业的现有资产或投资带来了更好的重用性。SOA 能够在最新的和现有的应用之上创建应用；SOA 能够使客户或服务消费者免于受因服务实现的改变所带来的影响，SOA 能够升级单个服务或服务消费者而无须重写整个应用，也无须保留已经不再适用于新需求的现有系统。SOA 架构的主要优点如下。

（1）SOA 可通过互联网服务器发布，从而突破铁路运输部门内网的限制，实现与供应链上下游伙伴业务的紧密结合。通过 SOA 架构，部门可以与其业务伙伴直接建立新渠道，建立新伙伴的成本得以降低。

（2）SOA 与体系无关，减少了业务应用实现的限制。要将铁路运输部门的业务伙伴整合到企业的"大"业务系统中，对其业务伙伴具体采用什么技术没有限制。

（3）SOA 具有低耦合性特点，增加和减少业务伙伴对整个业务系统的影响较低。在铁路运输部门与各业务伙伴关系不断发生变化的情况下，节省的费用会越来越多。

（4）SOA 具有可按模块分阶段实施的优势。当运输部门业务发生缓慢变化并可预见到将来需要重构业务系统时，由于可以按模块分阶段逐步实施 SOA 以适应变化的需要，这样部门无须一次投入一大笔经费进行系统改造,而是可以根据部门业务发展情况和资金情况逐步投入,缓解了信息投入的压力。

目前,铁路信息综合服务平台上接入的是不同铁路运输部门不同种类的操作系统,而且物联网环境下的铁路信息平台需要接入更多新的应用系统和软件,在基于物联网的铁路信息平台建设过程中不同应用软件、系统软件和应用基础结构相互交织,一些现存的应用程序被用来处理当前的业务流程,因此从头建立一个新的基础环境是不可能的。铁路运输部门应该能对业务的变化做出快速的反应,利用对现有的应用程序和应用基础结构的投资来满足新的业务需求,为客户、商业伙伴以及供应商提供新的互动渠道,并呈现一个可以支持有机业务的构架。SOA凭借其松耦合的特性,使得运输部门可以按照模块化的方式来添加新服务或更新现有服务,为解决新的业务需要提供选择,从而可以通过不同的渠道提供服务,并可以把铁路运输部门现有的或已有的应用作为服务,保护了现有的基础设施建设投资。总而言之,SOA以借助现有的应用来组合产生新服务的敏捷方式,提供给铁路运输部门更好的灵活性来构建应用程序和业务流程。

7.2.2 Web Service 技术

Web Services 是可以通过 Web 描述、发布、定位和调用的模块化应用,它是一种构建应用程序的普通模型,并能在所有支持 Internet 通信的操作系统上实施运行。Web Services 可以执行任何功能,从简单的请求到复杂的业务过程。一旦 Web Services 被部署,其他的应用程序或者 Web Services 就能够发现并且调用这个部署的服务。.NET 和 J2EE 都可以很好地实现 Web Services。

Web Services 作为面向服务的软件开发的最佳实践具有以下特征。

(1) 标准。Web Services 的规范包括 SOAP、WSDL、UDDI、XML,以及其他一系列的标准,这些标准是每个 Web Services 实践必须要遵循的。目前绝大部分的 Web Services 产品都支持这些标准。

(2) 松散的耦合。服务请求者到服务提供者的绑定与服务之间是松耦合的。将服务使用者和服务提供者在服务实现和客户如何使用服务方面隔离开来,这使得服务能够在完全不影响服务使用者的情况下进行修改。

(3) 互操作。每个 Web Services 产品之间的互操作在很大程度上决定了 Web Services 的成败,因此网络服务协同组织(WS-I)为 Web Services 互操作制定了标准以及测试包。

(4) 基于中间件。Web Services 的大部分产品都基于某个中间件产品,因此可以把遗留应用中的功能组件包装成服务。这样可以基本保证现有的投资不至于浪费。

从本质上说,SOA 是一种架构模式,而 Web Services 是利用一组标准实现的服务。Web Services 是实现 SOA 的方式之一。因此用 Web Services 来实现 SOA 可以实现通过一个中立体系来获得服务,而且随着越来越多的软件商支持越来越多的 Web Services 规范,将会取得更好的通用性。

用 Web Services 技术可以方便地集成铁路行业的异构系统,在不需要对原有系统进行修改、不影响原有系统功能的情况下,在原有系统的基础上加上一个 SOAP 接口,就可以将现有的、用于不同技术实现的系统互联起来,提供相互的数据交流和访问操作。在面向铁路的信息集成过程中,原有的 Web Services 可以通过集成体系集成进来,也可以由集成体系提供新的 Web Services 供用户使用。在铁路运输部门内部可以将 Web Services 技术应用于 RFID 系统，例如，配送部门可以在物品的信息与仓储部门使用 RFID 技术所核算的内容不一致的情况下，通过 Web Services 接口询问供应部门并进行核对。

7.2.3 EAI 技术

EAI（enterprise application integration）是将基于不同体系、用不同方案建立的异构应用集成的一种方法和技术。EAI 通过建立底层结构，来联系横贯整个铁路运输部门的异构系统、应用、数据源等，完成在铁路运输部门内部的 ERP、CRM、SCM、数据库、数据仓库，以及其他重要的内部系统之间无缝地共享和交换数据的需要。有了 EAI，部门就可以将部门核心应用和新的 Internet 解决方案结合在一起。EAI（企业应用集成）将进程、软件、标准和硬件联合起来，在两个或更多的铁路企业系统之间实现无缝集成，使它们就像一个整体一样。尽管 EAI 常常表现为对一个商业实体（例如一家公司）的信息系统进行业务应用集成，但当在多个企业系统之间进行交易时，EAI 也表现为在不同商业实体之间的信息系统集成，例如 B2B 的电子商务。

EAI 包括的内容很复杂，涉及结构、硬件、软件以及流程等部门系统的各个层面。

1. 业务过程集成

当对业务过程进行集成的时候，铁路部门必须在各业务系统中定义、授权和管理各种业务信息，以便改进操作，减少成本，提高响应速度。业务过程集成包括业务管理、进程模拟以及综合任务、流程、组织和进出信息的工作流，还包括业务处理中每步都需要的工具。

2. 应用集成

这是指为两个应用中的数据和函数提供接近实时的集成。在一些 B2B 集成中用来实现 CRM 系统与企业后端应用和 Web 的集成，构建能够充分利用多个业务系统资源的电子商务网站。

3. 数据集成

为了完成应用集成和业务过程集成，必须首先解决数据和数据库的集成问题。在集成之前，必须首先对数据进行标识，并编成目录，还要确定元数据模型。这三步完成以后，数据才能在数据库系统中分布和共享。

4. 集成的标准

要实现完全的数据集成，必须首先选择数据的标准格式。集成的标准化促成了信息和业务数据的共享和分布，构成了铁路应用集成的核心，包括 COM+/DCOM、CORBA、EDI、JavaRMI 和 XML。

5. 体系集成

要实现系统的集成，底层的结构、软件、硬件以及异构网络的特殊需求都必须得到集成。体系集成处理一些过程和工具，以保证这些系统进行快速安全的通信。

7.2.4 中间件技术

中间件技术是 20 世纪 90 年代发展起来的一种专业化程度高、开发效率高的软件开发生产方式，也是软件技术未来发展的一个趋势，其意义在于改变传统的生产与部署方式，从个别生产发展到基于构件的标准化分工协作，从而在根本上提高了软件生产的效率和质量，提高了大型软件系统尤其是商用系统的部署效率与实施成功率。因此，中间件正是构件化软件的一种表现形式，它对典型的应用模式进行抽象，应用软件制造者可以基于标准的中间件进行二次开发，这种操作方式其实就是软件构件化的具体实现。可见，中间件是分布式计算机系统中集成各个组成的软件黏合剂。总之，中间件是在操作系统之上建立的一套完整的服务，并为应用提供高层的抽象机制，它具有以下一些关键特性：

（1）屏蔽软、硬件体系的异构性；
（2）使得所构造的分布式系统具有可伸缩性；
（3）为最终用户提供一定程度的分布式透明性；
（4）改善应用系统的服务质量；
（5）提高系统的可用性；
（6）提高系统的可靠性；
（7）增强系统的性能；
（8）增加系统的可维护性；
（9）增加用户的友好性。

中间件的优势已经在众多的IT应用中得到了体现。对于铁路运输的用户来说，随着对各种已有应用的不断扩充和新应用的不断增加，当铁路企业IT部门面临诸如不同硬件体系、不同网络环境、不同数据库之间的互操作，多种应用模式并存，系统效率过低，传输不可靠，数据加密，开发周期过长等问题时，单纯依赖传统的系统软件或工具软件提供的功能已经不能满足新的要求。利用中间件技术，使得用户可以通过一种简洁、方便的工具体系，使企业的计算系统开发、部署与管理变得更加轻松和便捷。因此，中间件已经在信息技术应用中发挥出不可替代的承上启下的作用，常见的中间件架构示意图如图7-1所示。

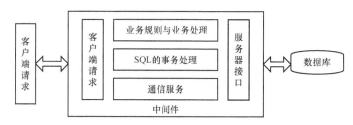

图7-1 中间件架构示意图

中间件不仅仅是一个实际的软件产品，而且包含了一组标准或技术。一般地，中间件产品可以从不同的角度进行分类，例如，从功能上可以分为数据/消息中间件、从应用上可以分为领域应用中间件以及与设备相关的嵌入式中间件等。从众多的中间件分类中可以看出，通信和事务处理中间件是中间件层次划分中最为基本的中间件，它们在网络协议的支持下，为高层的应用提供基础服务。因此，可根据功能将中间件细分为以下几类：通信处理中间件、事务处理中间件、数据存取中间件、分布式对象中间件、安全中间件、网络服务中间件、专用体系中间件等。

物联网环境下的铁路信息平台是一种基于分布式处理的软件应用，因此，中间件在应用终端和服务器端发挥了重要的作用，并扮演了RFID硬件和一个用户程序之间的桥梁角色，从而成为物联网应用解决方案的中枢。基于物联网的铁路信息平台中所需要应用的中间件技术主要包括部门集成应用（EAI）中间件、无线应用中间件（如RFID中间件）、自适应中间件和嵌入式中间件等，其中 RFID 中间件是进行物联网铁路信息体系建设的基础，是必不可少的体系架构关键技术。

RFID 中间件将部门级中间件技术延伸到 RFID 领域，由于 RFID 中间件屏蔽了 RFID 设备的多样性和复杂性，能够为后台业务系统提供强大的支撑，从而可以驱动更为广泛的、更为丰富的 RFID 应用。具体地讲，RFID 中间件是一种面向消息的中间件（message-oriented middleware，MOM），RFID 相关数据是以消息的形式，从一个程序以异步（asynchronous）的方式传送到另一个或多个程序。RFID 中间件包含的功能不仅是传递信息，还包括安全性、错误恢复、解译数据、数据缓存、数据广播、定位网络资源等高级服务。

7.2.5 数据技术

1. 数据挖掘技术

数据挖掘（data mining），又称数据采掘、数据开采，相近的术语有 KDD（数据库知识发现）、数据分析、数据融合、决策支持等。数据挖掘是从大量的、不完全的、有噪声的、模糊的、随机的数据中提取隐含在其中的、人们事先不知道的，但又是潜在有用的信息和知识的过程。数据挖掘技术包括：①决策树方法；②关联规则；③聚类分析；④统计学习。

数据挖掘算法的选择是平台搭建的关键。目前成熟的数据挖掘算法有人工神经网络、关联规则挖掘、遗传算法、决策树、邻近搜索方法、分类、聚类、序列模式发现、异常与趋势发现、规则推理、模糊逻辑等。其中关联规则挖掘在电信、金融、气象分析、地质分析等商业领域已经得到成功应用，是目前数据挖掘技术中最成熟、最重要、最活跃的一种算法。对铁路运输信息这种数据量非常大而最大频繁项集相对较小的数据挖掘处理而言，可以选用以 AprioHybro 算法为代表的层次算法作为数据挖掘算法。采用这种算法可以从采集来的海量数据中最大限度地提取有用的知识。

数据挖掘过程一般需要经历确定挖掘对象、准备数据、建立模型、数据挖掘、结果分析与知识应用等几个阶段，数据从业务对象中提取，实现由源数据—集成数据—目标数据—预处理数据—商业模式—知识—应用方案的演变过程，如图 7-2 所示。这些阶段在具体实施

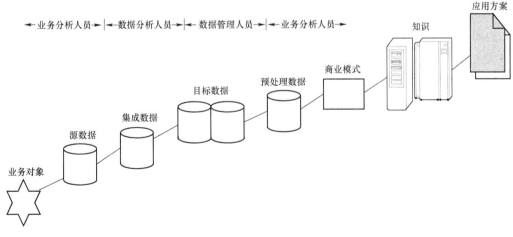

图 7-2 数据挖掘过程

中可能需要重复多次，其中准备数据工作直接影响数据挖掘的效率、准确度和最终模式的有效性；数据挖掘过程是整个技术的难点和重点，主要涉及模式模型和挖掘算法的选择，其中算法选择又是关键。数据挖掘主要是依据目标选取相应的算法参数，分析数据，从而得到可以形成知识的模式模型。为完成这几个阶段的任务，需要不同专业人员参与其中，这些专业人员主要是业务分析人员、数据分析人员和数据管理人员。

基于铁路系统每天产生的海量信息及信息处理的复杂多样性，有必要利用数据挖掘技术从这些海量信息中有效而可靠地提取具有决策价值的信息。如可以利用铁路货票库中存储的海量货运数据，并根据货主对铁路贡献程度的大小，从数据挖掘的角度对铁路货运客户进行有效的细分。采用数据挖掘技术搭建的基于物联网的铁路信息平台能够以数据流为纽带、以电子化为手段、以业务流程优化为基础，有效地对铁路运输物流传统业务与新型业务进行整合，实现业务系统的高度集成；采用数据挖掘技术搭建的基于物联网的铁路信息平台通过选用优秀的数据挖掘算法、数据备份机制与转移机制，以及采用层结构等技术措施，可以使信息查询速度得到大幅度的提升；同时，利用不同技术跨平台的数据库接口，能够实现对不同业务个性化数据的集成和综合。

2. 数据仓库技术

数据仓库是一个面向主题的、集成的、时变（不同时间）的、相对稳定的数据集合，用于支持管理决策。数据仓库具有以下特点。

1）面向主题性

主题从根本上讲是一个抽象的概念，它是把企业信息系统中某一分析对象的数据在较高层次上整合、归类后进行分析利用的抽象。主题的抽取是按照分析的要求来确定的。数据在进入数据仓库之前必须要经过加工与集成，将原始数据结构做一个从面向应用到面向主题的大转变。

2）集成性

数据仓库中的数据是把原来分散的各个子系统中的数据，经过抽取、清理、转换后加载到数据仓库中的。应该说数据仓库是对源数据的增值和统一。

3）时变性

数据仓库随着时间的变化要不断增加新的内容，同时也要随着时间变化删除长期不被使用的陈旧内容。

4）相对稳定性

数据仓库虽然随时间变化，但它是相当稳定的，这种稳定性指的是数据仓库的数据主要供决策人员决策之用，决策人员主要是进行数据查询，一般不修改数据。某个数据进入数据仓库后，一般情况下会被长期保留，经过一定的时间，当前数据就被按一定的方法转换成历史数据。由系统管理员或者系统自动将时间长且查询率低的数据从数据仓库脱离到廉价慢速的设备上，并从数据仓库中删除不再有用的数据。

铁路部门信息复杂多样，现有的铁路信息系统结构也各自迥异，每个信息系统都拥有多个数据库。在如此众多的数据库上直接进行共享检索和查询是难以实现的，这需要去了解众多数据库的结构，而且还要面对这些数据库随时可能发生的结构变化，以及随时可能出现新数据库的情况。同时，要得到决策支持信息就必须使用大量的历史数据，因此在货运站已有的各个数据系统的基础上建立用于货运站决策的数据仓库，将数据仓库与数据挖掘技术应用于货运站管理，可以辅助货运站管理的决策。

7.2.6 物联网技术

物联网是各种信息传感设备及系统通过各种接入网与互联网结合起来的巨大的智能网络,实现了人与物的沟通和对话及物与物的连接和交互。物联网融合了计算机、半导体、网络、通信、光学、微机械等各种技术和功能,可用于实现一个完全可交互的、可反馈的网络环境的搭建,因此物联网技术在铁路信息平台构建时不可或缺。

物联网相关技术主要包括物联网系统信息服务技术、物联网名称解析服务和云计算技术等。

1. 物联网系统信息服务技术

物联网系统信息服务技术(EPCIS)所扮演的角色是 EPC Network 中的数据存储中心,所有与 EPC 码有关的数据都放在 EPCIS 中。除了数据存储功能,EPCIS 也提供了一个标准的接口,以实现信息的共享。在 EPC Network 中,供应链中的企业包含制造商、流通商、零售商,都需要提供 EPCIS,只是共享的信息内容有所差异。EPCIS 采用 Web Service 技术,通过接口让其他的应用系统或者交易伙伴得以进行信息的查询或更新。通过 EPC 信息服务,才可以掌握到具体的产品流通过程以及其他与产品相关的信息。

2. 物联网名称解析服务

物联网名称解析服务(ONS)是建立在 DNS(domain name service,域名解析服务)基础之上的专门针对 EPC 编码与货品信息的解析服务。在整个 ONS 服务工作过程中,DNS 是作为 ONS 不可分割的一部分存在的。将 EPC 编码转换成 URI 格式,再由客户端将其转换成标准域名,下面的工作就由 DNS 承担了。DNS 经过递归式或交谈式解析,将结果以 NAPTR 记录格式返回客户端,ONS 即完成了一次解析服务。ONS 与 DNS 主要的区别在于输入与输出内容的区别,ONS 在 DNS 基础上专门用于 EPC 解析,因此输入端是 EPC 编码,而 DNS 用于域名解析,输入端是域名;ONS 返回的结果是 NAPTR 格式,而 DNS 则更多的是返回查询的 IP 地址。

3. 云计算技术

在建立基于物联网的新的铁路信息平台基础架构时,需要借助云计算技术,整合既有资源,建立数据中心。云计算体系架构作为一种共享基础架构方法,虽然有不同的表述,但在本质上都是将计算动态分布到集群计算机上,根据业务发展和应用使用情况对软硬件资源进行动态的调配,实现按需访问,并对内对外提供各种 IT 服务。云计算由分布式计算、网格计算等技术发展而来,并融合了虚拟化和 SOA 等技术。

7.3 铁路信息平台需求分析

铁路信息平台需求分析是整合利用铁路信息、实现铁路信息交换和共享的必然途径。铁路信息平台的用户既包括国铁集团领导、基层站段领导、分析人员,也包括广大旅客、货主和潜在旅客。这些用户都需要一个能够辅助决策支持的信息系统,以帮助他们做出政策制定、线路规划、运行图规划、事故防治、选择交通方式、确定运输时间等各种决策。决策支持系统的一大特点就是它需要将大量的信息以一种有组织的方式提供给用户,并随时满足用户对各方面信息的需求。

单一信息系统内的信息往往局限于一个方面,难以为用户的综合信息需求服务,而且虽然这些系统内部的数据结构是可知的,但是由于数据源创建时没有统一的结构,因此几乎所有数据源彼此间都是异构的。这里的异构包括两种,一种是数据模型上的差异,如不同的数据库系统中对同一辆列车可能有不同的编码;另一种则是数据组织模式上的差异,如第一个数据源是 Oracle 关系数据库,第二个数据源是 dBase 数据库,第三个数据源是用 Tab 符号分离的文本文件,第四个数据源是一份 XML 文档。铁路信息平台需要保证迅速地同时服务多个用户的查询,这些用户有的需要历史数据,有的则需要实时数据,他们需要的数据可能是异构的而且可能存放在相距遥远的两个不同节点上,这对系统的效率无时无刻不是巨大的考验。这也是信息共享平台的主要需求。

从大的方面来看,可以将铁路信息平台需求分析分为路内信息平台需求分析和路外信息平台需求分析,它们各自又有进一步的细分。路内信息平台需求分析即铁路运输企业需求分析,路外信息平台需求分析又分为政府部门需求分析和客户需求分析。

7.3.1 路内信息平台需求分析

对于铁路运输企业来说,铁路信息主要包括三个方面。

1. 铁路运输空间信息

铁路运输空间信息是指各种空载、星载、车载和地面测地遥感技术所获取的我国铁路系统各物质要素存在的空间分布和时序变化及其相互作用的地理信息的总体。具体包括我国铁路运输系统内的各组织部门(包括国铁集团、铁路局、基层站段)、固定设备(包括线路、桥梁、隧道、车站、信号)和移动设备(包括机车、车辆)等的时空分布及相互联系的地理信息。

2. 铁路运输基础信息

铁路运输基础信息是指铁路运输生产过程中基础公用信息的集合,是整个铁路运输生产正常运转的基础;业务应用系统信息,是指由各业务管理部门的信息处理系统产生的各种铁路业务信息,由于铁路运输业是一个由车、机、工、辆、电等部门构成的有机整体,业务管理信息系统涉及铁路运输的各个方面,铁路的各类业务数据经过各个业务信息处理系统加工后形成了业务应用系统信息。

3. 决策支持信息

决策支持信息是指通过对铁路空间信息、铁路运输基础信息和铁路业务应用系统信息进行综合加工后所得到的,能够辅助国铁集团、铁路局等各业务管理部门的领导进行决策的信息,是信息增值的具体表现,例如铁路部门领导做出线路规划时,不仅需要参照现在客货流、潜在客货流等存在于客票和货票系统内的信息,还需要研究规划线路所在地的地理信息、水文信息这些存在于地理信息系统内的信息。

除了上述信息需求,满足其他公共服务信息及增值服务的需求也是铁路运输市场的发展趋势。公共服务信息包括政府相关政策、铁路运输行业标准、地区经济现状及未来有可能的变化,甚至可以包含近期新闻及天气预报;而增值服务可包括查询功能、提供便利服务、筛选有用市场信息以及一些延伸服务(包括货物运输查询,发货时间及到达时间查询,电子转账查询等)。

7.3.2 路外信息平台需求分析

共享和交换功能是铁路信息平台所应具备的基本功能之一。数据的共享和交换可以保证不同地方不同部门随时掌握货物的动态,实现货物的跟踪与远程监控,也较容易将必需的数据及时反馈到管理机构,轻松实现运输管理、税收和其他资金结算等功能,广大社会客户也可以通过铁路信息平台进行信息查询。铁路信息平台的数据共享与交换功能,可方便铁路运输部门与政府及客户的联系,提高部门运作效率,节省运输部门运营成本。

1. 政府需求分析

市场的发展一方面依赖市场本身,另一方面还必须依赖政府的宏观调控。为了使市场能正常运转,政府必须出台相关法律法规,对市场进行合理准确的宏观调控。而这一切必须基于对市场的了解,比如铁路运输业务种类、货运量、铁路运输储存量、铁路基础设施保有量、铁路企业规模和各自运行情况。为了满足政府的管理与决策需求,铁路信息平台主要满足以下需求。

1)对区域铁路运输系统运行的基础数据的需求

只有掌握了区域铁路运输系统运行的基础数据,政府才能进行合理的宏观调控,否则可能会出现调控不合理,如表现出滞后性,甚至会出现调控与决策错误,其后果更是严重。因此对政府来说,首要的需求就是获得区域铁路运输系统运行的基本数据。

2)对市场有效监管的需求

市场除了需要政府的引导作用,同样也离不开政府的监管。市场一旦缺少了政府的监管,整个区域物流就可能出现紊乱甚至是瘫痪现象。在传统的物流作业方式下,政府部门很难做到对整个物流行业实施全面有效、保障有力的监管。因此,加强政府对物流运输监管的有效性,创造良好的竞争和服务环境,实现对市场的有效监管,也是政府部门迫切的需求之一。

2. 客户需求分析

市场经济的实质是以用户需求为导向进行各类资源的合理配置,把资源配置到效益较好的环节中去,因此客户需求是很关键的一个环节,铁路信息平台必须在一定程度上满足客户最基本的市场需求。

1)对铁路信息平台具有一定的信息筛选功能的需求

客户企业总是希望铁路信息平台能够提供足够的市场信息以便他们能够做出最佳的选择,且并不是网上可以查询的所有信息,在信息高度发达的时代,对于客户企业来说,缺少的是可能对他们有用的信息,如铁路运输企业的基本资料,包括其信誉、报价、服务范围、资源、实力、硬件设施、服务态度,甚至可能包括提不提供其他增值服务等。又如潜在旅客在决定是否购票时,除了票价信息、出发/到达时间信息,可能还希望看到该次列车的正点率等信息。因此,针对网上出现的大量信息,客户就希望有铁路信息平台提供有价值的信息,这样可以解决花费大量时间去筛选有用信息的问题。

2)对铁路运输业务运作管理的需求

这主要包括电子数据交换(EDI)、交易管理、合同管理、违约赔偿等业务。客户希望尽量实现网上交易、交换功能,在网上实现铁路运输业务运作管理。

7.4 基于物联网的铁路信息平台体系架构

根据 7.2 节对基于物联网的铁路信息平台架构技术的研究，结合物联网的技术特性和铁路信息平台的功能，针对 SOA 与 EAI 两种技术体系有机融合的体系架构模式，本节设计出基于物联网的铁路信息平台架构，该架构可划分为基础环境、物联网集成技术、应用技术支撑、铁路运输应用四个层次，这种架构模式可为铁路运输部门提供符合运输部门思想，基于动态松散耦合的且实时事件响应的新技术体系架构。基于物联网的铁路信息平台架构如图 7-3 所示。

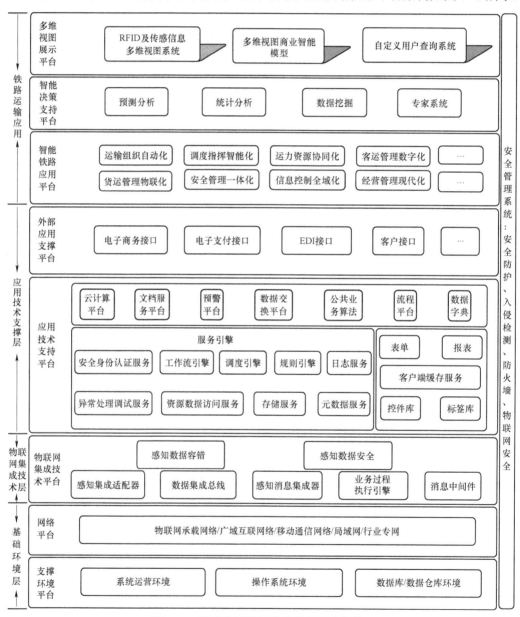

图 7-3　基于物联网的铁路信息平台架构

7.4.1 基础环境层

1. 支撑环境平台

基于物联网的铁路信息平台技术架构支撑环境平台包括系统运营环境、操作系统环境、数据库及数据仓库环境。它们为铁路运输系统的运行、开发工具的使用、Web Service 服务和大规模数据采集与存储等提供了环境支撑，保障了整个平台架构运营环境的完整性。

2. 网络平台

网络平台包括物联网的承载网络、广域互联网络、移动通信网络、局域网以及行业专网。网络平台与相关系统接口可为 Web Service 信息服务、资源寻址服务等提供服务基础，用以支持路内外进行相关业务的信息传输。

7.4.2 物联网集成技术层

物联网集成技术层是实现信息采集功能的核心组成，通过感知工具的相关信息处理模块和数据集成处理模块，实现消息队列服务，信息管理，对数据管理中心、数据交换和应用集成所需的数据格式定义进行统一管理等。

1. 感知集成适配器

元数据适配器提供对 RFID 私有数据格式到元数据的转换，提供注册 RFID 数据到企业级元数据模型库，提供注册特定的元数据到运输部门级元数据模型库；数据读写适配器提供 RFID 数据读写功能接口，提供数据访问时聚合等功能；发布/订阅适配器提供基于主题的发布/订阅功能接口；发布/接收适配器提供基于队列的发送/接收功能接口；流程适配器提供从业务执行引擎中获取工作列表和工作项等流程信息。

2. 数据集成总线

1) 元数据管理

元数据管理实现对数据管理中心、数据交换和应用集成所需的数据格式定义的统一管理。

2) 接口服务

接口服务提供应用与应用之间的接口标准，以及不同接口标准之间的转换；实现企业内部各项功能的搜索，通过 Web 服务接口与 ONS 通信，搜索物联网上可用的信息及业务功能。

3. 感知消息集成器

感知消息集成器可根据消息头或消息体的一个或多字段的内容，定制规则，将消息路由到不同的目的地；实现消息转换，支持多种消息格式，包括 XML 格式、平面文件格式等；修改消息的内容，如将从数据集成总线中抽取的数据加入消息体。

4. 业务过程执行引擎

基于事件驱动的业务过程执行引擎可以接收多个应用层事件（application level event，ALE），并将它们合并到工作流中，驱动铁路运输系统及跨系统业务过程的执行与管理。

5. 消息中间件

消息中间件可提供消息队列服务，这是实现异步数据交换的基础；实现 ALE 在边缘层和集成层之间的无缝集成；提供信息存储管理，包括交换信息的临时存储数据；可以根据交换规则，自动进行铁路运输部门内部各项数据的交换。

6. 感知数据容错模块

感知数据容错模块能够自动检测感知系统事故并使系统自动恢复正常运行，或者说程序不会因系统中的故障而中止或被修改。

7. 感知数据安全模块

该模块主要通过对感知系统数据加密、信息认证、RFID 标签阻止程序等来实现数据的隐私与安全。

7.4.3 应用技术支撑层

1. 应用技术支持平台

应用技术支持平台一方面通过服务引擎与资源、数据访问服务与感知技术相关功能的有机结合，以安全身份认证服务、工作流引擎、调度引擎、规则引擎、日志服务、异常处理调试服务、元数据服务等关键功能为基础，实现感知系统的数据管理、业务过程执行引擎功能等。另一方面通过云计算平台、数据交换平台、数据字典等对感知数据在业务应用方面提供传输、处理、转换等功能支持。此外，应用技术支持平台还引入了相关开发工具集，为各种复杂的铁路运输商业应用系统提供专业、安全、高效、可靠的开发、部署和运行铁路运输管理应用软件的开发工具平台。

2. 外部应用支撑平台

外部应用支撑平台主要包括铁路运输部门完成各项业务所需的外部接口，基于物联网的铁路信息平台通过电子商务接口、电子支付接口、EDI 接口、客户接口与路外客户、政府机构、服务机构等的信息系统对接，从而完成铁路运输协同工作与服务，以及动态联盟间有效的信息协同和信息共享。

7.4.4 铁路运输应用层

1. 智能铁路应用平台

智能铁路应用平台是将物联网技术应用到铁路运输的核心业务中，通过业务体系、信息技术体系的再造实现物联网在铁路运输业务中的智能应用，主要包括运输组织自动化、调度指挥智能化、运力资源协同化、客运管理数字化、货运管理物联化、安全管理一体化、信息控制全域化、经营管理现代化等。

2. 智能决策支持平台

运用物联网中的应用技术将采集到的数据信息通过数据库技术、数据挖掘工具等与物联网技术相结合，基于 SOA 架构模式、云计算平台、信息协同技术对大量的信息数据进行存储与计算，并对相关数据进行数据挖掘及统计分析，由运输部门决策系统通过对铁路运输业务的信息分析，帮助运输部门实现智能诊断，通过客户关系的管理和铁路信息平台的市场信息交互，为铁路运输部门进行市场分析，辅助运输部门做出明智的经营决策，为铁路运输部门提供相关的智能化决策支持与服务。

3. 多维视图展示平台

通过对铁路运输部门内部数据的汇集与展示，提供多维视图展现平台，将智能决策结果及用户查询模型等以多维、立体的形式进行汇集、分析与展示。

对铁路运输部门而言，应用基于物联网技术的铁路信息平台的第一个好处是可以提高效率和减少人为错误，这是消除人工对铁路运输业务影响后的必然结果。第二个好处是实现铁路运输新数据的自动化处理，并使铁路运输部门从分析这些信息中获得收益，其结果是对业务流程的进一步优化。第三个好处是通过数据事件来驱动铁路运输部门的业务过程，而且通过对这些异步发生的数据事件的语义进行解析处理后，形成了应用层事件。这些事件基础架构包括事件的产生、事件消息的路由、复杂事件处理以及铁路运输核心业务的触发与事件监视处理过程等，通过加快铁路运输业务的流转速度，对铁路运输部门的整个系统架构与设计产生影响。

7.5 铁路信息平台应用标准与规范

7.5.1 铁路信息分类与编码标准

物品编码标准是物联网技术应用的基础要素之一，基于物联网的铁路信息平台作为物联网在铁路运输领域的重要应用，有必要研究制定相关铁路信息分类与编码标准。铁路信息分类与编码标准的研究可以从基于条码应用的编码标准和 EPC 系统编码标准来展开。铁路运输部门需要在国际通用标准和国内物品编码标准化体系的指导下，结合铁路运输行业基础信息的特点，制定铁路运输内部关键的基础性标准，实现铁路运输部门内部物流信息编码标准的统一。重点需要研究的标准包括铁路运输物流仓储单元编码标准、运输单元编码标准、货物包装单元编码标准、贸易单元编码标准、载运工具编码标准等，为便于管理和新建标准的应用，该平台下的铁路信息分类与编码标准还应该与传统的铁路信息标准相结合，在既有的商品资料标准代码、危险品等级代码、车型标准代码和地域资料代码等基础上来制定，实现铁路信息标准的统一。

7.5.2 铁路运输信息采集技术标准

铁路运输信息采集技术标准主要应用于基于物联网的铁路信息平台架构感知层，铁路运输部门通过制定相应的采集技术标准对平台的采集技术手段和设备进行一致性规范。这些标准的制定应以物联网采集设备和技术提供商的生产标准为依据，结合铁路运输部门的基础设施环境、铁路运输货物的技术特性、信息采集的实际要求以及信息平台内数据传输技术标准等进行研究制定。主要标准包括物联网物品识别标准和传感标准。其中，物联网物品识别标准包括标签设备规范、阅读器设备规范和自动识别技术标准；传感标准包括传感器通用命令标准和传感器操作平台标准等。

7.5.3 平台数据交换技术标准

目前，物联网数据交换标准的研究方向是在已有的基于 XML 的数据交换标准的基础上，提炼出一个基础的元数据（meta data）标准，这个标准好比互联网的 HTML 标准，是物联网数据交换的核心。物联网数据交换标准主要落地在物联网三层架构中的应用层和感知层，配合网络层的传输通道，目前国外已经提出很多标准，如 EPCGlobal 的 ONS/PML 标准体系，Telematics（车载信息服务）行业推出的 NGTP 标准协议，以及 EDDL、FDT/DTM、M2MXML 等。物联网环境下的铁路信息平台的可以基于元数据标准进行扩展，融合现有这些标准，结合本平台应用的中间件产品，制定适用于铁路运输部门应用的物联网数据交换集成应用标准，如数据存储格式、消息格式规范、数据接口规范以及通信协议标准和空中接口规范等。

7.5.4 安全标准与规范

基于物联网环境下铁路信息平台的开放性特点，信息平台下数据传输安全将会直接影响整个平台的正常运转，为保证物联网环境下铁路信息平台的安全性技术需求，必须制定平台内的安全标准及规范，包括建立相关的 RFID 安全标准、Web 服务安全标准、XML 密钥管理规范、RFID 数据加密标准、RFID 协议标准以及相关的信息隐私保护规范等。

7.6 基于物联网的铁路信息平台安全技术

为了保证基于物联网的铁路信息平台的安全可靠性，提出了基于物联网的铁路信息平台安全技术，包括感知安全技术、网络安全技术、应用安全技术。

7.6.1 感知安全技术

感知安全技术主要是基于物联网的铁路信息平台的信息感知过程中采用的安全技术，对采集过程中的 RFID 阅读器等进行安全识别，并对采集数据进行加密处理，确保在感知过程中的信息不泄漏，实现感知层安全。感知安全技术包括加密技术、身份验证技术等。加密技术主要应用在信息采集阶段，将传感器、RFID 系统中的信息转换成密文，形成加密密钥，保护接口设备和射频 RFID 标签之间传输的命令与数据，防止信息外泄。身份验证技术是用户主动向系统出示身份证明，通过身份认证的过程判断通信双方的真实身份，从而确保信息数据的可靠性。

7.6.2 网络安全技术

网络安全技术是指在基于物联网的铁路信息平台下的网络传输过程中，为防止网络信息数据交互和传递过程中受到攻击，而在网络层中信息交互及传递过程中使用的安全技术。由于物联网的信息传输过程更多地依赖于无线通信技术，因此基于物联网的铁路信息平台下的网络安全技术主要有虚拟专用网络技术（VPN）、网络防病毒技术、网络防火墙技术等。虚拟专用网络技术是指在公开网络环境下建立的逻辑上的组织专用网络。采用 VPN 技术的目的是在不安全的信道上实现安全信息传输，保证运输部门内部信息在网络传输时的机密性和完整性，同时使用鉴别对数据信息进行确认，保证网络安全的可靠性。并通过在服务器、终端机以及网络接口处安装杀毒软件以及防毒墙，做到病毒无法对计算机系统进行攻击，同时安装防火墙，将外部网络与内部网络进行隔离，从而确定被允许访问的对象，保证数据传输过程安全。

7.6.3 应用安全技术

应用安全技术是指用于基于物联网的铁路信息平台下服务应用中的 Web 安全技术、电子邮件安全技术等。Web 安全技术主要通过建立 Web 服务安全模型，使用统一的 XML 语言进行数据交换，并采用加密传输协议，加强信息传输的保密性，通过强化 Web 安全技术，减少 Web 应用平台的漏洞，从而防止对 Web 服务器的威胁以及数据完整性的攻击。电子邮件安全技术主要是针对电子邮件中存在的垃圾邮件、病毒邮件等，由于未加密的数据在网络上很容易被截取，因此无法保证电子邮件的安全可靠性，通过端到端的电子邮件安全技术、邮件服务器等安全技术可保证邮件读取过程中的安全性。

本 章 小 结

本章通过对路内外对铁路信息平台的需求分析，运用 SOA、Web Service、EAI、中间件等铁路信息平台体系架构技术，构建了物联网环境下的铁路信息平台体系架构。在对铁路信息平台结构进行分析的基础上，提出了该铁路信息平台的应用标准与规范，包括铁路信息分类与编码标准、铁路信息采集技术标准和平台安全标准与规范等。最后，对物联网环境下铁路信息平台安全技术进行了介绍，在保障铁路信息平台安全可靠的同时，实现物联网技术与现代铁路信息技术的融合。

本章习题

1. 基于物联网的铁路信息平台体系架构技术包括哪几部分？请简述各种技术的作用及优缺点。
2. 分别从路内、路外对铁路信息平台进行需求分析。
3. 论述基于物联网的铁路信息平台架构，并简述每层的具体内容。
4. 简述铁路信息平台应用涉及的标准与规范。
5. 简述基于物联网的铁路信息平台安全技术。

第 8 章

铁路物联网应用与展望

随着智能交通、数字铁路、智慧港口建设的快速发展,预计在未来几年,物联网将在铁路行业中获得更多的应用,一个智慧铁路的美好前景会很快出现在铁路领域。

8.1 物联网在铁路运输领域的应用初探

铁路物联网是指依靠传感器、射频识别、全球定位等物联网技术,采集铁路运输生产中的相关信息,通过铁路内网、互联网、无线网等各种网络进行信息传输与交互,运用智能计算技术对各类信息进行分析处理,从而实现智能化决策和控制的一种网络体系,涉及铁路运输组织、调度指挥、运力资源配置、客货营销、安全管理等各个方面,对于业务优化升级、技术创新进步,管理、服务水平提升具有重要意义和作用。铁路物联网建设的目标是将物联网技术应用于现代铁路的运输生产、管理和营销,从而提高生产效率,减轻劳动强度和保障运营安全。

铁路物联网系统框架主要包括基础设施、数据采集终端、车站通信、数据资源、业务应用和系统用户六个层次,与物联网标准规范具有一定程度的融合。

数据采集终端主要包括车载通信设备和感知设备,实现对列车运行状况和旅客、货物状态信息的感知与采集;车站通信主要依靠通信卫星、有线通信网、无线通信网和互联网等,搭建物联网传输层链路,负责传递和处理从感知层获取的信息,实现列车与车站的数据和视频内容传输;数据资源包括列车运行数据、货物数据、车站调度数据、应急指挥相关数据、辅助决策数据、监控视频以及其他业务应用系统的业务数据库、数据仓库等;业务应用包括列车端的数据采集与处理、货物监控、列车能效监控等业务应用系统和车站监控调度、应急指挥、远程视频监控、综合分析和辅助决策系统等业务应用。系统用户层是物联网和用户(包括人、组织和其他系统)的接口,它与行业需求结合,实现物联网的智能应用,最终为用户提供服务。

8.1.1 基于物联网的铁路运输组织

铁路运输组织是在铁路运输部门的生产和经营实践中发展起来的对铁路运输资源进行科学、经济、合理配置和利用的理论和技术。

在铁路运输组织过程中,铁路部门需要实时获取客货需求的动态变化,在物联网技术的支持下,可以全面感知铁路运输生产过程中各类信息,从而科学编制运输计划、技术计划,并实现计划调整与资源调配的综合协调控制。借助物联网先进的信息感知、传输与整合技术,充分、迅速地收集各类信息,从而为调整车辆分布及列车运行、保证车流正常分布和行车安全、实现智能的调度指挥与列车运行控制创造条件。

铁路运输组织主要包括铁路行车组织、客运组织及货运组织。本节将从行车组织中的列车运行图编制系统探讨物联网技术在铁路运输组织层面的应用情况。

1. 列车运行图编制系统的结构

我国铁路研究利用计算机编制列车运行图始于 20 世纪 60 年代初期,先后应用计算机在编制双线和单线区段、全路旅客列车方案、双线方向及枢纽列车运行图等方面取得了不少成果。1997 年在运行图编制中,铁道部进行了计算机编制京沪线列车运行图的试点工作,开创了全国铁路在编制运行图中采用计算机编图的先河。随着研究的不断深入,列车运行图编制系统的功能不断增强,不仅实现了列车运行图、车底交路、到发线运用方案等一体化编制,同时还满足了全国铁路列车运行图的编制与调整的要求。

1) 列车运行图编制系统的层级结构

列车运行图编制系统总体结构采用集中与分布相结合的方案,即国铁集团、铁路局两个层级方案,其结构示意图如图 8-1 所示。

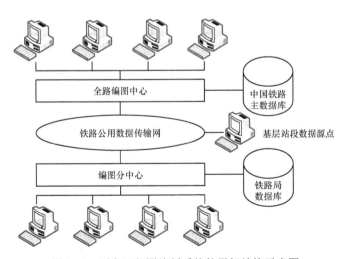

图 8-1 列车运行图编制系统的层级结构示意图

在国铁集团设立全路编图中心和中国铁路主数据库,负责全路直通旅客列车方案、直通旅客列车和重点货物列车运行线的制定，并对全路列车运行图实施管理。在各铁路局设立编图分中心和数据库，负责处理本铁路局管内列车运行图的编制与调整工作。

2）列车运行图编制系统的管理结构

列车运行图编制系统的管理结构主要包括列车运行图综合数据网络化集成管理平台（设备感知层）、列车运行图网络化决策支持平台（网络数据传输层）和列车运行图网络化延伸系统（数据应用层）三个部分，其结构示意图如图8-2所示。

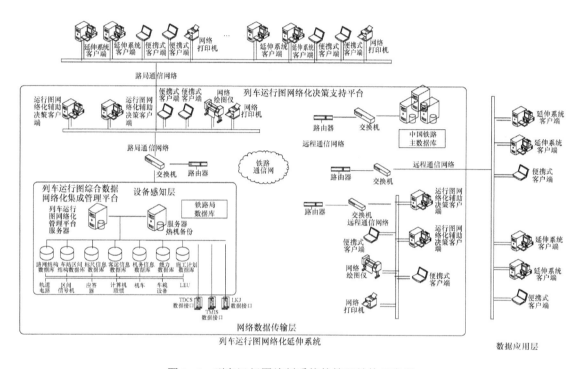

图8-2 列车运行图编制系统的管理结构示意图

（1）列车运行图综合数据网络化集成管理平台。利用轨道电路、区间信号机、应答器、计算机联锁、机车、车载设备等数据采集设备，建立列车运行图信息中国铁路主数据库，确保列车运行图基础数据的完整、稳定、一致，实现列车运行图辅助决策及相关业务领域信息的分布式维护与集中式管理。主要包括：分析构成列车运行图基础数据的列车运行图辅助决策及其相关业务领域关联数据的组成、来源、形式、内容，制定列车运行图基础数据标准规范，研究列车运行图基础数据网络化管理分类标准、描述技术，建立列车运行图基础数据网络化基元数据标准规范；有效融合多源、异构列车运行图综合数据；研究与客运、货运、机务、调度、列控等业务领域系统的接口构建技术，实现对列车运行图综合数据的及时、准确获取和融合；构建列车运行图综合数据库，统一管理和维护列车运行图、客运、货运、机务、列控、调度、施工、能力分析等多维业务数据；设计基于数据安全的权限管理体系，实现综合数据库使用的责权明晰、专人专用；建立数据稳定性和连续性的数据维护机制，执行正常条件下的数据备份，实现特殊条件下的数据回滚。

（2）列车运行图网络化决策支持平台。分析我国铁路列车运行图辅助决策系统的技术模式发展历程，比较现有各系统之间的异同。主要包括：实现各列车运行图辅助决策系统之间的无缝衔接；开发 B/S（浏览器–服务器）和 C/S（客户–服务器）模式相结合的列车运行图网络化辅助决策系统，实现列车运行图决策的分布、同步、一致；开发列车运行图网络化辅助决策监督系统，保证铁路局领导和其他职能部门领导能够通过计算机网络检查和监督列车运行图绘制的进度，实现决策过程透明，提供高层决策支持工具；开发列车运行图网络发布系统，实现异地实时查询、下载、打印运行图，保证时刻表的发布与运行图的更新同步，实现时刻表的网络查询、下载和打印，实现列车运行图指标的网络查询与打印，实现专运列车时刻表的网络查询。

（3）列车运行图网络化延伸系统。在列车运行图综合数据网络化集成管理平台的基础上，以列车运行图网络化决策支持平台为支撑，依据列车运行图网络化管理的工程思想，实施列车运行图的网络化延伸。主要包括：研制网络化客运延伸系统、货运延伸系统、机务延伸系统、施工管理延伸系统、调度延伸系统、能力计算分析延伸系统、列控延伸系统、大站站线管理延伸系统。

2. 列车运行图编制系统的功能

列车运行图编制系统功能的设置，既要能提供方便、快捷的数据处理手段和科学的数据存储方法，提供编图理论的应用条件，提高编图业务的整体科学水平和编图效率，同时也要能方便分级管理，提供辅助决策手段，使列车运行图的编制与调整工作充分发挥编图管理者和技术人员的主观能动性，提高列车运行图的编制质量和效率。

根据系统的目标和需完成的主要业务工作，从应用系统的功能角度进行划分，列车运行图编制系统在层次上可划分为国铁集团列车运行图编制子系统和铁路局列车运行图编制子系统。这两个子系统功能相近，但各自的功能实现要求不同。国铁集团列车运行图编制子系统应包括的主要功能如图 8-3 所示。

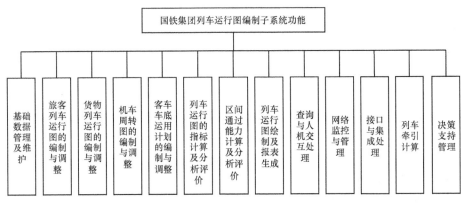

图 8-3　国铁集团列车运行图编制子系统的主要功能

与国铁集团编图子系统类似,铁路局编图子系统的主要功能如下。

(1) 基础数据管理及维护。接收全路编图中心和中国铁路主数据库的下载信息和分析处理基层站段数据源的上报信息,维护和更新铁路局数据库的数据,并进行数据的录入、查询、统计、增加、删除、修改、更新、备份等操作,生成编图接口文件、历史文件、报表文件和统计分析文件,同时向全路编图中心上报数据信息。

(2) 旅客列车运行图的编制与调整。根据全路编图中心下达的旅客列车方案和旅客列车运行图信息,编制(调整)本铁路局旅客列车运行图,结果上报全路编图中心。

(3) 货物列车运行图的编制与调整。根据全路编图中心下达的货物列车方案和货物列车运行图信息,编制(调整)本铁路局管内货物列车运行图,结果上报全路编图中心。

(4) 机车周转图的编制与调整。根据处理范围要求,编制与调整机车周转图,结果上报全路编图中心。

(5) 客车车底运用计划的编制与调整。编制客车车底运用计划,计算相应指标,生成结果文件并上报全路编图中心。

(6) 列车运行图的指标计算及分析评价。计算列车运行图相关指标,建立列车运行图的分析与评价体系,对生成的列车运行图进行评价,为管理人员提供决策依据。

(7) 区间通过能力计算及分析评价。建立通过能力的计算体系,计算区间通过能力,对各线、各区段能力状况进行分析评价,以便寻求综合能力利用的优化策略,为确定列车开行数量及方式提供依据。

(8) 列车运行图绘制与报表生成。根据要求输出 2 分格、10 分格列车运行图、车站股道运用图、机车周转图和客车车底周转图;生成客货列车时刻表。计算并生成运行图指标表、能力分析表等。

(9) 查询与人机交互处理。查询模块向国铁集团及铁路局业务管理人员提供列车运行图数据和相关信息,并提供监督、查询编图情况,控制编图进程的手段。

(10) 网络监控与管理。承担列车运行图信息系统计算机网络的监控与管理职能。

(11) 接口与集成处理。处理外部信息的接收及转换,共享信息的转换与输出。

(12) 列车牵引计算。通过接口转换获取牵引计算系统的结果数据。

(13) 决策支持管理。通过决策支持管理模块,引入有效的管理决策模型及其管理方法,提供简便的使用通道,辅助决策管理。

3. 现有系统与物联网的结合分析

计算机编制列车运行图系统采用计算机网络技术实现按区域分布式协同运算,彻底改变了我国过去编制列车运行图工作强度大、手工作业的落后方式,实现了列车运行图数据管理、编制、输出的现代化管理,从根本上改善了编图人员的劳动条件,大大缩短了编图时间,提高了铁路竞争能力。计算机编制列车运行图系统是快速设计出适应社会需要的质高价优的列车产品的必需工具,也是铁路内部实现信息化和规范化管理,提高管理人员素质和管理质量,树立良好铁路管理和服务形象的重要手段。

计算机编制列车运行图系统已得到全面应用,同时基于物联网的新一代编图系统的研究也在继续深入。与列车运行图编制相关的轨道电路、区间信号机、应答器、计算机联锁、机车、车载设备以及 LEU 等设备均利用编码等方式具备了可识别性和唯一性;通过上述数据采集设备实时进行数据采集、分析、存储，能够得到部分与列车运行图编制相关的数据信息；利用可靠的有线数据传输系统可以实现主要设备之间的信息交互，进而实现各设备之间的控制与管理，方便列车运行线的铺画和性能优化。由于仅有部分数据能够利用设备直接采集获得，而大部分相关数据依旧需要人工输入，因此在未来的发展过程中可以充分利用物联网技术，加强各设备的信息采集能力以及设备之间的信息传输能力，尽可能实现列车运行图的自动编制。现阶段列车运行图编制系统已初步具备了物联网初期的特点与功能，可以称为物联网在铁路运输组织层面的初期应用。

8.1.2 基于物联网的调度指挥

铁路月度货物运输生产计划所规定的运输生产任务及有关技术指标是按每月的日平均数制订的，而运输生产过程由于受各种因素的影响，每日的运输状态均有不同，经常偏离规定标准。为使运输生产控制在正常状态，必须经常分析运输生产指标完成情况，进行车流分布预测，并且根据具体的运输工作条件，调整车辆分布及列车运行，并通过制订日、班计划贯彻运输调整措施，以预防或消除运输生产过程可能或已经发生的困难，保证车流正常分布，经济合理地使用运输设备完成运输生产计划。这一过程称为铁路运输调度。

铁路运输是一个复杂的大系统，这一庞大的系统具有线长、点多、工种多、分工细、连续性强等特点。为使各环节协调配合，铁路运输生产必须实行集中统一指挥的管理原则。凡与铁路运输有关的部门、各工种都必须在运输调度的同一指挥下，进行日常生产活动。

目前，铁路在列车运行方面的调度指挥系统主要是列车调度指挥系统（train operation dispatching command system，TDCS）和调度集中系统（centralized traffic control system，CTC）；在技术站列车作业环节的调度指挥系统主要是编组站综合自动化系统（computer integrated process system，CIPS）。

1. 列车调度指挥系统

铁路调度管理信息系统（DMIS）是一个覆盖全国铁路的大型网络系统，是我国铁路运输调度指挥系统现代化建设的标志，也是我国铁路信号系统从传统的独立联锁设备向新型的数字化、网络化、信息化方向发展的起步工程，它把传统的以车站为单位的分散信号系统逐步改造成一个全国统一的网络信号系统，构成一个覆盖全国铁路的大型计算机网络，实现了全国铁路系统内有关列车运行、数据统计、运行调整及数据资料的数据共享、自动处理与查询。DMIS 的实施不仅大大提高了铁路运输生产效率、改善了调度指挥人员的工作条件，也极大地提高了信号系统的技术、管理和维护水平。

2005 年 3 月，铁道部进行体制改革，撤销全路所有铁路分局，实行铁路局直接管理站段体制。2005 年 3 月 25 日 18 时，具有历史意义的运输指挥权顺利交割，18 个铁路局直接对基层站段正式实施管理。通过这次交割实现了铁路运输管理信息系统和铁路调度管理信息系统的结合，并改名为列车调度指挥系统。

1）TDCS 系统的层次结构

我国铁路调度指挥管理以行车调度为核心，以站段为基础，实行国铁集团和铁路局两级调度指挥管理的体制。TDCS 的网络体系结构如图 8-4 所示。

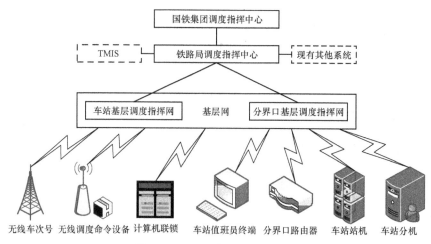

图 8-4 TDCS 的网络体系结构

（1）TDCS 国铁集团调度指挥中心。TDCS 的最高管理层，由高性能的服务器、工作站、计算机、网络设备及相应的软件构成，并通过专线与各铁路局相连，接收全国铁路系统的各种实时信息与运输数据和资料，监视各铁路局、主要干线、铁路局交接口、大型客运站、编组站、枢纽、车站、区间的列车宏观运行状态、运行统计数据、重点列车的实际运行位置和车站的状态显示，并建有全国铁路调度指挥系统数据库。

最顶层的国铁集团调度指挥中心运输调度管理系统，是 TDCS 的核心。它与 18 个铁路局调度中心远程连接，进行信息交换，并建立全路各专业技术资料库。该调度中心能获得各铁路局分界口、重要铁路枢纽、主要干线等的运输状况和调度监督的实时信息；同时还与 TMIS 及其他系统网络互联，在获得大量运输管理信息的基础上为国铁集团领导的决策提供真实可靠的信息，实现调度指挥工作的现代化管理。

（2）TDCS 铁路局调度指挥中心系统。接收各站的信息与资料，监视主要干线、铁路局交接口、大型客运站、编组站、枢纽、车站、区间的列车宏观运行状态、运行统计数据、列车实际运行位置与车次跟踪和站场状态显示，完成列车运行计划及行车命令下达，直接指挥行车，并与国铁集团及相邻铁路局交换信息。

（3）TDCS 基层信息采集系统。该系统包括车站基层调度指挥网和分界口基层调度指挥网，安装在各车站，用于采集有关列车运行位置、列车车次、信号设备状态等相关数据，并将上述数据通过专用通信线路传送到铁路局，实现车站行车日志自动生成。

2）TDCS 的主要功能

国铁集团 TDCS 具备调度宏观信息显示功能，调度实时监视功能，技术资料查询、显示功能，报表统计功能，系统维护及管理功能，用户培训功能。国铁集团 TDCS 的功能如图 8-5 所示。

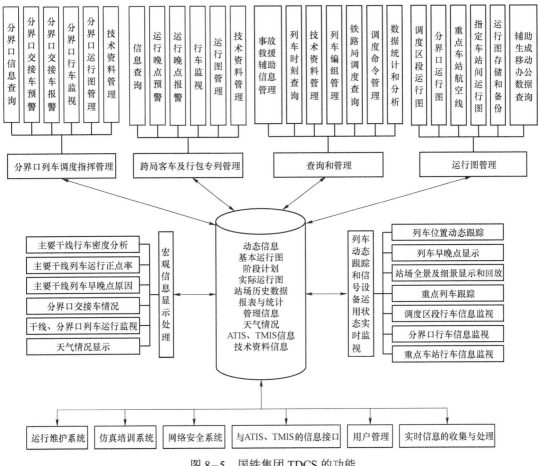

图 8-5 国铁集团 TDCS 的功能

铁路局调度所直接指挥行车，实时掌握铁路局调度区段的车站、各分界口、各编组站、各枢纽的列车运行情况和信息设备显示状态，并进行宏观显示，完成阶段计划的调整及调度命令的生成和下达，进行信息汇总、处理，向国铁集团及相邻铁路局 TDCS 提供行车信息。铁路局 TDCS 可以利用显示器或大屏幕所显示的干线宏观图、区段宏观图对现场进行监视，对重点列车进行跟踪，进行列车运行正点率统计和列车运行密度统计分析。同时，在铁路局调度所，提供 TDCS 与 TMIS 的接口，实现两系统间信息的共享。

铁路局 TDCS 可实现以下功能。

（1）列车车次自动跟踪和无线车次自动校核。列车车次号的准确可靠和自动跟踪是实现行车调度指挥现代化的关键技术。列车调度员、车站值班员能够从显示屏上连续直观地看到列车运行的实际车次，实时了解各次列车的运行状况。列车车次号的输入来源于机车运行监控装置，一方面依靠逻辑跟踪，另一方面依靠无线车次号校核系统，做到准确无误。TDCS 车次跟踪的最大特点是自动、实时和连续。

（2）调度区段各自动闭塞分区、各车站技术设备运用情况和技术作业过程的实时监控。实时监控是实现行车调度指挥现代化的必要技术。列车调度员、车站值班员通过显示屏对自动闭塞分区、车站技术设备运用情况和技术作业过程的掌握是进行调度工作的基础。

（3）调度命令、日班计划通过网络自动下达。值班主任利用 TDCS 软件工具及固定的模板生成日班计划，把计划下达到各行调台。行调台收到计划后，在本台生成阶段计划。将日班计划下达到有关车站。所有过程都由计算机网络完成，值班主任向车站发出日班计划。

（4）列车运行自动采点。列车到达车站时，当列车尾部驶过警冲标以后，设备自动记录这一时刻作为列车到点，通过网络送到调度台；列车出发时，当头部驶过警冲标时作为发车时间，通过网络送到调度台。采用 TDCS 自动报点，克服了人工采点的随意性，采点准确，传递迅速及时，不但消除了安全隐患，而且减轻了车站值班员、列车调度员的工作量。

（5）列车实际运行图自动生成。TDCS 具有列车实际运行图自动生成的功能，并可以打印输出。

（6）列车运行方案实时调整和网络下达。根据采集到的列车运行的准确位置和时分，与计划实时进行比较，然后根据约束条件实时提出当前所需要的运行调整方案，并利用计算机网络下达到车站。

（7）分界口透明显示和统计分析。分界口的统计分析数据主要包括：
① 站间、局间交接车数据；
② 分阶段交接列车动态统计；
③ 列车正晚点定时报告；
④ 计划与实际列车运行图；
⑤ 列车运行时刻表；
⑥ 车站列车运行状况历史再现。

（8）列车早晚点自动计算与部分运输指标自动统计。随着列车的运行，每到一个车站计算一次早晚点，更新一次早晚点方框中的早晚点时分，为统计正晚点率和对运行方案调整提供了基础数据。

（9）站场实际状况、列车运行实际状况历史再现。调度台和值班员台都可以调出再现过去某一时刻的区段画面。

（10）仿真培训功能及完善的帮助系统。仿真培训功能和帮助系统能够使初学者快速掌握 TDCS 的操作，缩短列车调度员的培训时间。

基层网 TDCS 的基本功能是信息的采集，通过安装在每个车站的车站分机，系统采集得到现场的动态信息，同时通过传输设备将信息及时发送到铁路局 TDCS 中心。基层网 TDCS 的主要功能包括：

（1）列车运行及信号设备状态信息的自动采集与传输；
（2）无线车次号自动校核；
（3）相邻车站信号设备运用状态及列车运行信息显示；
（4）行车日志自动生成；
（5）调度日班计划、列车运行调整计划、调度命令自动接收。

3）现有系统与物联网的结合分析

TDCS 主要应用于既有铁路线网的列车运行调度。目前，与 TDCS 相关的无线车次号、调度命令设备、计算机联锁、车站值班员终端、分界口路由器、车站站机以及车站分机等设备均已具备可识别性和唯一性；安装在每个车站的车站分机利用 RFID 技术实时进行数据采集、分析、存储；通过数据传输系统实现了所有设备之间的信息交互，进而实现各设备之间的控制与管理，方便列车调度员的调度工作。由于 TDCS 未能利用设备之间的控制与管理技术来完全实现列车自动运行调度，仍然以列车调度员的人工操作为主，因此在未来的发展过程中可以充分利用物联网技术，减少人为因素干扰，提高行车调度的效率。TDCS 已初步具备物联网初期的特点与功能，可以称为物联网在铁路行车调度指挥层面的初期应用。

TDCS 可以明确判断列车的行踪，获得列车实时位置（几秒钟内），并连续跟踪显示，大大提高了调度工作效率，十分有利于保证行车安全。

2. 调度集中系统

调度集中系统（CTC）是由传统控制系统发展而成的新一代调度集中系统。它综合了计算机技术、网络通信技术和现代控制技术，依靠指挥行车控制信息和有关行车表示信息的正确实时传送，统一调度和指挥列车安全、有效地运行。该系统遵循智能化自律分散设计原则，以列车运行调整计划控制为中心，兼顾列车与调车作业的高度自动化的调度指挥系统的功能。CTC 通信示意图如图 8-6 所示。

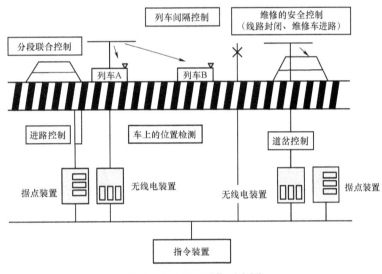

图 8-6 CTC 通信示意图

我国铁路开展调度集中系统研发始于 20 世纪 60 年代，至今已走过了 60 多年。2004 年 5 月，青藏铁路西哈段（西宁至哈尔盖）的 CTC 正式开通使用，实现了列车进路和调车进路的集中自动控制。西哈段共有 17 个车站，其中 10 个车站实现了行车指挥无人化，无人化率达到 58.8%，车务部门运转人员减少 119 人，减员增效十分显著。

1）CTC 结构

调度集中系统由国铁集团调度中心子系统、铁路局中心子系统、车站子系统以及网络子系统几部分组成，CTC 结构示意图如图 8-7 所示。

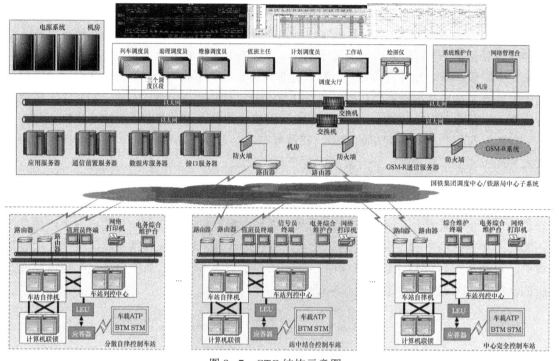

图 8-7 CTC 结构示意图

（1）国铁集团调度中心系统和铁路局中心子系统。国铁集团调度中心系统和铁路局中心子系统结构基本相同，主要包括以下硬件设备。

① 数据库服务器，主要用于存储实际运行图、基本图、日班计划、阶段计划、编组信息及信号状态表示等，为双机并行方式，需配置磁盘阵列作为存储介质。

② 应用服务器（或中心 PRC），主要用于处理 TDCS/CTC 系统应用服务，主要完成阶段计划生成、调整、冲突调整，实际运行图自动生成与维护管理，消息转发等，为双机热备方式。

③ 通信前置服务器，主要用于处理 TDCS/CTC 系统车站与中心信息处理，是中心唯一与车站通信的设备，为双机热备方式。

④ 数据库存储系统，主要用于数据库的存储，需配置双套磁盘阵列。

⑤ 接口服务器，主要用于处理 TDCS/CTC 系统的各类接口信息，均为双机热备方式。

⑥ 复示终端查询服务器，即代理服务器，主要用于系统内其他终端的应用处理，为双机热备方式，需配置磁盘阵列存储系统。

⑦ 对外信息提供服务器，主要用于与运输调度系统的接口，为双机热备方式，需配置磁盘阵列存储系统。

⑧ 机柜设备，主要用于安装服务器设备及显示器、键盘、鼠标等。中心所有的机柜均采用统一的 IBM 42U 标准机柜。

⑨ 终端设备，调度台设备采用高性能图形工作站。可分为站场图显示终端、运行图终端、助理调度员终端、综合维修终端、值班主任终端、计划员终端、培训工作站、N+1 备份终端以及其他终端。

（2）车站子系统。车站子系统主要包括以下设备。

① CTC 车站分机，即自律机。是 CTC 车站子系统的核心设备，负责车站信息采集、与其他设备接口、车次跟踪逻辑处理，报点逻辑处理。

② 车务终端，即工业控制计算机。是车站值班员的操作终端，用于填写行车日志、签收调度命令、签收阶段计划等。

③ 车站局域网设备，主要为交换机设备。

④ 采集设备，即 DIB 板。主要用于采集 6502 车站站场表示信息、区间显示信息等。

⑤ 防雷设备，主要包含通道 BNC 防雷、串口防雷。

⑥ 机柜设备，即欧标标准机柜，主要用于安装车站设备。

⑦ 长线驱动。由于工控机安装于机柜内，显示器及键盘鼠标安装于运转室，因此需通过长线驱动将工控机表示及控制信息引出运转室内。

车站子系统是由 2 台交换机为中心节点构成的双局域网系统。系统中的 2 台信号员工作站、2 台值班员工作站、1 台电务维护工作站、2 台路由器、2 台自律机，以及 1 台网络打印机，都通过双局域网平台连接在一起。CTC 车站子系统结构示意图如图 8-8 所示。

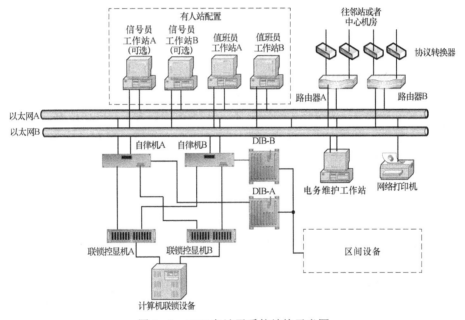

图 8-8　CTC 车站子系统结构示意图

（3）网络子系统。车站通信网络子系统一般由外界光缆、转换器、路由器、集线器或交换机、各分机网卡、网络连接设备等组成。信息通过外界光缆的双通道，经过 4 个转换器转换后，经 2 路路由器分别到达 2 路集线器，形成双套共享式以太网连接的网络结构，2 套网络之间为无缝切换方式。各分机与集线器间的网络介质，采用高可靠的 AMP 双绞线连接器，提高了网络的可靠性和抗干扰能力。由于网络子系统采用双网结构，所以当任意节点的 1 个网卡出现故障时，都不会影响系统正常工作。采用 2 台独立共享式以太网集线器，分别连接各分机各节点的每个网络端口，使得当 1 台集线器出故障时，不会影响网络传输。另外，集线器的每个端口都有网络隔离功能，当接到各节点的网络电缆发生诸如短路、断线、混线、接地、网络干扰等故障时,均不会影响其他端口的网络传输,确保了网络子系统与调度中心系统之间数据的可靠、安全传输。网络子系统又可细分为局域网和广域网。

① 局域网网络体系结构及其可靠性。分散自律调度集中系统的铁路局局域网一般采用 10～100 Mbps 自适应以太网,根据规模也可采用千兆以太网。为了保证网络工作的可靠性,通常采用双以太网的冗余结构,组网采用星状拓扑结构,当网络出现单点故障时不影响设备和系统的正常运行。

② 广域网网络体系结构及其可靠性。调度集中系统的 2 台交换机通过网络防火墙,分别连接到 2 台路由器上,再连接到车站的广域网。调度所到车站的通道和车站间的通道可采用不同介质,如同轴电缆或光纤,目前一般采用 64 kbps 或 2 Mbps 的通道。

每 2 个车站之间都由 2 条通道连通,每个车站都有 2 台路由器,再组成 2 套由几个环构成的网络,中间没有任何的物理接口,可以说它们是 2 个完全独立的网络。

车站设备与调度所设备通过广域网进行数据交换时,根据 2 个广域网的通信质量选择路径,保持广域网中的数据传输负载平衡。

2) CTC 系统功能

调度集中系统除实现列车调度指挥系统的全部功能外,还可实现列车编组信息管理、调车作业管理、综合维护管理、列车调车进路人工和计划自动选排、分散自律控制等功能。将同一调度区段内、同一联锁控制范围内所有车站(车场、线路所)的信号、联锁、闭塞设备纳入控制范围。调度集中区段的两端站、编组站、区段站,以及调车作业较多、有去往区间岔线列车或中途返回补机的中间站,可不列入调度集中操纵,但出站信号机均应受调度集中控制。

(1) 在 TDCS 基础上,调度集中系统具备列车运行计划人工、自动调整,实际列车运行图自动描绘,行车日志自动生成、储存、打印,调度命令传送,车次号校核等功能。

(2) 在 TDCS 基础上,调度中心具备向车站、机务段调度、乘务室等部门发布调度命令,或经调度命令无线传送系统向司机下达调度命令(含许可证、调车作业通知单等)的功能。

(3) 调度集中系统控制范围内所有列车作业均应纳入列车运行调整计划自动管理,具备列车进路自动选排功能。

(4) 调度集中系统与调度命令无线传送系统配合,具有接车选路信息自动预告功能。

(5) 调度集中系统进行调车作业时不需要控制权转换。

(6) 调度集中系统不影响既有的平面调车区集中联锁功能。

(7) 调度集中系统应具有利用轨道区段占用逻辑判断轨道电路故障的功能。

(8) 调度集中系统具有部分非正常条件下接发列车功能以及降级处理措施。

(9) 调度集中系统具有本站及相邻两个车站的列车运行调整计划显示功能。

(10) 调度集中系统具有本站及相邻两个车站的站间透明功能。

(11) 调度集中系统具有人工办理试排进路功能;条件具备时可利用列车运行空档自动办理,并可为进路指令的执行做好准备。

(12) 调度集中系统具有自我诊断、运行日志保存、查询和打印等功能,并实现系统维护智能化。

(13) 调度集中系统对所有的人工操作具有完整的记录、查询、回放和打印功能。

(14) 调度集中系统实时监控电源状态,停电时应自动保存列车状态、调车作业等重要信息。

（15）调度集中系统在保证网络安全的条件下可与其他相关系统联网，实现数据资源共享。

3）现有系统与物联网的结合分析

分散自律调度集中是实现行车调度远程集中控制的重要标志。目前，在全路使用 CTC 系统的主要为重载线路（如大秦线）、重点线路（如青藏铁路）以及所有客运专线。

CTC 的实现是在 TDCS 数据采集、分析、显示的基础上利用可靠的无线通信技术实现所有设备之间的信息交互，进而实现各设备与分散自律机之间的控制与管理。每个分散自律机都具有以列车运行阶段计划为核心的自律机制，接收列车运行调整计划并自动执行计划，从而达到减员增效的效果。CTC 已基本具备物联网的自动控制与管理功能，可以作为物联网在铁路行车调度指挥层面成功应用的典型范例。

3. 编组站综合自动化系统（CIPS）

编组站技术是我国铁路发展最活跃的领域之一。20 世纪 90 年代，各种单项自动化系统与信息化系统如雨后春笋般涌现出来，并在铁路迅速装备与普及，形成了编组站综合自动化的初级阶段，其中驼峰自动化技术已经达到了世界先进水平。在此基础上，以集成为核心的 CIPS 在我国研发成功，并于 2007 年在成都北编组站投入使用，之后又推广应用于武汉北编组站和贵阳南编组站，开创了一种新模式，引领我国编组站技术进入世界领先行列。CIPS 的成功应用，将我国铁路编组站的信息化与自动化水平提高到一个崭新的阶段。

1）编组站综合自动化系统结构

编组站综合自动化系统是世界首创完全自主知识产权的管控一体化综合平台，是编组站综合控制系统和综合管理信息系统的综合集成，其信息存储、信息处理和网络采用统一平台，整合行车、现车、调车、机车和集中控制等计划和执行业务，直接驱动过程控制系统执行，代表了编组站信息管理的世界最高水平。编组站综合自动化系统通过整合现有已经成熟的各种过程控制分系统，建立共享信息平台，结合调度计划管理，集成创新，实现了编组站决策、优化、管理、调度、控制一体化，从而达到提高综合效率和减员增效的目的，其构成示意图如图 8-9 所示。

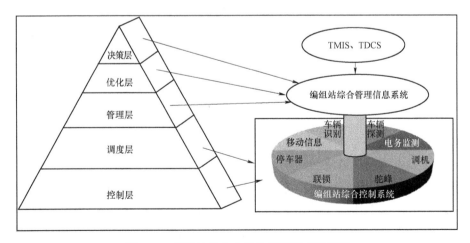

图 8-9 编组站综合自动化系统构成示意图

编组站综合管理信息系统建立统一的数据平台，负责信息的集成和信息共享平台的管理；整合传统编组现车系统、TDCS分机系统、列车通知系统、货检安全系统等多个信息分系统的功能，将编组站行车、现车、站调计划、货运和本务机车交路，按照标准流水线生产工艺流程在单一处理平台上统一管理，并通过管控结合驱动自动化系统，与作业流、车流保持同步。

编组站综合控制系统将应用多年成熟的车站联锁、驼峰自动化、调机自动化、停车器控制等子系统通过集成创新整合构成管控一体化的系统。上下层管与控之间在硬件、软件和逻辑上建立了功能上的联系。编组站综合控制系统结构示意图如图8-10所示。

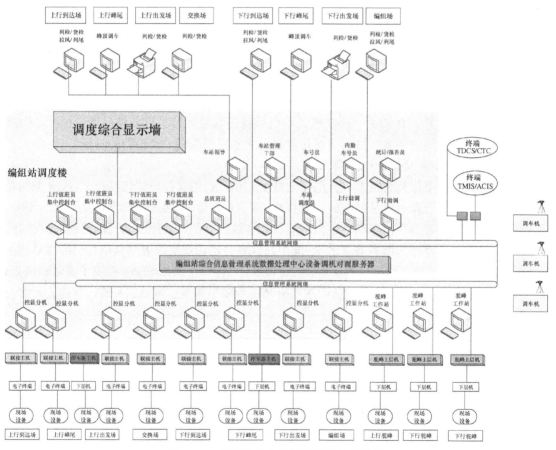

图8-10 编组站综合控制系统结构示意图

2）编组站综合自动化系统功能

编组站综合自动化系统改变了编组站分场设置的传统模式，将行车系统与计划系统有机地结合起来，行车、计划人员在调度大厅集中监督与操控全站到、解、编、发作业，实现单一指挥、统一办理、流水执行、高效运转的效果。通过调度计划信息自动化管理，分解与转化调度计划，自动执行过程管理，实现编组站决策、指挥、控制、管理功能的一体化。

（1）编组站综合自动化系统的功能。

① 调度计划自动执行。编组站综合自动化系统可实现调度计划直接下达给编组站综合控制系统自动执行，即以编组站综合管理信息系统所编制的列车运行计划，解体钩计划，编组钩计划，机车调度计划等为依据，自动控制进路的办理；向计算机联锁、驼峰自动化分系统下达进路控制命令，实现作业过程控制自动化。

② 集中控制。在调度计划自动执行成为编组站的主控模式的前提下，有条件实现编组站到、解、集、编、发等作业在编组站调度楼内的控制中心集中办理。

③ 实时显示车辆与作业动态。通过车站联锁系统和驼峰自动化系统对计划的执行与反馈，根据编组站综合控制系统的跟踪逻辑和检测装置，获得车辆的动态跟踪和作业实际的透明记载，为调度自动化提供信息。

④ 调度决策指挥自动化。根据获得的实时现车数据，自动编制编组站内各种计划，实现到达场股道、驼峰调车线、出发场股道等资源的合理使用。计划可随时调整并快速传给编组站综合控制系统。

⑤ 提高系统整体随机应变能力，加强列车密集到达处理能力。可实现整体协调，调度计划快速应变优化，计划立刻调整执行，缩减计划下达、布控及修改环节，提高系统整体随机应变能力，并可从调度到执行建立不同的运营节奏模式。

⑥ 信息资源的充分利用。编组站控制系统的核心功能是数据整合和信息集成，除了列车、车辆、计划、进路信息，还可以集成车号、红外轴温、监测、环控、电源等信息，实现信息共享。

（2）编组站综合管理信息系统的功能。编组站综合管理信息系统是建立在编组站调度集中控制系统环境下的管理环节，是数据整合、信息集成的核心，基本功能如下。

① 确报信息收发与处理。编组站综合管理信息系统作为铁路运输管理信息系统（TMIS）的一个网络节点直接与铁路公用数据网连接。对中国铁路主数据库的访问采用 TCP/IP 协议（传输控制协议/互联网协议），与 TMIS 进行数据交换，并完全遵从对 TMIS 数据组织格式的要求。该信息交换中最主要的内容之一是查询到达列车的确报信息，和自动生成组织出发列车编组顺序表，并向 TMIS 传送，进入国铁集团中央系统确报库，供其他编组站或车站使用。

② 计划自动决策。在各方面辅助决策的基础上自动推出后期的计划安排，包括到达场股道的使用方案、调车线使用方案等。

③ 本务机车辅助调度。辅助调度计划可利用计算机图形化界面进行直观呈现，该计划根据调度所列车日班计划、阶段计划制订与调整，并随实际执行情况而变化。

④ 调车机车辅助调度指挥与跟踪。调车机车调度计划可利用计算机的图形化界面进行呈现，该计划随着调车计划制订与调整，随实际执行情况而变化。通过综合管理信息系统，编组站所有调机将由分散调配变为集中调配，计划实际执行情况也可以实现自动获得。

⑤ 解体调车作业计划编制。编组站综合管理信息系统具有较完善的自动编制调车作业计划的解决方案。计划产生并确认后，由联锁分系统和驼峰自动化系统自动按计划执行。计

划的实际执行情况也可通过驼峰自动化系统的反馈自动获得。

⑥ 编组调车作业计划编制。编组站综合管理信息系统具有自动编制编组调车作业计划的功能，具有格式化电子表格，可在图形化界面环境下对车辆的移动等方便直观地编制计划，以及在计划虚拟执行后察看现车的变化，检查计划编制的正确性。

⑦ 调度计划自动执行。通过编组站综合管理系统，各种调度计划可直接下达给控制系统自动执行，调度人员根据综合管理系统的调度计划等，自动控制进路的办理，向计算机联锁、驼峰自动化子系统下达进路控制命令，实现作业过程控制全面自动化。

⑧ 实时现车管理与车辆跟踪。编组站综合管理信息系统通过过程控制系统对计划执行的反馈实现自动跟踪车辆，刷新现车数据。通过过程控制系统的跟踪，综合管理系统可以描绘出每辆车在编组站内的运动轨迹，得到详尽的指标分析数据。

⑨ 全编组站综合"回放"。编组站综合管理信息系统应具有整个编组站所有信息回放再现功能，包括进路信息、现车信息、环控报警信息、信号设备监控信息等。

⑩ 钩计划、列车编组顺序表打印及相关技术作业图表绘制。编组站综合管理信息系统所需的硬拷贝信息，可以通过与工作站相连的打印机随时调用打印；控制中心则可以通过网络共享高速打印机输出，相关的技术作业图表则可以通过共享绘图仪绘制。

（3）编组站综合控制系统功能。编组站综合控制系统是编组站综合自动化系统环境下直接参与控制和监控的各分系统的总称，核心是集成。其主要功能如下。

① 进路自动控制。根据列车运行计划、调车作业计划等，自动控制进路的办理，从而使列车到达、列车出发以及调车进路实现自动控制，并自动将计划执行结果反馈给综合管理信息系统。

② 驼峰自动化控制。实现驼峰溜放进路、溜放速度自动控制，具有多种防护、报警功能；实现自动控制钩车溜放速度，使溜放钩车在调车线上安全连挂；提供摘钩计划显示；接收列车的到达计划及解体计划等信息，发出车列解编后的实际去向位置、调车场股道占用情况等信息，为编组站内有关部门全面了解车流情况提供方便；在编组站综合管理信息系统故障或授权情况下，驼峰自动化控制系统可独立运行。

③ 实现对站场内各种与调机相关的地面作业信息的车上显示，以及调机作业过程的监控、跟踪及安全防护等；同时对驼峰推峰机车完成推峰过程的速度进行自动控制。

④ 停车器自动化控制。通过局域网从铁路局调度中心数据库中获取尾部和头部的调车计划和执行情况，并从编组站综合管理信息系统中直接获取停车器是否越区以及作业方法等信息，通过解析计划和确定计划的执行步骤来确定停车器输出。

⑤ 维修人员可以及时了解各类设备的运行情况及其环境条件，并在设备故障或环境异常时给出级别不同的报警信息以及相应的维修建议信息。

⑥ 能够实时地向编组站调度楼提供现场作业情况，保证远程集中控制的安全、准确；向编组站调度人员提供全站各场的运行情况，对站场重要作业点进行监控；同时编组站调度楼指挥管理人员能够通过内部局域网调看现场视频图像。

⑦ 通过局域网集中监测所有站场的智能电源屏，实现信号电源的综合监控管理。

⑧ 对到达场、出发场、驼峰、调车尾部信号楼及编组站调度楼的信号设备实施综合雷

电及电磁干扰系统防护,保证信号综合控制系统的安全运行。

3) CIPS 环境下的信息化运用

CIPS 信息化的全局化、人性化、智能化达到了非常高的程度。编组站应充分利用与发挥信息化优势,强化生产管理,进一步提出信息化的要求,正确引导编组站综合自动化系统的信息化发展。

(1) 信息共享。编组站综合自动化系统将车务、机务、电务、车辆部门的信息汇总在一起,并建立对应关系。在车务系统内部,行车、调车、货检、车号、列尾等工种的信息也采取相同的整合手段。

(2) 信息综合。编组站综合自动化系统信息综合结合人性化、综合化、图形化界面风格,为运输生产环节的每个个体提供了直观、方便、到位、满意的界面。调度大厅的多功能站场显示大屏,不仅能显示本站、相邻站与区间的信号设备状态,还有实际现车、列车车次、本务机挂头、停车器、脱轨器等信息,以及调车机走行位置与方向信息。

桌面计算机上的综合行车表,不仅涵盖了行车日志、铁路局阶段计划,还综合了各个作业工种需要显示与操作的内容,同时还包括自动决策结果与自动报点信息。

此外,还有技术作业大表等数十个界面。

(3) 信息辐射。编组站综合自动化系统界面信息辐射的广泛性也具有特点,除了跨部门、跨工种展现与共享操作平台,还在全站调车机上实现了信息化,可清晰地看到机车位置、调车进路、信号机、停车器、脱轨器以及当前将要执行的调车计划,并可机载打印调车作业通知单,构成车地指挥网。

除此之外,编组站综合自动化系统用铁路局办公网接口,通过远程桌面技术,将与调度大厅完全相同的界面显示推送到铁路局调度所、铁路局主管部门、车站领导、职能科室、地区内各个车站调度、机务段,利用办公计算机,不需要另行装备,各个远程用户均能够远程实时透明查看编组站作业情况,提高了铁路局调度所对编组站及其他车站指挥的准确性。

(4) 信息同步。编组站综合自动化系统在技术上保证了内外所有界面信息同步更新,变化一致。

(5) 信息互控。编组站综合自动化系统还能在信息共享的同时,保证不同工种、不同岗位针对相同的运输过程严格按照规定的生产流程推进,通过计算机互控保障作业的链接与顺序,从技术上避免人为差错,使生产作业流、车流与信息流保持一致,从信息源头上防止管控一体、计划自动执行情况下的进路误控与误动。

4) 与物联网的结合分析

目前,编组站综合自动化系统已在成都北站、武汉北站、贵阳南站、鞍钢鲅鱼圈站、苏家屯站、攀钢西昌站、重庆北站等重要编组站成功投入应用。

编组站综合自动化系统的实现,要求车站所有与调车相关的设备具备可识别性和唯一性,通常利用编码等方式实现;同时,这些设备还能实时进行数据采集、分析、显示;然后利用可靠的无线通信技术实现所有设备之间的信息交互,进而实现各设备之间的控制与管理。编组站综合自动化系统能够根据设备占用情况等信息实现进路自动排列、计划自动下达等功能,具备物联网系统的自动控制与管理能力,可以作为物联网在铁路车站调度指挥层面成功应用的典型范例。

8.1.3 基于物联网的铁路运力资源配置

1. 铁路车号自动识别系统

铁路车号自动识别系统（automatic train identification system，ATIS）是铁路运输系统中的一个基础性的信息系统工程，在实现铁路运输作业管理现代化、网络化、资源共享，提高铁路运营效率和收益等方面发挥着至关重要的作用。

1）系统介绍

铁路车号自动识别系统是目前为止 RFID 在铁路领域最成功的应用案例，在铁路运输管理中产生的社会效益和经济效益将会日益显现。机车标签和货车标签已经成为铁路机车、货车的标准配置，各铁路局、站段、编组站场均配置了地面读出设备。铁路车号自动识别系统已成为铁路信息化建设的一个重要组成部分。铁路车号自动识别系统主要由以下几个方面构成。

（1）货车/机车电子标签（TAG）。该标签安装在机车、货车底部的中梁上，由微带天线、虚拟电源、反射调制器、编码器、微处理器和存储器组成。每个电子标签相当于每辆车的"身份证"。

（2）地面识别系统（AEI）。该系由安装在轨道间的地面天线、车轮传感器及安装在探测机房的微波射频装置、读出设备（工控机）等组成。对运行的列车及车辆进行准确的识别。

（3）集中管理系统（CPS）。车站主机房配置专门的计算机，把工控机传送来的信息通过集中管理系统进行处理、存储和转发。

（4）国铁集团中国铁路主数据库管理系统。这是全路标签编程站的总指挥部。把标签编程站申请的每批车号与中央车号数据库进行核对，对重复的车号重新分配新车号，再向标签编程站返回批复的车号信息。即集中统一地处理、分配和批复车号信息，该系统同时又是一个信息管理和信息查询中心，好比人脑的中枢神经系统。

当一列列车即将进站时，第一辆车的轮子压过开机磁钢时开始计数，压过次数大于等于 6 次时开启微波射频装置（微波射频装置在没有列车通过时保持关闭状态）。微波射频装置开启后，安装在轨道间的地面天线开始工作，向每辆车底部的无源电子标签发射微波载波信号，为无源电子标签提供能量使其开始工作；无源电子标签在微处理器控制下，将无源电子标签内信息通过编码器进行编码，通过调制器控制微带天线，开始向地面反射信息；地面天线立即接收反射回的无源电子标签内的信息，并传送到铁路旁的探测机房；由探测机房内无人值守的地面读出设备（工控机）将接收到的已调波信号进行解调、译码、处理和判别；然后将处理后的信息送入车站机房的集中管理系统。当最后一辆车的轮子压过关门磁钢后，关闭微波射频装置。集中管理系统对多台地面识别设备进行管理，按照铁路 TMIS 的通信协议规程，将识别后的信息向铁路 TMIS 等系统传送。车号自动识别系统工作程序示意图如图 8-11 所示。

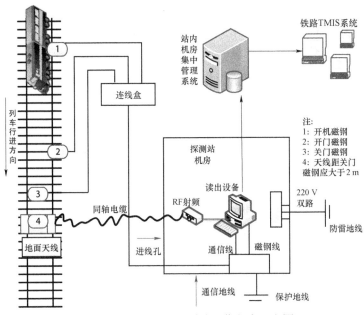

图 8-11 车号自动识别系统工作程序示意图

2）系统功能

（1）车次、车号自动识别。为铁路运输管理信息系统提供车次、车号等实时的基础信息，代替人工抄录，保证数据的真实性、及时性、准确性和连贯性，提高编组站作业效率；实现运输确报现代化管理；与货票系统结合，实现货流统计分析及局间货车使用费的自动清算等。

（2）货车实时跟踪管理。包括当前车数量管理和分布统计分析，货车产权鉴别，机车、车辆运行状况跟踪查询等。

（3）货车动态管理。包括车辆技术履历信息查询，车辆检修信息统计分析，列检所作业量统计分析，自备货车资产管理等。

（4）故障车辆准确预报。与红外轴温系统结合，可精确预报热轴车辆的车号和所在列车的车次，准确处理热轴故障。为车辆安全动态监测系统、超偏载系统、平轮探测系统提供准确信息。建立故障车辆档案，实现全路信息共享。

3）基于物联网的应用展望

目前货车/机车电子标签基本都是条码，条码主要有以下几个缺点。

（1）条码存储的信息量小，而且通过它仅存的一个信息代码来调取计算机网络中的数据，相当复杂和烦琐。

（2）条码必须近距离通过扫描器读取代码，既费时、费力、费钱，又可能达不到所期望的结果。

（3）条码很容易损坏，一旦损坏其存储的货物信息就会丢失。

（4）条码上存储的信息是静态的，不能根据实际情况对信息进行修改和补充，更新或补充新的信息需要重新更换标签,这会造成资源的浪费。

铁路运输信息化进程中需要一个不仅能实现对列车、机车、货车进行快速识别、实时追踪,而且能够实现对具体货物进行快速识别、实时定位、追踪和查询的电子识别系统,目前的铁路车号自动识别系统还满足不了对每件货物的上述要求,因此对这种电子识别系统的构建与设计势在必行。

所设计的系统要求运输的所有货物安装货物电子标签,这不仅能够解决条码信息存储量小的问题,而且实现了自动识别货物信息,对货物进行实时追踪以及快速分拣等功能。该电子识别系统与条码相比,基本上克服了条码的所有缺点,不仅能够很好地满足系统的要求,而且能够加快铁路运输信息化的进程。

根据分析,总体设计的铁路物联网铁路车号及货物电子识别系统由货物电子标签、自动识别器、手持式识别器、中继站、货物电子标签擦写器、数据传输信道及物流管理软件组成,其系统架构如图 8-12 所示。

随着物联网技术的兴起及未来传感器网络在铁路交通领域的应用,铁路物联网电子车号及货物电子识别系统将成为各类数据采集、处理和传输的平台,其未来应用前景将更加广阔。

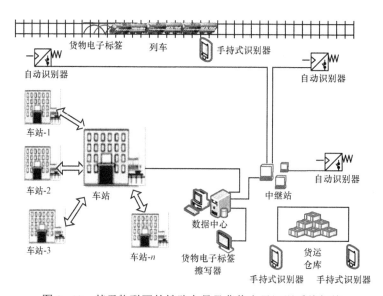

图 8-12 基于物联网的铁路车号及货物电子识别系统架构

2. 动车组管理信息系统

1)系统构成

按照动车组运用维修三级四层的管理体系,通过铁路网络和多种信息技术,实现国铁集团、铁路局、动车段(运用所、动车基地)之间的业务协同与信息共享。同时,与动车组车载动态监控系统、主机厂(配件供应商、专业化集中维修单位)、国铁集团及铁路局调度系统实现数据交互。动车组管理信息系统总体架构如图 8-13 所示。

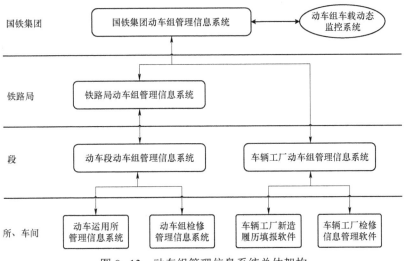

图 8-13 动车组管理信息系统总体架构

（1）国铁集团动车组管理信息系统。实现全路动车组新造和配属管理，审核全路动车组维修计划、采购计划以及关键设备大修更新计划，负责动车组技术资料修订和版本管理，支持车辆调度管理。分析全路动车组运用、维修业务宏观管理及动车段、动车基地（运用所）总体生产经营情况。提供全路共享信息支持，辅助决策支持。

（2）铁路局级动车组管理信息系统。实现本铁路局内动车组配属管理，分析和指导所辖动车段、动车基地（运用所）的技术、配件和设备管理，支持铁路局车辆调度管理，实现所辖动车段与维修车间的运用检修业务管理。

（3）动车段级动车组管理信息系统。包括动车段和车辆工厂动车组管理信息系统，涉及动车组的运用、检修以及相关的技术、设备、材料、安全等多方面管理，既要为国铁集团、铁路局提供信息支持，又要为运用所、高级维修车间等提供生产指导和资源协调。

（4）动车运用所和车间级管理信息系统。主要包括动车运用所、动车组检修管理信息系统，以及车辆工厂新造履历填报软件、检修信息管理软件。

2）系统功能

（1）基于动车组修程修制、动车组及其关键配件的静动态履历管理、走行公里累计、检修历史的动车组检修项到期实时推算，自动编制检修计划，确保不超期、不漏项。

（2）集成基于车载故障检测诊断信息、司乘人员发现的故障信息、地面读出设备自动检测信息和动车组定检修规定的项目，在动车组入段/所之前就生成检修计划，提高检修效率。

（3）在制订维修计划的同时制订资源需求计划，系统自动检查维修资源（包括检修设施和设备、检修人员、备品备件等）的保障情况。集成物流管理，可自动评估供应商，覆盖主机厂仓储管理，通过精确的库存和仓储管理降低采购和仓储成本。

（4）实时的故障代码和定检任务维修规程策略、可视化作业指导书管理及查询。统一规范的故障分类统计和数据挖掘，不断积累故障和维修经验知识，形成诊断维修专家系统，实现检修维修的辅助决策和技术支持。

（5）实现对所有检修设备的实时状态监控和预防，监控分析检修设备资源利用情况，保证资源利用最大化。

（6）面向一体化作业管理的作业进度监控、过程安全卡控、三检一验质量卡控，保证作业安全和动车组出库的安全。

（7）基于 RFID 的大配件实时跟踪管理，提高检修效率，保证动车组运行的安全。

（8）系统可计算由于备件消耗、人员工时消耗和机器工时消耗所产生的材料成本和工时成本，实现维修成本分析。

3）基于物联网的应用展望

既有的动车组检修管理信息系统涵盖了国铁集团、铁路局、动车段、动车基地（运用所）的业务需求，形成四级信息化管理体系结构。物联网的识别感知能力在动车组检修管理信息系统中的应用，包括维修现场和铁路正线两种应用场景，其处理过程为包含数据采集、集成融合、智能分析和控制反馈的闭环流程，一般不直接参与上级主管部门管理职能的执行。

因此，基于物联网的动车组维修管理信息系统建设范围包括：动车运用所管理信息系统、动车基地（检修）管理信息系统、车辆工厂新造履历填报软件和车辆工厂检修信息管理软件，并且偏重于维修作业过程和库存配送管理，动车组车载动态监控系统和动车组行车安全地面监控系统的研发实施。基于物联网的动车组检修管理信息系统建设范围如图 8-14 所示。

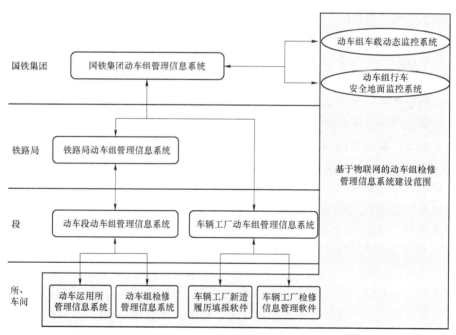

图 8-14　基于物联网的动车组检修管理信息系统建设范围

基于物联网的动车组检修总体架构如图 8-15 所示。

第8章 铁路物联网应用与展望

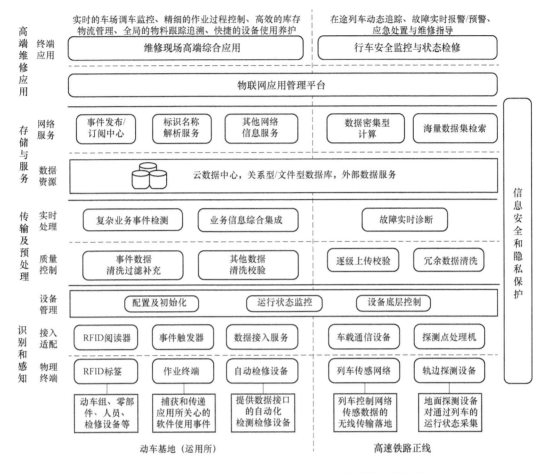

图8-15 基于物联网的动车组检修管理信息系统总体架构

对于整体组件,以及组件间的关系进行以下补充说明。

(1)识别和感知。RFID和传感器是最有代表性的物联网感知技术,分别用来实现自动对象识别,以及对象及其环境的状态感知。在实际的信息化建设中,信息集成主要考虑RFID系统的设计实现。限于复杂性、专业性等方面的原因,关于传感器的直接应用不多,一般传感器已经集成在各种专业设备中,通过设备接口实现数据接入。

动车组运用维护的实际业务环境有:①负责动车组整备、检修等业务的动车段,包括动车基地和运用所;②动车组在高速铁路正线上的在途运行,以及途经的各个重点车站。

(2)传输及预处理。基于物联网的动车组检修管理信息系统的数据前期处理,其目的是将海量多源实时的数据转换为可以有效利用的形式。可细分为两个阶段:一是数据质量控制,将不确定数据处理成高质量数据,并通过信息提取、集成和融合使数据达到应用的要求;二是按照当前 EPC global 标准和其他 RFID 系统的数据规范,把数据通过事件的形式进行表达,有利于从时间上、空间上和逻辑上发现数据流中隐藏的关联性信息。

(3)存储与服务。基于物联网的动车组检修管理信息系统需要有海量数据存储以及相应网络服务的支撑,同时需要与其他业务系统信息互联,并对信息实时处理,因此在系统框架中关于资源服务及存储的功能组件,必须充分考虑与既有维修信息系统的兼容性。

（4）高端维修应用。通过系统中所提供的各种数据资源和网络服务，应用程序根据其自身的需求实现对数据的抽取，并使用数据挖掘和分析工具，建立与检修应用相关的计算模型，对复杂的数据进行综合分析，从而更好地支持检修任务的决策和行动。

（5）信息安全和隐私保护。物联网技术和建设理念在深刻影响传统信息系统发展的同时，也为信息系统引入了新的安全问题。物联网背景下的系统安全隐私保护策略需要进行详细讨论，分析物联网系统安全的实现思路和基于物联网的动车组检修中的安全隐患。

8.1.4 基于物联网的铁路客货运系统

铁路运输服务不仅要改善服务态度，更重要的是要提升服务标准和组织管理水平，这需要铁路客货运系统的有力支撑和保障。改进客运服务手段，及时准确地为广大旅客提供社会化的、全方位的铁路信息及出行服务。

1. 12306 铁路客票系统

1）铁路客票系统发展现状

（1）系统目标。利用现代的信息和网络技术，通过统一的特服号接入，为旅客提供方便、快捷的铁路客运信息服务。其具体目标如下。

① 实现一站式服务、闭环式管理、时限管理。

② 以客票等业务系统为支撑，建设统一的客户服务中心人工座席平台，提供铁路客货运业务信息，如票务信息、车次信息、车次正晚点信息等；提供旅客旅行相关的指引信息服务，如公交、民航、旅游、住宿、气象等。

③ 向旅客提供订票、咨询、投诉建议等服务。

④ 满足系统高密度、大数据量的业务处理请求，保障系统运行的高效性。

⑤ 适应系统分步建设的要求，系统具备功能扩展的能力，满足处理能力逐步增长的需要。

⑥ 建立完善的信息安全防护体系，保障系统的信息安全。

⑦ 建立客户服务中心机构，规范客户服务中心的服务流程。

⑧ 建立并完善咨询、投诉建议管理流程及制度。

⑨ 提供自助语音电话查询列车时刻、余票、票价、代售点、电话区号信息的功能。

（2）系统功能。12306 铁路客票服务系统功能总体架构如图 8-16 所示。

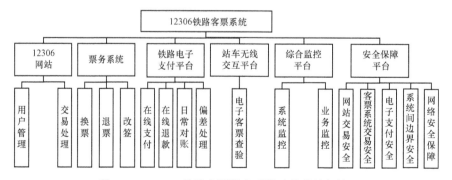

图 8-16　12306 铁路客票服务系统功能总体架构

① 12306网站。网站的服务对象为购票旅客，主要包括用户管理和交易处理两类功能。用户管理包括用户注册、资料修改、密码管理、登录管理、联系人管理等功能；交易处理包括车票查询、车票预定（含单程、往返）、支付处理、在线退票、在线改签、订单查询、短信通知、邮件通知等功能。

② 客务系统。客票系统提供站外代售点、站内自助设备和人工窗口电子客票换票功能；在车站人工窗口提供网购电子客票的退票和改签功能；在具备自动检票闸机的车站，提供二代身份证直接刷闸进出站功能；在系统出现故障的情况下，在车站提供电子客票的应急换票、检票功能；提供参数管理，实现对预售期、售票时间等业务数据的动态管理。

③ 铁路电子支付平台。铁路电子支付平台提供网银在线支付、在线退款、日常对账和偏差处理等功能，实现互联网售票系统和银行网银系统的统一对接，同时有与第三方支付工具的接口功能。

④ 站车无线交互平台。站车无线交互平台，提供向车载设备实时推送电子客票信息，在列车手持移动终端提供电子客票查验功能。

⑤ 综合监控平台。通过系统监控功能，实现对互联网售票相关的服务器、网络、存储器、安全平台、数据库、中间件提供状态监控功能，对故障设备或超载状态提供声音、图像和短信等多种报警手段；通过业务监控功能对网站登录人数、售票张数、压单情况、支付情况进行业务监控。

⑥ 安全保障平台。提供网站交易安全、客票系统交易安全、电子支付安全、系统间边界安全及网络安全保障功能。

2）基于物联网的铁路客运系统

随着物联网技术在高速铁路中运用的发展，智能化售检票系统已经在我国得到广泛应用。在铁路客运系统中已使用RFID电子客票，乘客可以通过自动售票机方便快捷地购买车票。车站或车上的检票员利用小型阅读器识别读取RFID标签，然后同数据库中的信息匹配就能查询车票是否有效，从而节省旅客进出站时间，使车站的运行工作变得简单易行。通过互联网在线购买的车票，以电子客票的形式存储。借助RFID等信息存储技术，将电子客票信息与身份证、手机号等信息进行关联。

随着电话订票、互联网购票、网银在线支付等功能的实现，客票系统已基本实现管理与发售的现代化，但节假日出行期间旅客购票难、验票、取票、检票效率低下的问题仍然存在。造成操作效率低的主要原因是现有的纸质磁票采用接触式识读方式，旅客需要逐个进行手工操作，验票、检票速度受到很大限制，而且纸质磁票的信息容量很有限，无法较好地适应现代高速铁路客运的需求。

鉴于铁路客票系统验票检票等环节操作效率低的问题，可以考虑采用基于射频识别技术的票制，它是一种非接触式的自动识别技术，具有通信速率快、支持读写、信息容量大、安全性高等特点，可以使得旅客通行效率显著提高。基于射频识别技术的产业链已初步形成，成本也在逐年降低，在铁路客票系统中使用具有广阔的应用前景。

基于物联网的铁路客运系统解决旅客通行效率问题，该系统体系架构示意图如图8-17所示。

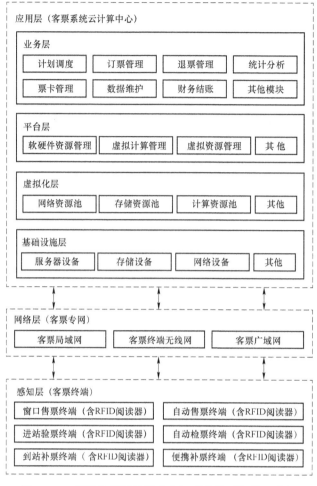

图 8-17 基于物联网的铁路客运系统体系架构示意图

（1）感知层。主要是各种含 RFID 阅读器的客票系统终端设备，用于无线接收票据的数据信息，对基于 RFID 技术的票据进行读写操作，包括窗口售票、自动售票、进站验票、自动检票、到站补票、便携补票等设备。

（2）网络层。客票终端设备将票据的数据信息通过客票专网传输给应用层，并将反馈数据信息传输给网络层的业务终端，包括客票局域网、客票终端无线网和客票广域网等。

（3）应用层。依托云计算中心主要对收集的数据信息进行有效的处理，并对终端的业务请求做出回应，实现客票系统的智能化运作，具体分为基础设施层、虚拟化层、平台层和业务层。其中，基础设施层由服务器设备、存储设备、网络设备等组成；虚拟化层由网络资源池、存储资源池、计算资源池等组成；平台层由软件硬件资源管理、虚拟计算管理、虚拟资源管理等组成；业务层由客票系统的核心业务模块构成，内容包括计划调度、订票管理、退票管理、统计分析、票卡管理、数据维护、财务结账等功能模块。物联网和云计算中心的结合将彻底改变铁路客票系统的应用模式。

2. 95306 铁路货运系统

1）95306 铁路货运系统综述

（1）95306 货运服务系统概述。95306 货运服务系统主要通过 95306 网站开展与货运相关的服务业务，包括铁路货运电子商务服务，开办发货、运费查询、货物追踪等铁路货运业务，大宗物资交易服务，支持煤炭、矿石、钢铁、粮食、木材、饮食品等 11 种物资的在线交易，并提供配套物流服务。其中，小商品交易服务有商品选购、在线支付、物流配送、网络营销和客户服务等功能。

（2）95306 货运服务系统发展历程。2012 年 9 月 20 日，铁路客户服务中心网站（http://www.12306.cn）开通铁路货运服务功能，成为铁路货运电子商务发展的良好开端。

2015 年 4 月 10 日，95306 网站（http://www.95306.cn）上线运行，截至 2022 年 6 月，全国铁路 3 649 个货运营业站、8 392 条专用线全部具备网上办理条件，全程通过 95306 网站、客户端和微信公众号办理货运业务的货主比例达 81%，电子运单使用比例达 97%。目前，铁路 95306 网站日访问量达 488 万次；客户端活跃用户日均使用时间达 72min，全程追踪功能日均使用超过 5 万次。

（3）95306 货运服务系统主要功能。①信息查询，包括铁路营业站办理条件、业务资料、运力信息、货物追踪等信息；②铁路运输需求提报，包括运输服务订单、空车预约（日请车）、现车预订等，系统自动受理，实时反馈结果；③物流需求提报，客户可填写物流服务订单、提出单项或综合物流需求，包括上门取货、送货上门、仓储保管及其他服务；④网上沟通交流，包括建议投诉、业务咨询等功能。

95306 网站主要开展以下三项服务业务。

（1）铁路货运电子商务服务。开办"我要发货"、运费查询、货物追踪等铁路货运业务，在针对不同货物时，95306 网站提供了多种货运服务选择，如散堆装货物、批量成件货物、液体货物、快运货物等，无论是企业用户还是个人，在选择对应的货运类别、填写货运清单后便可以发货。此外，还提供了货物追踪、货运资讯和运费查询功能。

（2）大宗物资交易服务。支持煤炭、矿石、钢铁、粮食、化工、水泥、矿建、焦炭、化肥、木材、饮食品等 11 个品类物资在线交易并提供配套物流服务。95306 网站起到了信息发布平台的作用，由卖方在网站上挂单想要出售的货物，相关货物的卖方企业名称、品名、货源地、规格属性、数量、价格等信息都一目了然，供买方查看。只是，目前通过网站的搜索功能还无法找到对应的商品，只能通过主页中不同品类物资的划分，进入相应的子页面寻找想要的货物。

（3）小商品交易服务。包含商品选购、在线支付、物流配送、网络营销、客户服务等功能。该服务区划分为特色产品、电器专区、日用百货、食品饮料、酒店度假等几大板块，但仅限于一级页面展示。

2）95306 货运服务系统运作模式

（1）货运业务服务平台。货运业务服务平台主要为货主提供货物托运服务。铁路部门通过 95306 电子商务平台为货主提供运费、站点等信息查询并接受货主下单；货主下单后通过后台数据传送将订单信息发送给货运部门，货运部门通过订单信息联系货主；接单完成货物装车后，货运部门及时向平台反馈接单和运能信息；电商平台随后根据反馈信息进行数据库的更新。货运业务服务平台业务模式分析如图 8-18 所示。

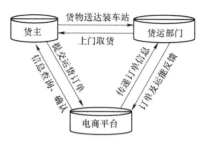

图 8-18 货运业务服务平台业务模式分析

如果将铁路货运部门提供的货物托运服务看作一种线下产品，那么通过货运业务服务平台的线上推广，可为货主提供快捷的线上下单服务，该运作模式便是一种 O2O 模式。O2O（online to offline），是指将线下商务的机会与互联网结合在一起，让互联网成为线下交易前台的一种电子商务模式。通过线上推广吸引更多的消费者并为消费者提供便捷的服务，消费者可以在线上筛选服务，并在线完成结算和支付。O2O 模式示意图如图 8-19 所示。

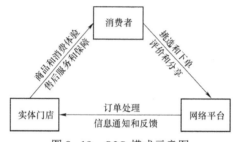

图 8-19 O2O 模式示意图

（2）大宗商品在线交易平台。大宗商品在线交易平台为购销双方提供煤炭等大宗物资的交易平台，销货方可以在交易平台上发布销货信息并查阅购货方发布的购货需求，购货方可以在交易平台上发布购货信息并查阅销货方发布的销货需求。双方一旦达成协议，交易平台可通过货运部门提供配套的物流服务。大宗商品在线交易平台业务模式分析如图 8-20 所示。

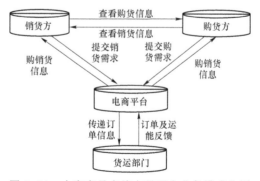

图 8-20 大宗商品在线交易平台业务模式分析

国铁集团通过 95306 货运服务系统搭建的大宗商品在线交易平台，为销货方和购货方提供了交易平台和物流配送服务，业务模式属于 B2B（business to business）电子商务（指企业与企业之间通过互联网进行产品、服务及信息交换的电子商务活动)。国铁集团将"网络商品交易中心"和"配送部门"的功能合二为一,在主要通过货运盈利的同时,还能收取一定的交易服务费。B2B 电子商务模式按市场战略的不同又可以分为三种类型,即卖方控制型、买方控制型和中介控制型。中介控制型市场由买卖双方之外的第三者建立,以便匹配买卖双方的需求,并在需求匹配完成后收取服务费或为其提供配套服务以达到盈利目的。中介控制型 B2B 业务模式示意图如图 8-21 所示。

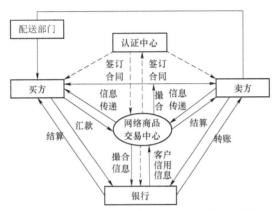

图 8-21 中介控制型 B2B 业务模式示意图

3)基于物联网的铁路货运平台发展

95306 网站本身就是铁路货运在物联网中的应用实例,是国铁集团落实国家"互联网+"行动计划,实现互联网、云计算、大数据、物联网与铁路物流结合的战略举措。大宗商品服务平台依托 95306 网站开展大宗商品信息、交易、物流等综合服务,是铁路拓展市场、强化营销、提升物流质量的重要手段。

铁路货运服务与互联网服务的深入协作是铁路货运改革中的重要一步,铁路货运通过依托互联网所搭建的广阔信息网络平台,能够更加便捷地为客户提供最及时的货物运输状态,帮助货主实时了解货物的动态位置。同时,通过互联网与铁路运输网的结合,形成了以铁路为运输主体的现代铁路物联网,可以通过整合更多的运输线路实现"小货物与大货物"的合理运输。

8.1.5 基于物联网的铁路安全管理

1. 列车运行状态信息系统

1)系统构成

通过列车运行状态信息系统(Train Running status information system,LAIS)实现机车行车安全运行状态在线监测,智能化故障诊断装置提供实时、不间断的列车运行状态信息、安全装备监测信息,建立"车对地、地对车、地对地"机车运行安全监控体系。

LAIS 主要包括车载系统和地面系统两个部分。车载系统主要包括 LKJ 车载设备、LAIS 车载设备、行车安全状态监测设备、机车质量状态监测设备等,按照信息采集、信息处理、信息传输三层结构开发,层与层间既独立又相互关联,充分利用了多层结构所具有的安全性好、可移植性高、可操作性强、易于集成和扩展的技术特点。地面系统按照国铁集团、铁路局、基层站段三层管理结构设计,通过网络通信实现各级数据相互关联,系统的支持软件都采用统一产品,所有基础编码和共享数据结构统一设计,各业务应用系统均架构在统一的业务架构平台上,对信息进行综合利用和处理,解决数据孤岛和业务协作性问题,达到数据充分整合。列车运行状态信息系统体系结构如图8-22所示。

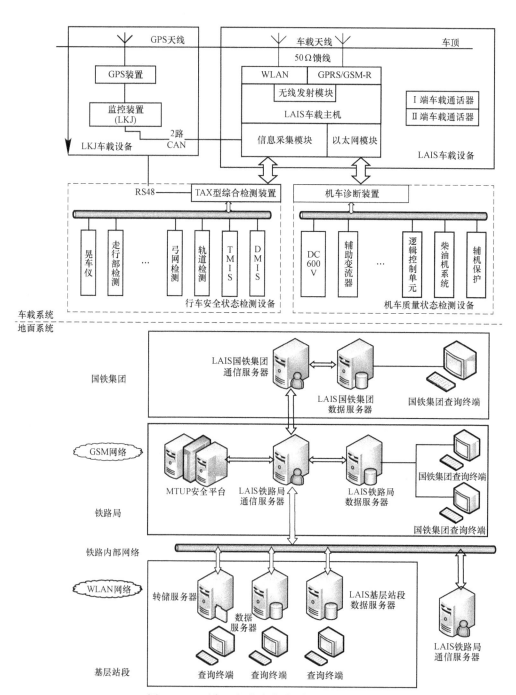

图8-22 列车运行状态信息系统体系结构

2）系统功能

列车运行状态信息系统的地面系统由数据交换系统、数据处理系统、综合应用系统和维护支持系统组成。

（1）数据交换系统功能。数据交换系统负责对接收的经由安全传输平台转发的车载系统数据进行分析、判断和转发，并实现数据流的动态管理。

（2）数据处理系统功能。数据处理系统获得机车上的实时信息和各种报警信息后，根据约定的车-地传输协议对数据进行解析；经过格式校验后，对合法的数据进行解析，写入数据库。可实现应急情况下监控装置记录数据的远程实时下载，以便及时对数据进行分析、处理，同时将地面的指令信息发送给机车值乘人员。

（3）综合应用系统功能。电子地图显示全路列车在途运行情况；对指定列车实时查看列车运行监控装置（LKJ 设备）运行曲线；机车调度能够与指定机车乘务员及救援现场指挥直接对话；能够对全路列车正晚点动态进行查询与统计，配合运行图软件实时绘制列车实际运行图；能够对各局列车的上线运行情况按当前日、月分别进行统计和查询；能够将全路上线运行的动车组、客运列车、货运列车开行数量分类统计显示；能提供机车监控装置的重点报警信息查询统计功能。

（4）维护支持系统功能。维护支持系统将 LKJ 地面线路数据、铁路电子地图数据、TMIS 车站字典数据一一对应匹配，制作生成 LAIS 基础地面数据，便于机车在电子地图上显示实时信息。此外，还对 LAIS 系统服务器操作系统、磁盘空间、CPU（中央处理器）、I/O（输入输出）等进行性能监测；对国铁集团、铁路局、基层站段 LAIS 三级传输网络进行性能监测；对 LAIS 系统应用软件是否正常运行进行监测，以保证 LAIS 系统整体运行的稳定可靠。

3）基于 RFID 的 LKJ 设备生命周期管理

列车运行监控装置（LKJ 设备）包括装在机车、动车组上的机车安全信息综合监测装置、地面信息接收处理单元、机车语音记录装置、列车运行状态信息系统车载设备、车号自动识别系统、组成监控主机的各个板卡、输入输出和连接等设备。LKJ 设备及其相关车载设备管理水平的高低，直接影响列车的行驶安全。目前国内大部分 LKJ 设备管理仍停留在比较原始的人工记录、手工编号的传统管理方式，存在管理成本高、人工环节多、信息处理不够及时、责任难追究等种种问题。通过在 LKJ 设备上安装无源电子标签，结合 C/S（Client/Server，客户端/服务器模式）工作终端及移动式数据采集终端，在数据共享和分布式系统的支持下，对 LKJ 设备的安装、检测、维修、故障预警等进行日常的信息化管理，高度实现设备的动态跟踪和信息化控制，进而对列车运行状态信息实现更加精确的采集。

基于 RFID 的 LKJ 设备生命周期管理系统主要分为三部分：粘贴于 LKJ 设备表面的 RFID 标签、移动终端设备、LKJ 设备生命周期管理系统的后台部分。第一部分通过 RFID 技术来实现，后两部分主要通过无线网络或 USB（通用串行总线）接口完成数据连接和相互通信。

通过 RFID 的读写移动式终端，可实现自动连读、手动单件读写、声音提示、应用冲突提示等功能，标签阅读器分布式异地安装、使用，读写接口可配置，通过与独立的 Web 服务器通信，实现电子标签的编码查询和验证。

标签的数据格式可以由系统自定义，标签内记载设备状态和类别、日期等信息，支持中英文混合数据，支持离线和在线工作模式，离线读取后通过 PDA，可以和服务器简单通信，在线连接系统后可以获得更详细的信息，其系统网络结构如图 8-23 所示。

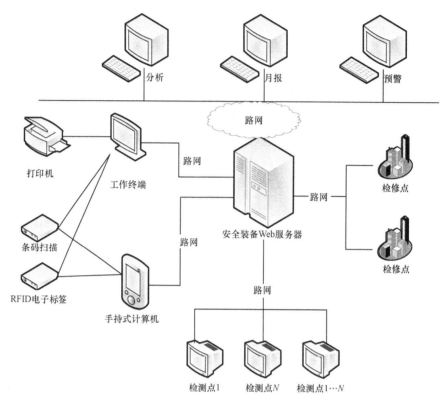

图 8-23 基于 RFID 的 LKJ 设备生命周期管理系统网络结构

2. 车辆运行安全监控 5T 系统

1）系统构成

车辆运行安全监控 5T 系统由以下 5 个子系统组成：车辆轴温智能探测系统（THDS）、车辆运行品质轨边动态监测系统（TPDS）、车辆滚动轴承故障轨边声学诊断系统（TADS）、货车故障轨边图像检测系统（TFDS）、客车运行安全监控系统（TCDS），5T 系统通过信息整合搭建了车辆运行安全综合监控网络平台，实现了网络及计算机软硬件平台共用、信息共享和综合报警，改变了传统的单一系统独立运行的监测模式，充分发挥整体安全监测的优势，实现了车辆运行安全监控手段的重大突破。5T 系统联网应用总体结构示意图如图 8-24 所示。

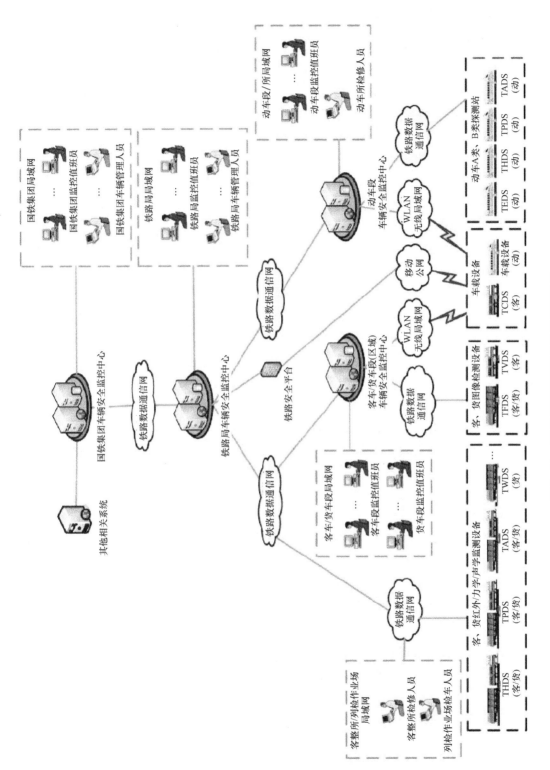

图 8-24 5T 系统联网应用总体结构示意图

2）系统功能

车辆运行安全监控 5T 系统服务于中国铁路车辆领域，采用智能化、网络化、信息化技术，在铁路沿线建设 5T 系统探测站，实现地面设备对客货车辆运行安全的动态检测、数据集中、联网运行、远程监控、信息共享，通过建立综合的、全面的、立体的地对车安全监控体系，构筑起铁路运输的安全屏障，确保铁路运输的安全。各子系统分别介绍如下。

（1）THDS。通过轨边红外线探头，探测车辆轴承的温度，监测热轴故障，防范燃轴和切轴事故发生。通过配套故障智能跟踪装置，实现热轴车辆的车号预报和精确跟踪，确保行车安全。

（2）TPDS。通过安装在正线上的测试平台，可对运行中货车的运行状态（如蛇行失稳、货车超偏载、轮对踏面故障等）进行全面监测。通过联网运行，可对报警车实施追踪，实现重点区段的全程监测，保证列车运行安全的综合效益。

（3）TADS。通过轨边声学诊断装置，在没有热轴的情况下，可发现轴承的早期故障，将燃切轴事故的防范关口提前，减少对运输的干扰，保证运输安全、畅通。

（4）TFDS。采用高速摄像、计算机快速处理，对货车隐蔽和常见故障进行动态检测，对货车的列检作业方式进行革命性变革。

（5）TCDS。通过车载系统对客车运行关键部件进行实时监测和诊断，通过无线、有线网络，将监控信息向地面传输、汇总，形成实时的客车安全监控运行图，使各级车辆管理部门及时掌控客车运行及安全情况，防范客车热轴、火灾事故，防范走行部、制动部、供电、电器及空调故障。

3）基于物联网的应用展望

随着列车速度逐渐提高，行车密度逐渐增大，现有的基于人工、间歇性的信息收集方式难以满足铁路运输安全信息日益严格的要求，主要体现在以下几个方面。

（1）高速铁路需要更多实时、可靠的车–地信息自动交换，更为严格、精确地实时处理行车调度及安全信息。

（2）重载铁路需要更为准确、及时地获取和监控钢轨状态和轮轨信息，更为智能地保证重载列车的在途安全。

（3）普通铁路需要更加严格地利用相关监控设备减少司乘、调度人员的误操作对列车运行带来的安全隐患，从而保证列车正点到达。

（4）铁路快捷货物运输需要更为高效地保证场站内装车工作顺利完成，尽可能减少货车超载、偏载、超限等一系列问题。

借助物联网应用的优势搭建基于物联网的铁路安全信息保障系统，其基本结构如图 8-25 所示。

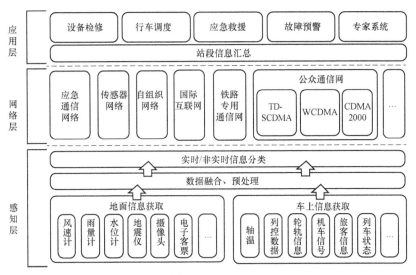

图 8-25　基于物联网的铁路安全信息保障系统基本结构

基于物联网的铁路安全信息保障系统首先通过各种感知、识别手段获得海量数据。在网络层，可以充分借助现有及新型的通信网络传输数据，利用铁路专用通信网传输优先级最高的列控数据和各种预警、故障信息，并利用传感器网络直接传输车上、地面传感器获得的海量历史数据。在应用层，各站段可以基于车载和地面设备的工作数据，分析故障发生原因并建立智能的设备检修与故障预警系统；基于各种故障信息及时进行应急救援，并从全局角度调派人力、物力资源；同时基于各种行车数据和数据挖掘技术可以进一步提出铁路运输调度优化建议。

8.2　物联网在铁路运输领域的应用展望

8.2.1　物联网在铁路领域的发展方向

通过物联网对铁路海量信息进行全面采集，可加强对铁路全域信息的一体化管理与实时控制，实现信息资源的有效整合与高度共享，进而实现铁路广泛的智能化应用。

1. 运输组织自动化

运输组织自动化是指通过物联网技术全面掌控客货运信息、铁路基础设施信息、铁路运力资源服役状态信息等，准确掌握客货流的大小以及铁路运输设备的承载力，实现铁路行车组织、客流组织、货流组织等相关业务过程的自动化。运输组织自动化有助于实现对行车运行方案的自动调整，更好地实现接发列车和调车工作组织，充分发挥运输设备的潜在效能，顺利完成客货运作业，提高铁路运输生产效率，扩大铁路自身运输能力，提升铁路部门管理水平，改善铁路运输服务质量，加强铁路在整个综合运输体系中的核心竞争力，为最终实现智能运输服务体系创造有利条件。

2. 调度指挥智能化

调度指挥智能化是指通过物联网技术全面掌控铁路多业务、多种类的海量信息，搭建覆盖铁路全域的调度指挥平台，以保证列车调度员能够科学地组织客货流、车流，合理地使用机车车辆和运输设备，组织运输有关各部门、各工种紧密配合，实现车、机、工、电、辆等部门的业务协同，进而实现包括计划调度、列车调度、机车调度、客货调度在内的调度指挥的智能化。调度指挥智能化可以有效地减轻调度员繁重的脑力劳动及琐碎的事务性工作，减少人工调整的随意性和失误，提高调度指挥可靠性与先进性。同时，通过动态调整列车的运行计划及合理安排机车使用量，保证全路车流的顺畅流动，进而促进铁路运输调度指挥组织模式的根本转变，进一步提升运输生产的效率，满足客运高速、货运重载的时代需求。

3. 运力资源协同化

运力资源协同化是指综合运用物联网技术及管理方法，以协同思想为指导，促使铁路部门内部各节点车、机、工、电、辆等运力资源按照协作方式进行整合，相互合作和协调而实现一致性和互补性，使运力资源实现自组织而从一种旧的低级有序状态走向另一种新的高级有序状态，并使系统产生整体作用大于各资源要素作用力之和的系统管理方法。运力资源协同化能够为铁路调度业务协同提供基础保障，进而实现铁路运输组织的高效运转。同时，运力资源协同化还可以辅助实现铁路设备安全检测监控自动化和养护检修作业信息化，保障运输生产资源的可靠提供，从而确保运输生产过程的高效与安全。

4. 客运管理数字化

客运管理数字化是指在物联网环境下，利用以计算机、通信技术为核心的信息技术手段量化客运管理对象，并对客运管理行为进行规范、约束，对客票发售与预定、客运服务、客流组织、客运营销、信息管理等加以数字化改造，以实现客运资源管理最优化、客运服务效益最大化。首先，客运管理数字化能够为旅客提供更为灵活的购票方式，满足客运服务方式多样化、个性化需求；其次，它能够精确采集客流信息，实现枢纽和大型社会活动场所内主要节点和区域内客流信息无缝接入；最后，客运管理数字化能够实现信息资源的有效管理，优化资源配置，创新铁路运营管理模式，改变竞争思维，加快铁路部门市场反应速度，提高客运业务的管理水平。

5. 货运管理物联化

货运管理物联化是指以物联网技术为支撑，通过各种感知设备对货物运输中的运输设施及货物等进行全面感知，构建基于物联网的一体化货运管理体系，以实现货运、编组计划的自动编制，货流组织自动化、货运营销数字化及货运信息管理物联化等目标。货运管理物联化一方面能够通过动态调整货物运输计划，合理组织车流，缩短货物送达时间，充分挖掘铁路运输潜能；另一方面通过推行数字化货运营销，正确制定货运市场营销战略，建立各经济区域的铁路货运营销网络，实现货运业务流程和订单信息管理、装卸计划管理间的无缝对接。

6. 安全管理一体化

安全管理一体化是指利用物联网技术对铁路日常安全管理、行车安全管理、客货运安全管理、救援指挥管理和安全预警管理等管理过程中产生的海量信息进行实时、全面感知，实现安全管理信息的有效整合和高度共享，最终实现日常安全、行车安全、客货运安全、救援指挥和安全预警的统一、高效管理，形成铁路运输生产安全管控一体化体系，完成对铁路运输生产安全的一体化动态监控。安全管理一体化是安全管理对象和安全管理过程的有机结合,它是安全管理发展的必然趋势,其目的是将铁路安全统一到管理和工作实际的各个层次中。安全管理一体化不仅能解决安全管理中出现的各种问题,提高安全管理工作的效能,避免和减少事故的发生,还能够深化铁路部门管理的一体化,为列车的安全运行提供基础保障。

7. 信息控制全域化

信息控制全域化是指充分发挥物联网技术在信息资源全面采集上的优势,拓宽铁路信息采集的深度和广度,对铁路全域信息进行有效的管理与控制,实现信息资源的有效整合和高度共享。信息控制全域化能够满足铁路多变的运输需求,确保铁路信息在全路范围内正确、及时、高效传输,为路内外用户提供实时有效的信息,消除信息孤岛、资源孤岛,进而构建全域化综合信息平台,实现整个铁路系统的高效运转。同时,信息控制全域化的实现有助于铁路部门根据市场需求变化及运力情况做出科学、合理的决策,提高铁路运输生产效率,进一步改善铁路服务水平,进而实现铁路领域中铁路管理信息系统到铁路控制信息系统的飞跃。

8.2.2 物联网在铁路领域的发展阶段

与历史上任何一次技术浪潮一样,物联网的发展之路也是渐进、曲折的,伴随着物联网技术的发展程度,物联网在铁路行业中的应用大致可分为四个阶段,如图 8-26 所示。

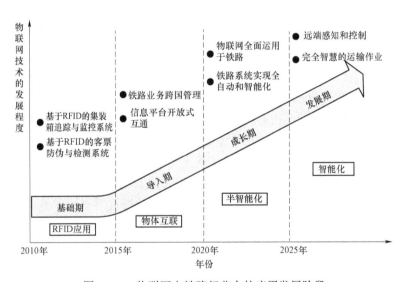

图 8-26 物联网在铁路行业中的应用发展阶段

1. 基础期(2010—2015 年)

在此阶段,RFID 被广泛应用于铁路行业,在集装箱追踪与监控和客票防伪与检测等方面率先得以实施和应用。智能多频带天线、高频标签、低耗能芯片在铁路行业得以进一步推广。

2. 导入期(2015—2020 年)

在此阶段基本实现物体互联,铁路行业逐渐实现跨国运输管理,铁路相关部门之间实现开放式互通。传感技术、RFID 技术、GPS 技术、纳米技术、视频监控技术、移动计算技术、无线网络传输技术、通信网络技术、互联网等技术不断融合与集成,加速铁路实现透明化、可视化管理。

3. 成长期(2020—2025 年)

在此阶段物体将进入半智能化,物联网在全球范围内得以广泛应用,执行标签,智能标签,自制标签、合作标签、低耗能、可再生的新材料在铁路行业中得以推广应用。声、光、机、电、移动计算等各项先进技术的应用,将实现铁路海量信息的智能化处理,使铁路系统全面自动化与智能化。

4. 发展期(2025 年以后)

在此阶段,物体将进入全智能化,完全开放的物联网时代形成。铁路行业将实现统一标准的人、物及铁路服务网络产业整合,周边的环境高度智能,虚拟世界与物理世界相互交错。全球物品都处于物联网的覆盖范围下,所有物品都能远端感知和控制,并与现有网络连接,形成一个完全智慧的铁路运作体系。

8.2.3　物联网在铁路运输领域的发展趋势

随着信息技术更高层次的应用,物联网将是实现铁路信息化、智能化的重要组成部分。铁路可以凭借自身强大的经济实力和雄厚的科研力量加大对物联网技术的研究,突破一些关键技术和核心技术,建立基于物联网的铁路信息技术体系,形成具有自主知识产权的成果,提高铁路可持续竞争能力,促进铁路运输又好又快发展,从而借助物联网的技术,推动我国铁路实现跨越式发展的重大战略目标。物联网在我国铁路领域的应用将在以下几个方面发挥巨大的作用。

1. 消除信息孤岛和资源孤岛

物联网技术在铁路领域的应用必将有效地消除广泛存在于铁路部门之间、路内与路外用户之间的信息孤岛和资源孤岛。在物联网环境下,可以大幅度拓展铁路信息资源采集的广度与深度,实现铁路海量信息资源的全面整合,使整个铁路信息系统集成统一,打破信息孤岛。同时,在整合铁路信息资源的基础上,整合铁路相关的 IT 基础设施,实现 IT 基础设施的一体化管理,消除资源孤岛,为路内外用户实现信息资源的高度共享提供基本保障,从而提高铁路运输生产效率,为铁路部门提供智能化决策服务。

2. 实现铁路信息系统间的互联互通、互操作

物联网技术在铁路领域的应用还将实现铁路信息系统间的互联互通、互操作。凭借物联网泛在的信息感知、可靠的信息传输和智能的信息处理能力,结合物联网应用架构,将铁路现有信息资源、IT 基础设施和各业务信息系统等综合集成,使感知到的海量信息无障碍、安全可靠地进行传送,实现铁路相关信息系统间的互联互通、互操作。铁路信息系统间实现信息资源的互联互通,有助于达到全路信息的高度共享,使不同业务部门间有效地实现信息流、物流、资金流等资源协同,进而提升铁路各项业务的协同管理水平,保证整个铁路运输系统高效、安全、有序运行。

3. 构建全域化综合信息平台

充分发挥物联网强大的技术优势,拓展铁路海量信息感知的广度与深度,达到全域铁路信息的高效传递和共享,满足路内外相关信息系统对铁路信息资源的多样化、个性化需求,建设成集运输组织自动化、调度指挥智能化、运力资源协同化、客运管理数字化、货运管理物联化、安全管理一体化、信息控制全域化等功能于一身的智能铁路运输体系,从而消除铁路信息孤岛和资源孤岛,最终实现铁路跨业务、跨部门信息系统间互联互通、互操作,进而构建全域化综合信息平台,为铁路信息化、智能化目标的早日实现提供有力保证。

8.3 铁路物联网综合管理信息系统

随着物联网技术在铁路领域的进一步发展,最终需要充分整合铁路各个领域独立的子系统,形成综合的铁路信息管理系统,更好地提高服务水平。

铁路物联网综合管理信息系统的体系结构可以参考以下三个方面进行具体构建。

1. 铁路物联网感知信息综合处理体系结构

铁路物联网感知信息综合处理体系结构与目前在业界公认的物联网感知信息综合处理体系架构的三个层次保持一致,底层是用来感知数据的感知层,属于信息识别层,中间层是网络层,属于信息传输层,顶层则是信息应用层,如图 8-27 所示。

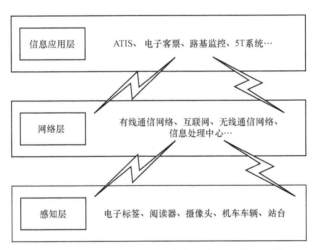

图 8-27 铁路物联网感知信息综合处理体系结构

(1) 感知层也就是信息识别层,通过电子标签、阅读器、摄像头等设备,达到对监控物体的感知和标识。整个感知系统通过通信信号识别和采集电子标签上货物的信息,然后再传送到后台计算机信息管理系统,这样就能使贴有电子标签的各个货物通过计算机进行通信。被电子标签所标识的物与物之间也可以相互进行通信感知,在其所处的有限空间中,如机车车辆、站台等各物体信息也能进行互相的通信。

(2) 网络层类似人体中枢神经和大脑,它的主要功能就是信息传递和处理。根据对信息网络的需求不同,网络层可以包含有线通信网络、互联网、无线通信网络,还有一些信息处理中心等。网络层可以将底层收集到的数据进行进一步的处理和传输。为了保障数据传输的安全性，传输中会用到电子产品代码，结合数据融合和安全控制技术，提高数据可靠性，确保对各标识货物的定位和追踪。

（3）信息应用层与铁路作业的具体需求相结合，融合了物联网技术和行业的专业业务内容，作为终端接受上一层的数据并加以应用，构成具体的如 ATIS、电子客票、路基监控、5T 系统等应用。

2. 铁路物联网应用系统体系结构

铁路物联网应用系统结合铁路业务、运作体制，有效集成先进的通信、自动控制、信息处理、计算机、传感等技术，提供涵盖融合通信、铁路业务信息化、辅助运营等端到端解决方案，保障铁路核心业务的安全高效和核心资产的增值。

铁路物联网应用系统的功能如下。

（1）安全地融合通信网络，为铁路运输组织、客货营销、经营管理的信息互联互通提供安全通道保障和通信业务服务，实现铁路业务间、资产间、业务与资产间以及运营组织间协同工作与信息共享。

（2）铁路资产可感知。利用多种现代传感技术，将实时采集到的铁路资产运行状态通过安全的通信网络传递到各生产单位，实现铁路资产的感知、安全检测和定位。

（3）铁路业务信息化的综合平台。为铁路日常作业信息化提供核心平台支撑，在核心平台上可以根据铁路业务需求进行快速定制开发，实现铁路的运输生产智能化、客货营销社会化、铁路建设现代化、安全监控可靠化。信息化综合平台是开放平台，可以促进路内外广大企业合作，打造双赢生态链。

铁路物联网应用系统体系结构示意图如图 8-28 所示。

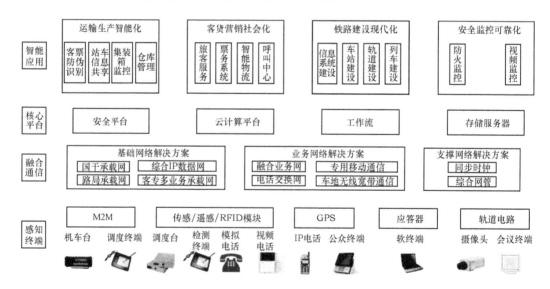

图 8-28 铁路物联网应用系统体系结构示意图

3. 铁路物联网业务运营支持平台体系结构

相对于传统的物联网三层结构，铁路业务运营支持平台体系结构分为四层，四层结构将业务支持层单独划分出来，其中铁路物联网业务运营支持平台（business operation support platform，BOSP）是铁路物联网业务运营支持平台体系结构的核心，它和其他客户关系管理系统（custom relationship management，CRM）、业务支撑系统（business support system，BSS）、运营支撑系统（operation support system，OSS）和管理支撑系统（management support system，MSS）属于同一层，其示意图如图 8-29 所示。

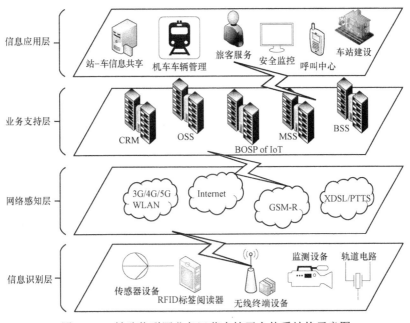

图 8-29　铁路物联网业务运营支持平台体系结构示意图

本 章 小 结

本章通过对物联网在铁路领域的应用研究，详细介绍了目前物联网技术在铁路运输领域的应用，提出了运输组织自动化、调度指挥智能化、运力资源协同化、客运管理数字化、货运管理物联化、安全管理一体化和信息控制全域化应用框架。展望了对铁路物联网在铁路领域的应用研究的基础上，展望了铁路领域的发展趋势。

 本章习题

1. 铁路物联网应用的含义是什么？
2. 简述列车运行图编制系统的系统结构及功能。
3. 简述物联网在 TDCS 与 CTC 中的应用及其异同。
4. 简述编组站综合自动化系统在实际应用中其设备层主要包括哪些具体设备？这些设备对编组站作业优化起到什么作用？

5. 简述车号识别系统利用物联网技术的工作程序。
6. 简述物联网技术在铁路安全管理领域的应用,并阐述进一步发展方向。
7. 简述在铁路客货运系统应用的物联网技术。
8. 简述物联网在铁路领域的发展阶段。
9. 简述基于物联网的铁路综合信息管理系统。

参 考 文 献

[1] 黄玉兰. 物联网标准体系构建与技术实现策略的探究[J]. 电信科学, 2012, 28（4）: 129-134.
[2] 孙其博, 刘杰, 黎羴, 等. 物联网: 概念、架构与关键技术研究综述[J]. 北京邮电大学学报, 2010, 33（3）: 1-9.
[3] 王喜富. 物联网与物流信息化[M]. 北京: 电子工业出版社, 2011.
[4] 王喜富, 沈喜生, 刘志硕, 等. 物联网与智能物流. [M]. 北京: 北京交通大学出版社. 2014.
[5] 沈孟如, 王书成, 王喜富. 物联网与供应链. [M]. 北京: 电子工业出版社, 2022.
[6] 沈苏彬, 范曲立, 宗平, 等. 物联网的体系结构与相关技术研究[J]. 南京邮电大学学报（自然科学版）, 2009, 29（6）: 1-11.
[7] ITU Internet Report 2005: The Internet Of Things[R]. ITU. 2005
[8] 宁焕生, 王炳辉. RFID重大工程与国家物联网[M]. 北京: 机械工业出版社, 2009.
[9] 张然. 云计算技术在铁路信息化建设中的应用前景[J]. 铁路通信信号工程技术, 2013, 10（2）: 27-29.
[10] 谢明. 物联网在交通运输物流中的推广应用研究[J]. 物流工程与管理, 2011, 33（5）: 10-11.
[11] 宁焕生, 徐群玉. 全球物联网发展及中国物联网建设若干思考[J]. 电子学报, 2010, 38（11）: 2590-2599.
[12] 李向文. 欧、美、日韩及我国的物联网发展战略: 物联网的全球发展行动[J]. 射频世界, 2010, 5（3）: 49-53.
[13] 倪敬敏, 何光宇, 沈沉, 等. 美国智能电网评估综述[J]. 电力系统自动化, 2010, 34（8）: 9-13.
[14] 王晓亮, 宓奇, 彭苏勉, 等. 物联网在我国铁路运输领域的应用与发展探讨[J]. 铁道通信信号, 2010, 46（3）: 47-49.
[15] 梅方权. 智慧地球与感知中国: 物联网的发展分析[J]. 农业网络信息, 2009（12）: 5-7.
[16] 王忠敏. EPC与物联网[M]. 北京: 中国标准出版社, 2004.
[17] 刘圃卓. 关于物联网与EPC/RFID技术的相关探讨[J]. 中国新通信, 2017, 19（1）: 102.
[18] 杨咪, 王明宇, 刘淑贞. 基于物联网的智能物流研究[J]. 中国商贸, 2013（12）: 113-114.
[19] 刘化君. 物联网体系结构研究[J]. 中国新通信, 2010, 12（9）: 17-21.
[20] 杨晓丹. 物联网的体系结构与相关技术[J]. 电脑编程技巧与维护, 2020（1）: 169-170.
[21] 宁焕生, 张彦. RFID与物联网[M]. 北京: 电子工业出版社, 2008.

[22] 杨浩. 铁路运输组织学[M]. 北京：中国铁道出版社，2009.

[23] 赵凌. 铁路货运物联网安防系统的设计[J]. 重庆理工大学学报（自然科学），2013，27（6）：111-115.

[24] 田义海. 物联网技术在铁路运输中的运用研究[J]. 科协论坛（下半月），2013（2）：88-89.

[25] 张荣新，刘子铁，郭景武. 物联网技术在铁路交通中的应用研究[J]. 铁道工程学报，2011，28（10）：115-118.

[26] 赵升平. 物联网技术在铁路物资管理中的应用[J]. 智能城市，2019，5（9）：167-168.

[27] 孙越. 提高铁路客运服务质量的思考[J]. 铁道运输与经济，2011，33（9）：50-52.

[28] 史天运，王英杰，李平. 数字铁路框架体系的研究[J]. 交通运输系统工程与信息，2010，10（6）：29-33.

[29] 邢晓江，王建立，李明栋. 物联网的业务及关键技术[J]. 中兴通讯技术，2010，16（2）：27-30.

[30] 汪亮. 物联网主要关键技术发展简述[J]. 杭州科技，2010（1）：15-17.

[31] 卞文良，鞠颂东. 基于 RFID 技术的铁路物流信息化[J]. 铁路采购与物流，2008（1）：21-23.

[32] Broll G，Rukzio E，Paolucci M，etal. Pervasive Service Interaction with the Internet of Things Internet Computing[J]. IEEE，Nov-Dec，2009，13（6）：74-81.

[33] 张飞舟. 物联网技术导论[M]. 北京：电子工业出版社，2010.

[34] 蒋熙. 铁路信号与列车运行控制系统讲义[M]. 北京：北京交通大学，2013.

[35] 王都，林峰，李刚，等. 铁路物联网的构建与运作研究[J]. 中国铁路，2012（7）：19-22.

[36] 逯宗田. CIPS 与 SAM 编组站综合自动化系统设计[J]. 中国铁路，2010（3）：33-36.

[37] 张工化. 基于 CIPS 的编组站综合集成自动化系统[J]. 中国水运（理论版），2006（8）：98-99.

[38] 倪少权，吕红霞，杨明伦. 全路列车运行图编制系统设计的研究[J]. 西南交通大学学报，2003（3）：332-335.

[39] 倪少权，吕红霞，李浩. 计算机编制列车运行图系统的研究[J]. 铁道运输与经济，2001（7）：32-35.

[40] 王凯，倪少权. 列车运行图计算机编制系统研究与应用综述[J]. 交通运输工程与信息学报，2016，14（3）：75-82.

[41] 中国通号. CIPS 编组站综合集成自动化系统[EB/OL]. http://www.crsc.com.cn/news/tsi_1082_8893_9385.html，2014.08.19.

[42] 马千里. 中国铁路车辆运行安全监控系统建设规划研究[J]. 中国铁路，2015（10）：1-7.

[43] 张志建. 铁路车辆运行安全监控体系建设分析[J]. 中国铁路，2015（6）：5-9.

[44] 牛秋月. 基于 RFID 的 LKJ 设备生命周期管理系统的设计与实现[D]. 郑州：郑州大学，2014.

[45] 孙鹏. 动车组维修物联网及其关键技术研究[D]. 北京：中国铁道科学研究院，2013.

[46] 史天运，孙鹏. 动车组管理信息系统的建设与发展[J]. 铁路计算机应用，2013，22（1）：1-4.

[47] 李恒. 基于 RFID 技术的铁路物联网电子识别系统研究[D]. 大连：大连交通大学，2012.

[48] 王庆武. 列车运行状态信息系统（LAIS）研究与设计[J]. 现代城市轨道交通，2012（3）：21-24.

[49] 李朝忠. 铁路列车运行状态信息系统设计与实现[D]. 上海：上海交通大学，2012.

[50] 钟章队，倪明. 基于物联网的铁路安全信息保障系统[J]. 中国铁路，2011（11）：42-46.

[51] 丁昆. 铁路编组站 CIPS 系统的研究[J]. 中国铁路，2009（11）：27-31.

[52] 俞平. 成都北编组站 CIPS 的功能与运用[J]. 中国铁路，2008（5）：31-37.

[53] 李建华. 铁路货运向现代物流发展的研究[J]. 中小企业管理与科技（中旬刊），2018（8）：94-96.

[54] 党华丽. 列车车号自动识别系统研究与设计[D]. 天津：河北工业大学，2007.

[55] 贾斌. 车号自动识别系统[J]. 铁道通信信号，2005（3）：3-4.

[56] 徐海波. 集成型车号自动识别检测系统[J]. 中外企业家，2020（5）：157.

[57] 熊茂华. 物联网技术与应用开发[M]. 西安：西安电子科技大学出版社，2012.

[58] 马小宁，马建军，史天运，等. 物联网技术在铁路的应用研究[J]. 中国铁路，2015（7）：40-44.

[59] 朱春甫. 物联网技术在铁路运输中的应用研究[J]. 山西电子技术，2014（01）：80-81.

[60] 张倩，张盛，林孝康，等. 物联网：发展、应用及关键技术[J]. 电讯技术，2012，52（12）：1990-1997.

[61] 向爱兵. 世界铁路运输发展现状及趋势展望[J]. 中国市场，2012（49）：83-84.

[62] 喻晔. 铁路物联网应用需求与前景规划研究[D]. 北京：北京交通大学，2012.

[63] 燕晨屹，史方彤，王喜富. 基于物联网的物流信息平台运营模式研究[J]. 物流技术，2011，30（23）：217-219.

[64] 薛艳青，张喜. 铁路运输发展现代物流的策略分析[J]. 物流技术，2011，30（1）：14-16.

[65] 介文凝. 浅析运输系统系统分析[J]. 企业导报，2013（14）：79.

[66] 王琳，于洋. 我国铁路客运网络的复杂性分析[J]. 中国铁路，2013（6）：40-43.

[67] 赵小红. 浅谈铁路客运服务质量特性及营销策略[J]. 科技信息，2012（33）：781.

[68] 马金宝，季宏杰. 铁路运输安全管理问题及对策[J]. 科技信息，2012（7）：624-625.

[69] 宋小齐. 铁路运输安全管理问题及对策分析[J]. 运输经理世界，2021（11）：22-24.

[70] 张婷. 浅析业务流程重组与管理信息系统的关系[J]. 大众商务，2010（16）：166.

[71] 郭玉华. 铁路货运发展现代物流的研究[J]. 铁道运输与经济，2010，32（2）：10-13.

[72] 李建华. 铁路货运向现代物流发展的研究[J]. 中小企业管理与科技（中旬刊），2018（8）：94-96.

[73] 舒柏睨. 基于递阶遗传算法的 BP 网络训练和盲信号分离[D]. 天津：天津大学，2007.

[74] 郭东强. 现代管理信息系统[M]. 北京：清华大学出版社，2006.

[75] 张春红，裘晓峰，夏海轮. 物联网技术与应用[M]. 北京：人民邮电出版社，2011.

[76] 高鹏翔. 浅析铁路信息共享平台的搭建[J]. 科技信息，2013（12）：252.

[77] 张莉艳. 铁路信息共享发展历程及趋势[J]. 综合运输，2013（4）：71-74.

[78] 任渠蓉. 基于数据仓库技术在铁路数据资源整合中的应用分析[J]. 硅谷，2013，6（5）：14-15.

[79] 肖维斯. 物联网在铁路安全监控领域应用研究[D]. 北京：北京交通大学，2012.

[80] 廖涌泉，易婷，汪晓霞. 铁路信息共享需求分析[J]. 北京交通大学学报（社会科学版），2004（1）：37-41.

[81] 崔建岷. 铁路信息资源整合实践研究[J]. 铁路计算机应用，2011，20（6）：19-21.

[82] 谷晓明，刘卫国. 铁路信息系统建设和应用有关问题研究[J]. 铁路计算机应用，2010，19（4）：1-3.

[83] 戴国华，董宝田，李明辉，等. 铁路数据资源整合的分析与设计[J]. 铁路计算机应用，2009，18（11）：7-10.

[84] 周凌云，王丹竹，王慧婷，等. 铁路物流业务统计信息系统设计方案探析[J]. 铁道货运，2017，35（12）：30-34.

[85] 黎英. 基于SOA的铁路信息共享系统研究[J]. 铁路计算机应用，2009，18（8）：5-9.

[86] 刘明. 铁路信息共享平台的异构系统数据同步技术研究[D]. 成都：西南交通大学，2013.

[87] 杨硕. 铁路信息系统是实现物流价值的关键[J]. 无线互联科技，2013（1）：191.

[88] 肖维斯. 物联网在铁路安全监控领域应用研究[D]. 北京：北京交通大学，2012.

[89] 樊子锐，冯晶晶，丁扑. 云计算在铁路信息化中的应用研究[J]. 铁道通信信号，2011，47（10）：53-55.

[90] 刘子懿. 云计算在铁路信息化基础设施建设中的应用分析[J]. 网络安全技术与应用，2018（11）：93-94.

[91] 宁广靖. "铁路信息化"还有多远?[J]. 铁路采购与物流，2010，5（1）：43-44.

[92] 张瑞. 铁路信息系统WEB服务发布与集成的研究与实现[D]. 北京交通大学，2009.

[93] 赵雨顺. 铁路信息共享平台基于SDO的数据交换接口研究[D]. 北京：北京交通大学，2008.

[94] 张冰. 基于SOA的铁路信息共享平台服务发现机制的研究[D]. 北京：北京交通大学，2008.

[95] 唐科萍，陈暄，张桂燕. 数据仓库技术在数据服务平台中的应用[J]. 网络财富，2008（4）：50-52.

[96] 崔炳谋，马钧培，陈光伟. 铁路信息共享系统的分析与研究[J]. 铁路计算机应用，2007（6）：4-7.

[97] 李云强，王玉松，徐艳. 利用Web Services实现铁路企业信息共享框架[J]. 微计算机信息，2006（27）：50-53.

[98] 马钧培. 中国铁路信息化建设与展望[J]. 交通运输系统工程与信息，2005（5）：5-9.

[99] 汪晓霞，李学伟，王涛. 基于运输链的铁路信息化重点领域分析[J]. 铁道学报，2004（4）：20-23.

[100] 邹生，何新华. 物流信息化与物联网建设[M]. 北京：电子工业出版社，2010.

[101] 刘志硕，魏凤，柴跃廷，等. 我国物联网的体系架构研究[J]. 物流技术，2010，29（7）：1-3.

[102] 周洪波. 物联网：技术、应用、标准和商业模式[M]. 北京：电子工业出版社，2010.